CHENGXIANG GUIHUA WEIFAWEIJI
XINGWEI CHUFEN BANFA SHIYI

城乡规划违法违纪行为处分办法释义

中央纪委监察部法规室（司）
住房和城乡建设部法规司、城乡规划司　编

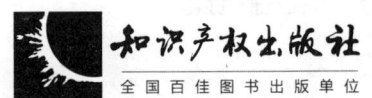

知识产权出版社
全国百佳图书出版单位

内容提要

　　为了便于地方主管部门和工作人员准确理解《城乡规划违法违纪行为处分办法》，中央纪委监察部法规室（司）会同住房和城乡建设部法规司、城乡规划司组织编写了本书，依据《城乡规划法》、《历史文化名城名镇名村保护条例》、《风景名胜区条例》等有关法律法规，对《城乡规划违法违纪行为处分办法》逐条进行详细解释和说明。同时，列举了当前城乡规划领域一些常见违法违纪案例。附录部分收录了与城乡规划管理有关的法律、行政法规、部门规章和部分规范性文件。

责任编辑：彭小华　　　　　**责任校对：董志英**
文字编辑：王　岩　　　　　**责任出版：卢运霞**

图书在版编目（CIP）数据

　　城乡规划违法违纪行为处分办法释义／中央纪委监察部法规室（司），住房和城乡建设部法规司、城乡规划司编．—北京：知识产权出版社，2013.4
　　ISBN 978-7-5130-1965-1

　　Ⅰ．①城…　Ⅱ．①中…②住…　Ⅲ．①城乡规划-法规-法律-解释-中国　Ⅳ．①D922.297.5

　　中国版本图书馆 CIP 数据核字（2013）第 054004 号

城乡规划违法违纪行为处分办法释义

中央纪委监察部法规室（司）
住房和城乡建设部法规司、城乡规划司　编

出版发行：知识产权出版社

社　　址：北京市海淀区马甸南村 1 号		邮　编：100088	
网　　址：http://www.ipph.cn		邮　　箱：bjb@cnipr.com	
发行电话：010-82000860 转 8101/8102		传　　真：010-82005070/82000893	
责编电话：010-82000860 转 8115		责编邮箱：pengxiaohua@cnipr.com	
印　　刷：北京富生印刷厂		经　　销：新华书店及相关销售网点	
开　　本：880mm×1230mm　1/32		印　　张：10.5	
版　　次：2013 年 4 月第一版		印　　次：2013 年 4 月第一次印刷	
字　　数：268 千字		定　　价：32.00 元	

ISBN 978-7-5130-1965-1/D·1711（4808）

出版权专有　侵权必究
如有印装质量问题，本社负责调换。

本书编写人员

主　　编：侯觉非　曹金彪　孙安军
副 主 编：谭焕民　周　韬　李晓龙
统　　稿：陈萍萍　刘　昕　门晓莹
编写人员：张志强　许国鹏　任学敏　黄韶鹏
　　　　　王育锋　吴雨冰　刘精华　李　锦
　　　　　蔡力群　黄　玫　马　超　徐　电
　　　　　张　舰　赵星烁

编写说明

为了加强城乡规划管理，惩处城乡规划违法违纪行为，根据《城乡规划法》、《行政监察法》、《公务员法》和《行政机关公务员处分条例》等法律法规，监察部、人力资源和社会保障部、住房和城乡建设部联合制定了《城乡规划违法违纪行为处分办法》，自2013年1月1日起实施。《城乡规划违法违纪行为处分办法》是我国第一部针对城乡规划违法违纪行为处分方面的部门规章，对地方人民政府、城乡规划主管部门、其他有关部门、建设单位等及其有关工作人员的城乡规划违法违纪行为及量纪标准作了明确规定，是查处城乡规划违法违纪案件的重要依据。《城乡规划违法违纪行为处分办法》的出台，对于提高城乡规划依法行政水平、维护城乡规划的科学性和严肃性、促进城乡建设健康可持续发展意义重大。

为了更好地学习和实施《城乡规划违法违纪行为处分办法》，便于地方主管部门和工作人员准确把握和理解《城乡规划违法违纪行为处分办法》的内容，中央纪委监察部法规室（司）会同住房和城乡建设部法规司、城乡规划司，组织参与《城乡规划违法违纪行为处分办法》起草的有关同志编写了本书，对《城乡规划违法违纪行为处分办法》逐条进行详细解释和说明。附录部分收录了与城乡规划管理有关的法律、行政法规、部门规章和部分规范性文件。为保证编写质量，本书编写过程中，中央纪委监察部法规室（司）与住房和城乡建设部法规司、城乡规划司多次进行了研究讨论，并将讨论成果融入全书，力求做到理论联系实际，但由于时间和水平有限，不妥和疏漏之处在所难免，敬请读者原谅并不吝批评指正。

目　录

第一部分　概述 ……………………………………………（1）
　第一章　处分的概念 ………………………………………（1）
　第二章　处分的种类 ………………………………………（3）
　第三章　处分的程序 ………………………………………（5）
　第四章　处分的法律后果 …………………………………（23）
　第五章　处分的解除 ………………………………………（26）
第二部分　条文释义 ………………………………………（30）
　第一条　【立法目的和依据】……………………………（30）
　第二条　【适用范围】……………………………………（32）
　第三条　【未依法编制、修改城乡规划行为的处分】……（35）
　第四条　【地方人民政府滥用职权行为的处分】…………（40）
　第五条　【委托不具相应资质单位编制城乡规划行为
　　　　　　的处分】………………………………………（47）
　第六条　【利用职权谋取私利行为的处分】……………（50）
　第七条　【城乡规划行政不作为的处分】………………（59）
　第八条　【违规调整规划条件的处分】…………………（62）
　第九条　【未依法公示和公开征求意见行为的处分】……（65）
　第十条　【城乡规划管理渎职行为的处分】……………（69）
　第十一条　【县人民政府城乡规划主管部门未编制控制性
　　　　　　详细规划行为的处分】……………………（78）
　第十二条　【城市人民政府城乡规划主管部门未编制
　　　　　　控制性详细规划行为的处分】……………（81）

· 1 ·

第十三条【县级以上人民政府有关主管部门规划城乡
　　　　　违法违纪行为的处分】………………………… (84)
第十四条【违反风景名胜区规划违法批准建设行为
　　　　　的处分】………………………………………… (89)
第十五条【国家级风景名胜区重大项目建设违法行为
　　　　　的处分】………………………………………… (91)
第十六条【建设单位城乡规划违法违纪行为的
　　　　　处分】…………………………………………… (93)
第十七条【不服处分的申诉】……………………………… (101)
第十八条【城乡规划违法违纪行为案件移送制度】… (107)
第十九条【城乡规划领域刑事犯罪案件的移送】…… (109)
第二十条【规章解释权】…………………………………… (118)
第二十一条【实施日期】…………………………………… (119)
第三部分　附录 ……………………………………………… (121)
　　城乡规划违法违纪行为处分办法 ………………………… (121)
　　中华人民共和国行政监察法 ……………………………… (127)
　　中华人民共和国公务员法 ………………………………… (137)
　　中华人民共和国城乡规划法 ……………………………… (157)
　　行政机关公务员处分条例 ………………………………… (172)
　　村庄和集镇规划建设管理条例 …………………………… (185)
　　风景名胜区条例 …………………………………………… (194)
　　历史文化名城名镇名村保护条例 ………………………… (205)
　　城市国有土地使用权出让转让规划管理办法 …………… (216)
　　建制镇规划建设管理办法 ………………………………… (219)
　　城市地下空间开发利用管理规定 ………………………… (227)
　　城市绿线管理办法 ………………………………………… (232)
　　外商投资城市规划服务企业管理规定 …………………… (235)
　　城市抗震防灾规划管理规定 ……………………………… (240)

城市紫线管理办法 …………………………………… (244)
《外商投资城市规划服务企业管理规定》的补充
　规定 ………………………………………………… (249)
城市黄线管理办法 …………………………………… (250)
城市蓝线管理办法 …………………………………… (253)
城市规划编制办法 …………………………………… (256)
省域城镇体系规划编制审批办法 …………………… (268)
城市、镇控制性详细规划编制审批办法 …………… (274)
城乡规划编制单位资质管理规定 …………………… (278)
事业单位工作人员处分暂行规定 …………………… (287)
国务院关于加强城乡规划监督管理的通知 ………… (300)
关于贯彻落实《国务院关于加强城乡规划监督
　管理的通知》的通知 ……………………………… (306)
国务院办公厅转发建设部关于加强城市总体规划
　工作意见的通知 …………………………………… (316)
关于印发《建设用地容积率管理办法》的通知 …… (321)

第一部分 概 述

第一章 处分的概念

一、处分的概念

所谓处分,是指有关组织依法对违法违纪的人员,依照法定权限和程序实施的一种惩戒措施,也是违法违纪行为人承担纪律责任的方式之一。例如,国家行政机关对其工作人员给予的处分、检察机关对检察官给予的处分、事业单位对其工作人员给予的处分等。

二、处分的特点

(1)处分是一种纪律责任方式。纪律责任,就是违法违纪行为人应当承担的否定性后果。这种否定性后果主要有两种,一是处分,二是行政处理,如通报批评、调离工作岗位、免职、责令辞职、引咎辞职等。

(2)处分是一种由法律、法规、规章规定的纪律责任。在追究纪律责任,给予处分时,给予处分的条件、方式、程序等都应由法律、法规、规章明确规定。法无明文规定不能处分。

三、处分与行政处罚的区别

处分是指有关组织依法对其违法违纪的工作人员所给予的惩戒。行政处罚是指特定的行政机关或法定授权组织、行政委托组织依法对违反行政管理秩序尚未构成犯罪的个人或组织(行政相对人）给予的行政制裁。它们有以下几点区别：

（1）性质不同。处分属于内部行政行为；而有行政处罚权的特定组织对行政相对人的行政处罚属于外部行政行为。

（2）法律依据不同。作出处分决定的法律依据是调整有关组织与隶属于它的工作人员之间法律关系的有关处分法律规范，如《中华人民共和国公务员法》（以下简称《公务员法》）、《中华人民共和国行政监察法》（以下简称《行政监察法》）等法律。而作出行政处罚决定的法律依据是外部行政法律规范，即调整行政机关与公民、法人和其他组织（行政相对人）之间法律关系的行政法律规范，如《中华人民共和国行政处罚法》（以下简称《行政处罚法》）等法律。

（3）主体不同。处分是由有关组织依法对其工作人员作出的，有关组织是处分的主体。而行政处罚是由行政处罚机关依法对行政相对人作出的，行政处罚机关是行政处罚的主体。

（4）对象不同。处分的对象是有关组织内部有违法违纪行为的工作人员。而行政处罚的对象是有违反行政管理秩序行为的公民、法人和其他组织，即有违反行政管理秩序行为的行政相对人。

（5）种类不同。处分的种类有警告、记过、记大过、降级、撤职、开除等。而行政处罚的种类有警告，罚款，没收违法所得、非法财物，责令停产停业，暂扣或者吊销许可证、执照，行政拘留以及法律、行政法规规定的其他行政处罚。

（6）申请救济的途径不同。对处分决定不服的，可以向原处分机关申请复核，或向原处分机关的上一级机关或者法定的机关提出申诉；但不能申请行政复议，也不能提起行政诉讼。而对行政处罚决定不服的，可以通过行政复议或者行政诉讼的途径，申请行政复议或者向人民法院提起行政诉讼。

第二章 处分的种类

所谓处分的种类,即处分的具体方式。

根据《公务员法》第56条的规定,对公务员的处分分为警告、记过、记大过、降级、撤职、开除6种。

根据《事业单位工作人员处分暂行规定》第5条的规定,对事业单位工作人员的处分分为警告、记过、降低岗位等级或者撤职、开除4种。其中,撤职处分只适用于行政机关任命的事业单位工作人员。

一、警告

警告,是一种警戒性的纪律制裁方式,也是最轻微的一种制裁方式。其内容是,行为人已经构成了违法违纪,应当予以及时改正,如仍进行或不停止此种违法违纪行为,将给予更为严厉的处理。警告适用于违反纪律,情节轻微,仍可继续担任现任职务的人员。

二、记过、记大过

记过、记大过,也是警戒性的纪律制裁方式,实际上是严重警告的意思。记过、记大过适用于违反纪律,使国家和人民的利益受到较大的损失,但仍可以继续担任现任职务的人员。

三、降级

降级,是一种降低违法违纪行为人级别的纪律制裁方式。降级适用于违反纪律,使国家和人民的利益受到较大的损失,但仍可以继续担任现任职务的人员。

四、降低岗位等级

降低岗位等级,是一种降低事业单位工作人员的岗位级别的纪律制裁方式,是指对违法违纪的事业单位工作人员在事业单位岗位等级内比照原级别降低一个等级以上的处分制度。降低岗位等级适用于违反事业单位纪律，使国家和人民的利益受到重大损失，不能继续担任现任职务、应当降低现有工作岗位和工资福利待遇、重新聘用的事业单位工作人员。

五、撤职

撤职，是一种撤销违法违纪行为人所担任的职务的纪律制裁方式，被撤职者如果没有同时受到除名、辞退、调离等处理的，仍系本单位工作人员。撤职适用于严重违反纪律，造成国家和人民利益的特别重大损失，不能继续担任现任职务的人员。

六、开除

开除，是一种解除受处分的人员与其所在单位的人事关系的制裁方式，是最为严厉的制裁方式。被开除后，即不再具有其原所在单位工作人员的身份。开除适用于严重违反纪律，造成国家和人民利益的特别重大损失，不宜留在原单位工作的人员。

我国关于公务员处分的种类有个演化和完善的过程。1952年8月21日，我国颁布了第一个比较系统的惩戒规定，即《国家机关工作人员奖惩暂行条例》。其规定的处分的种类有6种。1957年10月，经全国人大常委会第八十二次会议通过，国务院颁布了《国务院关于国家行政机关工作人员的奖惩暂行规定》，把对国家行政机关工作人员处分的种类从原来的6种扩展为8种，即警告、记过、记大过、降级、降职、撤职、开除留用察看、开除。随着公务员制度的建立，1993年国务院又颁布了《国家公务员暂行条例》，在1957年8种处分的基础上，去掉了降职和开除留用察看，将处分的种类规定为6种，即现行的警告、记过、记大过、降级、撤职、开除。《公务员法》沿用了《国家公务员暂行条例》的规定，将对公务员的处分种类规定为6种。

第三章 处分的程序

处分程序，是指任免机关或者监察机关在处分活动中应当遵循的步骤和方式。规定处分程序的目的在于，使处分活动严格按照法定的程序进行，以确保处分活动的正确、及时、有序、规范。

一、任免机关的处分程序

任免机关在调查处理城乡规划违法违纪行为，并对违法违纪行为人作出处分决定时，应当按照下列程序办理。

（一）初步调查

这里所谓的初步调查，是指任免机关在违法违纪案件正式立案之前，采取一定的措施，确认需要调查处理的事项是否符合立案条件的活动，也就是初步确认行政机关公务员是否有违法违纪行为，并且是否有必要追究其纪律责任。初步调查是行政机关公务员违法违纪案件调查处理的必经阶段，是立案的前提和基础。当任免机关发现行政机关公务员有违法违纪嫌疑时，经报任免机关主要负责人同意后，由任免机关的有关部门对需要调查处理的事项进行初步调查。初步调查的任务是发现违法违纪的事实，初步确认违法违纪事实是否达到了需要追究纪律责任的程度。由于不同违法违纪行为的性质和特点不同，任免机关对不同案件所掌握的线索不同，因此，任免机关在进行初步调查时所采取的了解核实手段自然也不可能相同。根据不同案件的情况，调查人员在进行初步调查时可以采取向涉嫌人员所在部门其他人员侧面了解情况、向举报人了解情况、向有关机关发函等不同方式进行。

对于初步调查，应当注意两点：一是任免机关主要负责人对涉嫌违法违纪的行政机关公务员的违法违纪行为拥有初步调查决定权，任免机关的其他人员，包括任免机关的人事部门及其负责人均无权作出初步调查决定；二是初步调查由任免机关的有关部门进行，有关部门一般指任免机关的人事部门或者监察部门等。

这里所谓的任免机关主要负责人，是指任免机关的正职负责人或者主持全面工作的副职负责人。

(二) 立案

这里所谓的立案，是指任免机关对需要调查处理的事项经过初步调查后，认为该公务员涉嫌违法违纪，需要进一步查证的，决定案件成立、并进行调查处理的活动。立案必须具备以下三个条件：

一是涉嫌违法违纪。这里所谓的违法违纪，是指行政机关公务员实施的违反国家法律、法规、规章以及国务院的决定，需要承担纪律责任的行为。这里所谓的涉嫌违法违纪，是指初步确认的部分违法违纪事实。这里所谓的违法违纪事实，是指行政机关公务员违法违纪行为发生的时间、地点、手段、动机、目的、侵害对象以及所造成的危害后果等各种事实的总和。任免机关立案时所需的违法违纪事实，是指初步确认的部分违法违纪事实，而不是全部违法违纪事实，全部违法违纪事实需要到调查结束之后才能查清。任免机关在对需要调查处理的事项进行初步调查后，认为该公务员涉嫌违法违纪，就可以作为立案的一个条件。

二是需要进一步查证的。这里所谓的需要进一步查证的，是指已经初步确认了部分违法违纪事实，需要在此基础上进一步查证，以查明全部违法违纪事实。以上两个条件是立案的实体条件。

三是报任免机关负责人批准，这是立案必须严格履行的程序上的条件。只有任免机关负责人才享有对违法违纪案件的立案权，任免机关的有关部门及其负责人无权决定对行政机关公务员的违法违纪行为立案。

任免机关有关部门对立案材料进行审核后，认为符合立案的实体条件的，应当写出立案报告，报任免机关负责人审批。任免机关负责人接到立案报告后，应当认真审核违法违纪事实，核对立案所依据的法律、法规、规章以及其他有关规定，根据立案的实体条件，严格审核把关。如果认为符合立案的实体条件，即批准立案；如果认为不符合立案的实体条件，即不批准立案；如果认为需要对某些问题作进一步了解，则退回立案报告，再进一步了解。其中，前两个条件是立案时必须同时具备的，涉嫌违法违纪是立案的前提条件，没有这一条件，就根本谈不上是否需要进一步查证的问题。同时，只有涉嫌违法违纪这一个条件，如果没有需要进一步查证这一条件，也不需要立案，二者缺一不可。

立案是任免机关对行政机关公务员违法违纪案件进行调查处理的前提，只有经过立案程序之后，方可进入调查处理程序。立案程序和调查程序不能倒置，不能在案件调查程序结束之后补办立案手续。只有先经过立案程序再进入调查程序才符合程序合法的要求。在实际工作中出现的对违法违纪行为先调查再补办立案手续的做法是不规范、不正确的，需要予以纠正。

（三）调查取证

这里所谓的调查取证，是指任免机关的有关部门按照法律、法规、规章规定的权限和程序收集证据，查清案件事实并形成书面调查报告的一系列活动。

1. 证据

这里所谓的证据，是指能够证明案件真实情况的一切事实。行政机关公务员违法违纪案件的证据大体分为以下8种：

（1）书证。即能够以其表达的思想和记载的内容证明案件真实情况的一切资料、物品，还包括电子邮件等电子单据。

（2）物证。即能够据以查明案件真实情况的一切物品和痕迹。物证是任免机关在调查处理违法违纪案件过程中广泛使用的一种证据，其客观真实性强、可靠性大，正确收集、运用物证，对于及时查明案情、正确认定案件事实，具有十分重要的意义。

（3）证人证言。证人，是指知道案件真实情况并可以作证的人；证人证言，是指证人对自己所了解的案件部分或全部事实真相所作的陈述，其内容包括对查明案件事实真相有意义的一切事实。

（4）受侵害人的陈述。受侵害人的陈述是指受违法违纪行为侵害的人对违法违纪行为以及违法违纪行为人所作的控告或者诉说。

（5）被调查人员的陈述和申辩。被调查人员的陈述，是指被调查人员就案件事实向调查人员所作的交代和说明；被调查人员的申辩，是指被调查人员否认其有违法违纪行为或者否认其违法违纪行为情节严重的辩解或者论证。听取被调查人员的陈述或者申辩对于正确认定案件事实、情节、性质，了解被调查人员的态度是十分必要的。

（6）视听资料。即利用录音或录像的方法制作的声音和图像，或者用计算机储存的资料等。视听资料内容广泛，包括人物、声音、行为和环境，它可以动态地再现案件事实。由于视听资料具有较强的真实性和准确性，任免机关在调查处理国家行政机关公务员违法违纪案件中，收取与案件事实有关的视听资料，对于查清案件事实具有重要意义。

（7）鉴定结论。即运用专门知识和技能对案件中某些专门性问题进行鉴定后所形成的书面报告结论。鉴定结论对于查清案件事实，印证其他证据的真实性具有重要作用。需要注意的是，不是任何机关都可以作鉴定结论，鉴定结论必须由具有法定权限和职能的机关或者单位作出。其他单位作出的对于一些具体问题的处理结论不能称为鉴定结论，不具有鉴定结论所具有的证明力。如这些处理结论确与案件有关，并具备合法性、关联性和客观性，那么应将其作为一般书证对待。

（8）勘验、检查笔录。即任免机关对与所查处案件有关的场所、物品以及其他证据材料进行勘验、检查后所作的笔录。这是任免机关依法作出的特殊形式的书面材料，不同于一般意义上的书证。

以上各种证据必须经查证属实，才能作为定案的根据；对有关机关提供、移送的证明材料，任免机关也应进行审查核实，只有经过审查核实才能作为定案的证据。

2. 调查取证规则

在调查取证中应当遵循以下几项规则：

（1）必须依法全面、客观地收集证据。即严格依照规定程序收集能够证实被调查人员有违法违纪行为或无违法违纪行为以及违法违纪行为情节轻重的各种证据。

（2）调查取证时，调查人员应当出示有关证明文件，以证明其身份，调查取证人员不得少于2人。

（3）询问证人时，应当问明证人的身份、证人与被调查人员之间的关系，并告之证人应当如实提供证据以及有意作伪证或者隐匿证据应负的法律责任。

（4）询问证人应当个别进行，必要时经证人同意可以录音、录像。调查人员应当制作调查笔录，也可以由证人用钢笔、毛笔书写证言，没有书写能力的证人可以由他人代为书写，经核对无误后，由其签名或者盖章。如果证人要求对原证做部分或全部更改时，可允许在注明更改原因的情况下另行作证，但不退还原证。

（5）收集证据应当取得原物、原件，如果不能收取原物、原件时，可以拍照、复制，但应当注明原物、原件的保存单位或者出处，并由提供原物、原件的单位或者个人签名或者盖章。

（6）现场勘验、检查情况，应制作笔录或者勘验、检查报告，由参加勘验、检查的人员和见证人签名或者盖章；必要时可以拍照、录像。

（7）对具有专业技术性的证据，可指派或者聘请具有专门知识、技术的人员参加调取，需要进行鉴定的，由鉴定人员写出书面结论，并签名或者盖章。

调查人员在收集完证据之后，要对所收集的证据进行查证。这里所谓的证据的查证，是指调查人员对收集到的证据进行分析研究，鉴别真伪，找出证据与案件事实之间的客观内在联系，从而认定案件事实。只有同案件事实有关联性并能够排除其他一切合理怀疑的证据才能作为认定案件事实的证据。

调查人员在对违法违纪案件进行调查时还需要向涉案单位和人员了解情况，并听取被调查的公务员所在单位的领导成员、所在单位的有关工作人员以及所在单位监察机构的意见。这样做是为了使任免机关在对被调查人员进行处理时能够掌握该国家行政机关公务员的一贯表现，能够综合各方面的意见，在最终定性处理时能够做到全面、稳妥、准确。

在经过调取收集证据并听取有关单位和人员的意见基础上，调查人员应就调查取证阶段取得的证据、认定的案件事实写出书面调查材料，向任免机关负责人报告。

3. 调查报告

这里所谓的调查报告，即书面调查材料，是指调查人员对被调查人员涉嫌的问题进行调查核实后所撰写的说明案件事实真相、提出定性处理意见的书面材料。

调查报告一般应当包括以下几方面的内容：

（1）立案依据及调查的简要情况。案件来源及立案依据，即根据哪个人或者哪个单位的检举、控告、揭发或者是根据哪一级组织及其领导人员的决定、批示进行调查的，经哪一级机关负责人批准立案的，还有涉嫌的主要问题；调查人员的基本情况，调查工作的起止时间及工作的大体经过；被调查人员的基本情况，包括姓名、年龄、职务、工作单位以及以前是否受过处分、受过何种处分等。

（2）主要错误事实及性质。要写清每一错误事实的时间、地点、当事人、原因、后果，特别是主要情节要详细具体。对于经过调查认为不能成立的问题同样也要写清楚理由。

（3）有关人员的责任。对涉嫌违法违纪的人员的责任要分清楚，对于涉及人数众多的案件要写明每一个违法违纪嫌疑人的责任。对于某一单位的违法违纪问题，要分别写清直接负责的主管人员和其他直接责任人员的责任。

（4）被调查人员对违法违纪行为的态度。要写明被调查人员的一贯表现和对违法违纪行为的认错态度。如被调查人员已经认识并改正了错误也要写明。

（5）要写明调查人员听取被调查的公务员所在单位的领导成员、所在单位的有关工作人员以及所在单位监察机构的意见的工作情况，还要以写实的方式写明上述单位和人员的意见。

（6）处理意见。应当写明提出处理意见的法律依据，对一案涉及多人的案件，对每个人的处分意见应分别表述清楚。如调查组内部对违法违纪行为的性质、有关人员责任及处理意见等有较大分歧，经过讨论仍然不能形成统一的认识和意见，对不同意见在报告中应当作适当反映，调查报告须由调查组全体成员签名。

（四）听取被调查人员的陈述和申辩

听取被调查人员的陈述和申辩，主要包括两个方面的内容：一是被调查人员的陈述，即被调查人员就其被调查的事实向任免机关所作的口头或者书面的交代和说明；二是被调查人员的申辩，即被调查人员否认其有违法违纪行为以及否认其违法违纪行为情节严重的辩解或者论证。

本项规定的将调查认定的事实及拟给予处分的依据告知被调

查人员本人，并听取其陈述和申辩的程序，不同于在案件调查取证阶段的听取本人的陈述和申辩。在案件调查取证阶段，办案人员为案件调查工作需要，经常也会在一些问题上听取被调查人员的陈述和申辩，并且实践中被调查人员的口供一直是重要的证据。但是，在调查取证阶段是否听取被调查人员的陈述和申辩，并不是法定要求。如果有其他证据足以证明被调查人员的违法违纪事实，办案人员可以不听取被调查人员的陈述和申辩。但是，本阶段听取被调查人员的陈述和申辩是任免机关的一项法定义务，是为保护被调查人员合法权益而设置的一项法定程序。办案人员不能越过这一程序直接报任免机关领导成员会议讨论对被调查人员的处分问题。

在听取被调查人员的陈述和申辩之前，办案人员应当首先将调查认定的事实及拟给予处分的依据送交被调查人员本人阅知，以便被调查人员根据事实材料提出陈述和申辩。不将调查认定的事实及拟给予处分的依据送交被调查人员阅知，被调查人员就无法提出陈述和申辩。因此，将调查认定的事实及拟给予处分的依据送交被调查人员阅知，是对被调查人员合法权益保护的体现，同时也是一项强制性的要求。对于被调查人员在陈述和申辩中所提出的事实、理由和证据，办案人员应当如实记录在案。这里也必须注意一点，即办案人员对于被调查人员的陈述和申辩必须如实记录，不能人为地根据自己的需要增减或者改变内容。在听取了被调查人员对事实材料所进行的陈述和申辩后，办案人员应当对其所提事实、理由和证据进行复核，如认为其所提事实、理由和证据成立的，应当予以采信。

（五）作出给予处分、免予处分或者撤销案件的决定

这里所谓的作出给予处分的决定，是指经任免机关的领导成员集体讨论后作出给予被调查人员处分的决定。这里所谓的作出免予处分的决定，是指经任免机关的领导成员集体讨论后作出对

虽有违纪行为，但情节轻微，经过批评教育后已改正的被调查人员免予处分的决定。这里所谓的作出撤销案件的决定，是指经任免机关的领导成员集体讨论，认为被调查人员的行为不构成违法违纪或者有其他法定事由不应当给予该被调查人员处分的，作出撤销案件的决定。办案人员提出的处分意见，只是初步的意见，最终是否给予被调查人员处分和给予何种处分，应当由任免机关的领导成员集体讨论后决定。任免机关的领导成员集体讨论决定，是一项硬性要求，凡未经集体讨论作出的决定或者由某一个或几个领导人员作出的决定都是违反法定程序的，是无效的。根据该项规定，是否给予处分、给予何种处分、是否撤销案件，必须经任免机关的领导成员集体讨论才能作出。

（六）通知和宣布

这里所谓的通知和宣布，是指对被调查人员的处分决定作出之后，为了使受处分人员本人知晓，以保证处分决定的正确执行，教育其他人员恪尽职守，以书面形式将处分决定通知受处分人员本人，并在一定范围内宣布处分决定。这里所谓的在一定范围内宣布，是指根据违法违纪案件的社会影响、知悉范围等因素由任免机关根据需要来决定宣布处分决定的范围。必要的时候，任免机关还可以将给予有关人员处分的情况向社会通报和公布。

（七）归档

这里所谓的归档，是指对受处分人员的处分决定作出之后，应当将该处分决定归入受处分人员本人档案，同时汇集有关材料形成该处分案件的工作档案。这是正确执行处分决定的一个必需的步骤，也是人事管理规范化的一个必经程序。

按照相关规定，承办部门在案件办理完毕后，应当将有关材料汇集形成该处分案件的工作档案。这样做，既是为了以后对该案件提起复核、复查或者复审等程序时便于查阅有关材料，也是对历史负责，为今后了解和研究当时的历史留下第一手资料。

(八) 备案

处分决定在申诉程序结束和处分期满解除处分后,任免机关应当按照管理权限,及时将处分决定或者解除处分决定的有关情况报公务员主管部门备案,使公务员主管部门能够及时了解和掌握公务员违法违纪的基本情况,便于人事管理工作的顺利开展。根据《〈中华人民共和国公务员法〉实施方案》(以下简称《〈公务员法〉实施方案》)的规定,中央公务员主管机关是中央组织部和人力资源社会保障部,地方公务员主管机关是地方各级党委组织部门和政府人力资源社会保障部门。这里需要把握的是备案的时间,就是当作出处分决定之后直至申诉程序结束之前,不能向公务员主管部门备案。只有当被处分的公务员超过了法定的申诉时限却没有申诉;或者是经过提起申诉并经有关部门处理完毕之后,任免机关才应将此处分决定报公务员主管部门备案。

同时,还要注意的一点是,申诉程序是法定的申诉程序。关于任免机关将处分决定报公务员主管部门备案的规定,仅适用于任免机关,并不适用于监察机关。这是因为,任免机关调查处理行政机关公务员违法违纪案件的程序,仅适用于任免机关。监察机关的备案适用《行政监察法》的有关规定。

二、监察机关的处分程序

监察机关的处分程序,即监察机关调查处理政纪案件的程序,是指监察机关在对政纪案件进行调查处理过程中所应遵循的步骤和方式。《行政监察法》是监察机关依法行使监察职权、履行监察职责的法律依据。

《行政监察法》对监察机关调查处理监察对象违反行政纪律行为的初查、立案、调查、审理、处理等程序作出了明确规定。因此,监察机关对监察对象违反行政纪律行为的调查、处理,应当按照《行政监察法》规定的程序办理。

《行政监察法》第 30~33 条和《中华人民共和国行政监察

法实施条例》（以下简称《行政监察法实施条例》）第29～32条、第34～38条对监察机关调查处理政纪案件的程序作出了明确规定。根据这些规定，监察机关应当按照下列程序对政纪案件进行调查处理。

（一）审查立案

对需要调查处理的事项进行初步审查；认为有违反行政纪律的事实，需要追究行政纪律责任的，予以立案。

需要调查处理的事项，是指监察机关依法受理监察对象违反行政纪律行为的线索和材料后，经过分析，认为需要进行调查处理的线索和材料。监察机关受理的违反行政纪律行为的线索和材料很多，也很复杂，有些线索可能是道听途说、毫无根据的，有些可能不属于该监察机关管辖，而属于其他监察机关管辖。因此，监察机关要对这些线索和材料进行认真分析，仔细鉴别，以确定需要进行调查处理的线索和材料。

确定了需要调查处理的事项后，就要对需要调查处理的事项进行初步审查。初步审查，是指监察机关对需要调查处理的事项，在正式立案前采取一定的方式进行初步了解核实以确认是否符合立案条件的活动。由于每一种违反行政纪律行为的情况和特点不同，初步审查的方式也不尽相同，因此，应针对每一种违反行政纪律行为的情况和特点采取相应的初步审查方式。实践中常用的方式有：书面核实；当面了解核实知情人和有关单位、人员的反映以及检举人、控告人提供的有关情况；责成或者委托下级监察机关了解核实有关情况等。

初步审查后的处理，根据《行政监察法实施条例》第29条的规定，"对违反行政纪律行为进行初步审查，应当经监察机关领导人员批准。初步审查后，应当向监察机关领导人员提出报告，对存在违反行政纪律事实并且需要追究行政纪律责任的，经监察机关领导人员批准，予以立案"。不存在违反行政纪律事实,或者虽然存在违反行政纪律事实,但情节轻微,不需要追究行政纪律责任的,不予立案。

立案,是指监察机关对需要调查处理的事项经过初步审查,认为有违反行政纪律的事实,需要追究行政纪律责任的,依法决定案件成立并进行调查处理的活动。立案必须具备以下3个条件:

一是有违反行政纪律的事实。违反行政纪律的事实,是指监察对象实施违反行政纪律行为的时间、地点、手段、动机、目的、行为本身和侵害对象以及所造成的危害后果等各种事实的总和。监察机关立案所需的违反行政纪律的事实,是指初步确认的主要的违反行政纪律的事实,而不是全部违反行政纪律的事实,全部违反行政纪律的事实要到调查阶段结束之后才能查清楚。监察机关在对需要调查处理的事项进行初步审查后,认为有主要违反行政纪律的事实,就可以作为立案的一个条件。

二是需要追究行政纪律责任。需要追究行政纪律责任,是指对存在的违反行政纪律的事实依据有关规定需要给予处分或者作出其他处理。有违反行政纪律的事实,只是立案的条件之一,但并不是所有违反行政纪律的事实都要立案,能否立案还要看是否需要追究行政纪律责任。以上两个条件是立案的实体条件。

三是经监察机关领导人员批准后,这是立案必须严格履行的程序上的条件。监察机关对立案材料进行审核后,认为符合立案条件的,应当写出立案报告,同时填写立案审批表,一并报监察机关领导人员审批。监察机关领导人员接到立案报告和立案审批表后,应当认真审核违反行政纪律的事实,核对立案所依据的法律、法规、规章规定以及其他有关规定,根据立案的实体条件,严格审核把关。如果认为符合立案实体条件,即批准立案;如果认为不符合立案实体条件,即不批准立案,由监察机关作出其他处理;如果认为需要对某些问题作进一步了解,则退回立案报告和立案审批表，再进一步了解。其中，前两个条件是立案时必须同时具备的，违反行政纪律的事实是立案的前提条件，没有这一条件，就根本谈不上是否需要追究行政纪律责任的问题。同时，只有违反行政纪律的事实这一个条件，如果不需要追究违纪人员的行政纪律责任，也不需要立案，二者缺一不可。

特别需要注意的是，对于重要、复杂案件的立案，应当报本级人民政府和上一级监察机关备案。

《行政监察法实施条例》第30条规定："行政监察法……第三十一条第二款所称'重要、复杂案件'，是指有下列情形之一的案件：（一）本级人民政府所属部门或者下一级人民政府违法违纪的；（二）需要给予本级人民政府所属部门领导人员或者下一级人民政府领导人员撤职以上处分的；（三）社会影响较大的；（四）涉及境外的。"对这些案件的立案，都应当报本级人民政府和上一级监察机关备案，接受本级人民政府和上一级监察机关的监督。重要、复杂案件实行备案制度的目的在于：一方面本级人民政府和上一级监察机关能够及时了解、掌握重要、复杂案件以及有关部门和人员遵纪守法的基本情况；另一方面可使监察机关的案件调查处理活动及时得到本级人民政府和上一级监察机关的领导、支持和监督。

《行政监察法实施条例》第31条第1款规定："监察机关决定立案调查的，应当通知被调查单位的上级主管机关或者被调查人员所在单位，但通知后可能影响调查的，可以暂不通知。"监察机关对依据其管辖范围而受理的监察对象的违纪行为的线索和材料，经初步审查，决定立案调查的，在正式实施调查前应当通知被调查单位的上级主管机关或者被调查人员所在单位，这是监察机关查处政纪案件的一项重要程序。对于有关单位来说，便于它们了解下属部门和人员遵纪守法以及下属部门及人员涉嫌违纪的有关情况，以更好地履行领导、监督职责；同时也是为了取得有关单位对监察机关查处案件工作的支持和配合，便于监察机关查处案件工作顺利有效地进行。

但是，从监察机关查处政纪案件的实际情况看，很多违纪案件涉及面广、情况复杂，监察机关在立案调查过程中经常遇到被调查单位的上级主管机关、被调查人员所在单位对其下属部门及其人员的违纪行为的查处不予积极配合和支持，甚至庇护违纪行为等情形，这些情形都会妨碍监察机关调查案件工作的顺利进行，增加了办案的难度。在这种妨碍调查的特定情况下，监察机关就不应再将立案决定通知被调查单位的上级主管机关、被调查人员所在单位。

另外，监察机关通知被调查人员所在单位立案决定时，被调查人员所在单位在获得知情权的同时，还要承担相应的义务。《行政监察法实施条例》第31条第2款规定："监察机关已通知立案的，未经监察机关同意，被调查人员所在单位的上级主管机关或者所在单位不得批准被调查人员出境、辞职、办理退休手续或者对其调动、提拔、奖励、处分。"这是因为，当监察机关通知被调查人员所在单位立案决定时，如其批准被调查人员出境，就会直接影响到监察机关的调查取证，甚至可能会出现被调查人员逃匿的情况，这都会妨碍办案工作的顺利进行；同时，由于对违反公务员纪律人员的处分是一种同其身份相关的一种纪律制裁，如果在立案调查期间，批准被调查人员辞职，其身份发生改变不属于监察对象后，监察机关的调查工作就无法进行；如果对被调查人员调动、提拔，可能涉及对其的管辖权限的改变等问题，也会妨碍查处案件工作顺利进行。同时，由于被调查人员正处于被调查期间，是否违纪还没有定论，在这种情况下，给予其奖励、处分，同样会妨碍查处案件工作的顺利进行。

(二) 组织实施调查，收集有关证据

政纪案件立案后，开始组织实施调查。政纪案件调查，是指政纪案件立案之后，监察机关依法收集证据，查清案件事实，并提出初步处理意见的一切活动的总称。具体包括组织调查组、制订调查方案、采取监察措施、收集证据、审查判断证据、制作调查报告、提出初步处理意见等活动。

监察机关在对案件进行调查过程中，应当积极主动采取相应措施和手段，运用各种正确方法收集与案件有关的各种证据。收集到的证据要进行审查判断，以确定它们是真是假、是否与案件事实有联系、有什么样的联系、能证明什么案件事实、现有证据能否证明全部案件事实等。证据的审查判断，就是办案人员对收集到的证据进行分析研究，鉴别真伪，找出证据与案件事实之间的客观内在联系，从而就案件事实作出结论的活动。它对于查明案件真实情况，准确认定案件性质具有十分重要的作用。《行政监察法实施条例》第 32 条规定："监察机关调查取证应当由两名以上办案人员进行，调查时应当向被调查单位和被调查人员出示证件。"

关于调查中止程序，是指监察机关在查办政纪案件工作中有时会遇到主要涉案人员出境、失踪，或者遇到严重自然灾害等不可抗力事件的情形，在这些情况下案件调查工作无法进行，应当中止调查。《行政监察法实施条例》第 34 条第 1 款对此作出了明确规定："因主要涉案人员出境、失踪，或者遇到严重自然灾害等不可抗力事件，致使调查工作无法进行的，监察机关的调查可以中止。"该条第 2 款规定："中止调查应当经监察机关领导人员批准，并报上一级监察机关备案。经本级人民政府备案的立案案件中止调查的，应当再报本级人民政府备案。中止调查的情形消失后，监察机关应当恢复调查。自恢复调查之日起，办案期限连续计算。"

(三) 有证据证明违反行政纪律，需要给予行政处分或者作出其他处理的，进行审理

政纪案件调查终结后，要对案件进行审理。政纪案件的审理，是指监察机关的案件审理部门按照规定的程序对调查终结的有证据证明违反行政纪律，需要给予行政处分或者作出其他处理的案件进行审核的活动。监察机关在对案件进行审理时，应当就案件事实是否清楚、证据是否确凿、定性是否准确、处理意见是否恰当、程序是否合法进行全面审核，并写出审理报告。审理报告经审理部门负责人审核签名后，连同移送或呈报单位报送的有关材料一并提请监察机关领导人员审定。

审理是调查处理违法违纪案件活动的一个重要阶段，在整个调查处理违法违纪案件过程中起着十分重要的作用：第一，通过审理，对案件调查部门的调查工作予以监督、检验，以弥补缺漏、避免差错，保证办案质量；第二，通过审理，由审理部门对各调查部门调查的需要给予处分或者作出其他处理的案件统一进行审核，以避免量纪的畸重畸轻，确保准确量纪，确保政纪面前人人平等，维护政纪的严肃性。

(四) 作出监察决定或者提出监察建议

政纪案件审理结束后，对事实清楚、证据确凿、定性准确、处理意见恰当、程序合法、手续完备的案件，监察机关应当依法作出监察决定或者提出监察建议，并制作监察决定书或者监察建议书，经监察机关领导人员审核批准后，即可依法办理有关手续。

作出监察决定和提出监察建议是监察机关所从事的具有行政法律效力的监察活动。因此，监察机关作出监察决定和提出监察建议都要避免随意性，而应该依据法定的条件和遵循法定的程序。监察建议和监察决定必须是在检查、调查过程中，根据检查、调查的结果作出或者提出的。在检查、调查过程中，为开展

工作而采取某些监察措施所形成的决定或建议，不属于监察决定或监察建议。监察机关作出监察决定和提出监察建议还应当按照《监察部关于实行监察文书格式标准文本的通知》（监发〔1999〕3号）、《关于监察文书格式标准文本的补充通知》（监发〔2000〕8号）的要求制作相应的监察决定书和监察建议书。

关于重要监察决定和重要监察建议的审批程序，《行政监察法实施条例》第37条第1款对"重要监察决定"和"重要监察建议"作出了解释："行政监察法第三十四条所称'重要监察决定'和'重要监察建议'，是指监察机关办理重要检查事项和重要、复杂案件所作出的监察决定和提出的监察建议。"监察机关依法作出监察决定和提出监察建议是监察机关行使职权的具体体现。监察决定一经作出，即对被监察部门和人员产生约束力，被监察部门和人员必须执行；监察建议一经提出，有关部门和人员如无正当理由必须采纳。监察决定和监察建议直接关系到有关部门和人员的切身利益，因此，监察机关作出监察决定和提出监察建议应当十分严肃、慎重，特别是作出重要监察决定和提出重要监察建议更应当严肃、慎重。

为确保监察机关作出的重要监察决定和提出的重要监察建议正确、合法，充分体现监察机关对待重要监察决定和重要监察建议认真负责、严肃慎重的态度，《行政监察法》第35条和《行政监察法实施条例》第37条第2款对重要监察决定和重要监察建议审批程序作了规定。依照这些规定，地方监察机关作出的重要监察决定和提出的重要监察建议，应当报经本级人民政府和上一级监察机关同意；国务院监察机关（即监察部）作出的重要监察决定和提出的重要监察建议，应当报经国务院同意。本级人民政府和上一级监察机关意见不一致的，由上一级监察机关报同级人民政府决定。

关于政纪案件的撤销，由于政纪案件在调查终结前，有无违反行政纪律的事实，或者是否需要追究行政纪律责任尚处于不确定状态，因此，监察机关在调查政纪案件过程中有可能遇到不存在违反行政纪律事实的，或者不需要追究行政纪律责任的情况。依照《行政监察法》第 32 条的规定，监察机关对于立案调查的案件，经调查认定不存在违反行政纪律事实的，或者不需要追究行政纪律责任的，应当予以撤销，并告知被调查单位及其上级部门或者被调查人员及其所在单位。重要、复杂案件的撤销，应当报本级人民政府和上一级监察机关备案。监察机关决定撤销案件的，应当制作撤销案件决定书，将撤销案件的原因和决定告知被调查单位及其上级部门或者被调查人员及其所在单位。

这里所谓的办案期限，是指监察机关自政纪案件立案之日起至作出监察决定或者提出监察建议之日止所应遵守的期限。依照《行政监察法》第 33 条和《行政监察法实施条例》第 35~36 条的规定，监察机关立案调查的案件，办案期限自立案之日起算，至作出监察决定或者提出监察建议之日终止为 6 个月。也就是说，监察机关立案调查的案件，应当自立案之日起 6 个月内作出监察决定或者提出监察建议，予以结案。因特殊原因需要延长办案期限的，可以适当延长，但是最长不得超过 1 年，并应当报上一级监察机关备案。

另外，监察机关在调查处理政纪案件过程中还经常会出现发现被调查人员的新的违反行政纪律事实的情况。在这种情况下，办案期限就不能仍按原办案期限计算，而应当从发现新的违纪事实之日起重新计算办案期限。对此，《行政监察法实施条例》第 35 条第 2 款作出了明确规定："在调查处理过程中发现被调查人员有新的违反行政纪律事实的，办案期限应当自发现新的违反行政纪律事实之日起重新计算。"

《行政监察法实施条例》第 36 条对可以延长办案期限的"特殊原因"作出了具体规定："行政监察法第三十二条所称

'特殊原因',是指下列情形:(一)案件发生在交通不便的边远地区的;(二)案件涉案人员多、涉及面广、取证困难的;(三)案件所适用的法律、法规、规章需要报请有权机关作出解释或者确认的。"监察机关因特殊原因需要延长办案期限的,应当十分慎重,并报上一级监察机关备案,接受监督,不能毫无理由地任意延长办案期限。

第四章 处分的法律后果

处分的法律后果,是指处分带给受处分人的法律上的不良影响,即受处分人在受处分期间,在晋升工资档次、级别、职务上所受到的影响。处分的法律后果体现了对违纪人员的惩罚及否定性评价。

一、处分的法律后果

《公务员法》第58条对处分的法律后果作了规定:"公务员在受处分期间不得晋升职务和级别,其中受记过、记大过、降级、撤职处分的,不得晋升工资档次。受处分的期间为:警告,六个月;记过,十二个月;记大过,十八个月;降级、撤职,二十四个月。受撤职处分的,按照规定降低级别。"

根据《公务员法》的规定,受警告处分的,在6个月内,不得晋升职务和级别,但可以晋升工资档次;受记过处分的,在12个月内,不得晋升职务、级别和工资档次;受记大过处分的,在18个月内,不得晋升职务、级别和工资档次;受降级、撤职处分的,在24个月内不得晋升职务、级别和工资档次。

受处分期间,是指处分的有效期间,也就是处分的法律后果的影响期间。

处分期满后,受处分人员的晋职、晋级和晋升工资档次不再受影响,其在权利、义务的各个方面,与未受处分的同职、同级、同等工资档次的人员没有任何不同。在此需要注意的是，对于受到降级、撤职处分的人员在处分期满后，不视为恢复该人员在受处分前的级别和职务。其今后的晋级、晋职应当在受处分后新确定的级别和职务的基础上进行。

受到开除处分后，即不再具有公务员身份。根据《公务员法》第 24 条的规定，曾被开除公职的，不得再录用为公务员。

二、撤职和免职、撤职和降职的区别

（一）撤职与免职的区别

（1）性质不同。撤职是处分的一种，即撤销现任职务；而免职是干部管理与任免的一种方式，是人员的职务变迁和调整，不是处分。此外，根据《关于实行党政领导干部问责的暂行规定》，免职还是一种问责方式。

（2）适用条件不同。撤职适用于严重违反行政纪律，造成国家和人民利益重大损失，已不能担任现任职务的人员；而免职则是按照《公务员法》第 40 条的有关规定，适用于委任制的公务员遇有职务发生变化、不再担任公务员职务以及其他情形的情况。另外，根据《关于实行党政领导干部问责的暂行规定》，免职还适用于问责决定机关根据问责情形，认定党政领导干部已不再适合担任现职的情形。

（3）法律后果不同。给予公务员撤职处分，撤销其现任所有职务，并在撤销职务的同时降低级别和工资。撤职时按降低一个以上（含一个）职务层次另行确定职务，一般不得确定为领导职务。撤职后根据新任职务确定相应的级别，按照"每降低一个职务层次，相应降低两个级别"确定新的级别。在 24 个月内，不得晋升职务、级别和工资档次。而被免职的人员，按照考核、职务变化等情况，有的安排平级或者低于其原任职务的职务，有的晋升职务（因问责被免职的除外）。但除晋升职务的以及一些特殊情况外，一般原职级待遇不变。按照《关于实行党政领导干部问责的暂行规定》,被免职的党政领导干部,取消当年年度考核评优和评选各类先进的资格,1年内不得重新担任与其原任职务相当的领导职务,但可以根据工作需要以及本人一贯表现、特长等情况,由党委(党组)、政府按照干部管理权限酌情安排适当岗位或者相应工作任务;1年后重新担任与其原任职务相当的领导职务的,除应当按照干部管理权限履行审批手续外,还应当征求上一级党委组织部门的意见。

(4)决定机关不同。撤职由任免机关或者监察机关作出处分决定;而免职既可以由有关部门直接下达免职决定或者通知,也可以本人提出申请,经任免机关批准后下达免职决定或者通知。此外,按照《关于实行党政领导干部问责的暂行规定》采取的免职方式,没有提出辞职申请以及批准辞职申请的环节,而是由问责决定机关作出免职的问责决定,有关部门根据问责决定办理免去领导干部职务的相应手续。

(二)撤职与降职的区别

(1)性质不同。撤职是处分的一种;而降职是组织处理的一种方式。《公务员法》第47条规定:"公务员在定期考核中被确定为不称职的,按照规定程序降低一个职务层次任职。"由此可见,降职是降低公务员所担任的现任职务的一种组织处理方式。降职不是处分的一种,而是与处分并列的一种公务员管理方式。

(2)适用条件不同。撤职适用于严重违反纪律,造成国家和人民利益重大损失或者严重后果,已不能担任现任职务的人员;而降职根据《公务员法》第47条的规定,适用于在定期考核中被确定为不称职的人员。

(3)法律后果不同。受撤职处分的,应降低一个以上(含一个)职务层次另行确定职务,并按照新任职务确定相应的级别和工资档次,并且在2年内不得晋升职务、级别和工资档次。而降职的，只降低一个职务层次任职，其职务工资就近套入新任职务工资档次。其原级别在新任职务对应级别范围内的，不降低原级别；原级别高于新任职务对应级别的，降到新任职务对应的最高级别，并执行相对应的级别工资。因年度考核被确定为不称职而降职的，当年不具有晋职、晋级和晋升工资的资格。

（4）决定机关不同。给予撤职或者降职的机关不同。撤职是根据违法违纪行为人的错误事实由任免机关或者监察机关作出处分决定；而降职决定则只能由任免机关决定。

第五章　处分的解除

一、解除处分的概念

解除处分，是指原处分机关对受到处分的人员，根据法定条件对其受到的处分予以解除的行为。

《公务员法》第59条规定："公务员受开除以外的处分，在受处分期间有悔改表现，并且没有再发生违纪行为的，处分期满后，由处分决定机关解除处分并以书面形式通知本人。解除处分后，晋升工资档次、级别和职务不再受原处分的影响。但是，解除降级、撤职处分的，不视为恢复原级别、原职务。"

二、解除处分的条件

根据《公务员法》的规定，解除处分必须符合下列条件：

（1）受到警告、记过、记大过、降级、撤职处分。受到开除处分的，不适用解除处分制度。

（2）在受处分期间有悔改表现，并且没有再发生违纪行为。悔改表现，是指对自己所犯错误有深刻认识，愿意改正错误。如果受处分的公务员在受处分期间又犯有新的违纪行为，即使前一个行为期满，也不能为其办理解除处分手续。

(3) 受到的处分依照《公务员法》第 58 条规定，其处分期限已满。即警告处分满 6 个月，记过处分满 12 个月，记大过处分满 18 个月，降级、撤职处分满 24 个月。不满上述期限的，不能提前办理解除处分手续。

三、解除处分的机关

根据《公务员法》的规定，有权解除处分的机关是原作出处分决定的机关。

四、解除处分的法律后果

解除处分后，原受处分人员的晋职、晋级及晋升工资档次不再受到影响，解除处分后的人员在权利、义务的各个方面，与未受处分的同职、同级、同等工资档次的人员没有任何不同。但是，对于受降级、撤职处分的人员解除处分，不视为恢复该公务员在受处分前的职务和级别。例如，一位副厅长，受撤职处分后降为正处级调研员，其解除处分，不是恢复其受处分前副厅长的职务，而是指其今后的晋升不再受影响。其今后的晋升职务、级别和工资档次，都应当在受处分后新确定的职务和级别，即正处级调研员的基础上进行。

五、解除处分与撤销处分的区别

解除处分，是指原处分机关对受到开除以外的处分的人员，按照法定条件对其受到的处分所造成的法律影响给予消除的行为。撤销处分，是指受理公务员复核、申诉的机关按照规定的权限和条件对原处分决定予以取消的行为。

解除处分与撤销处分的区别如下：

（1）作出决定的机关不同。解除处分决定由原作出处分决定的机关作出；撤销处分决定由受理公务员复核、申诉的机关作出。

（2）法律后果不同。解除处分只是消除了处分对受处分人员在处分期满后继续晋职、晋级、晋档的影响，并不意味着恢复因受处分而失去的级别和职务等；撤销处分是对错误的处分决定的纠正，原处分决定没有发生法律效力，受到错误处分的人员的职务、职级等，凡能恢复的，应当予以恢复。

六、解除处分的程序

解除处分的程序，是指原处分机关对受处分人员，根据法定条件对其受到的处分予以解除所应遵循的步骤和方法。其目的是使解除处分的活动按照法定程序进行，从而确保解除处分活动正确、有序、规范。

根据《行政机关公务员处分条例》第 39 条第 2 款的规定，受处分的行政机关公务员处分期满解除处分的程序，参照该条第 1 款第（5）~（7）项的规定办理。

在此需要注意两点：一是此处适用解除处分程序的主体，不仅包括任免机关，也包括监察机关；二是此处的解除处分的程序只规定了解除处分的决定、解除处分的通知与宣布、解除处分的归档，而未规定解除处分的提起等其他程序，在新的解除处分规定出台前，解除处分的其他程序可以依照人事部《关于国家公务员纪律惩戒有关问题的通知》（人发〔1996〕82 号）和《关于解除国家公务员行政处分有关问题的通知》（人发〔1999〕100 号）的规定进行。

（1）受到开除以外的处分，自作出处分决定之日起计算，处分期已满，确已改正错误，受处分人员有权向所在单位要求解除处分，其所在单位据此也可以主动根据该人员受处分后，改正错误的表现，向作出处分决定的主管行政机关或者监察机关提出解除该人员处分的申请。

（2）作出处分决定的机关应对解除处分的申请进行审查。

（3）作出解除处分决定。

（4）将解除处分决定书面通知受处分人员本人及其所在单位，按照干部管理权限对该人员进行管理的组织、人事部门以及其他有关部门。

（5）由人事部门按照干部管理权限，根据有关规定办理手续，并将解除处分的有关材料归入受处分的人员本人档案。

（6）对需要向上一级机关备案的，应当按照有关规定向上一级机关备案。

第二部分 条文释义

第一条【立法目的和依据】

【条文】为了加强城乡规划管理,惩处城乡规划违法违纪行为,根据《中华人民共和国城乡规划法》、《中华人民共和国行政监察法》、《中华人民共和国公务员法》、《行政机关公务员处分条例》及其他有关法律、行政法规,制定本办法。

【要旨】本条是关于立法目的和立法依据的规定。
【释义】
一、立法目的
城乡规划是政府指导和调控城乡建设和发展的基本手段,直接关系到国民经济持续、快速、健康发展的全局。加强城乡规划工作,对于实现城乡经济、社会和环境协调发展具有重要意义。当前我国城乡规划工作中还存在一些不容忽视的问题,如有的违反法定权限和程序擅自改变城乡规划、改变土地用途,有的在房地产开发中违规调整容积率,等等。这些问题损害了人民群众的合法权益,影响了政府的形象,给经济社会持续健康发展带来不利影响。2009年，中共中央办公厅、国务院办公厅印发了《关于开展工程建设领域突出问题专项治理工作的意见》（中办发〔2009〕27号），决定用两年左右的时间集中开展包括规范城乡规划管理工作在内的工程建设领域突出问题专项治理工作，并在《关于印发〈规范城乡规划管理工作指导意见〉的通知》（中治工发〔2009〕4号）中明确要求抓紧制定违反城乡规划规定行为处分办法等相关配套制度。

为配合工程建设领域专项治理工作，贯彻落实《中华人民共和国城乡规划法》（以下简称《城乡规划法》）、《行政机关公务员处分条例》等法律法规，按照《关于开展工程建设领域突出问题专项治理工作的意见》等中央有关文件的要求及中央纪委监察部领导批示精神，住房和城乡建设部启动了制定《城乡规划违法违纪行为处分办法》调研工作。根据《行政机关公务员处分条例》第2条规定，除国务院监察机关、国务院人事部门外，国务院其他部门制定处分规章，应当与国务院监察机关、国务院人事部门联合制定。监察部、人力资源社会保障部、住房和城乡建设部有关部门成立了联合起草组，开始研究起草《城乡规划违法违纪行为处分办法》。起草组先后赴河北省、重庆市等地区，通过召开座谈会等形式广泛开展了调研活动。2011年3月，在反复研究修改的基础上，形成了征求意见稿，以监察部、人力资源社会保障部、住房和城乡建设部3家名义，将征求意见稿普发征求意见。根据各方意见，经反复修改完善后，2012年9月24日经监察部第6次部长办公会议、2012年8月27日经人力资源社会保障部第101次部务会议、2012年5月10日经住房和城乡建设部第84次部常务会议、2012年7月30日经国家公务员局第37次局务会议审议通过，于2012年12月3日以监察部、人力资源社会保障部、住房和城乡建设部令第29号对外发布，自2013年1月1日起施行。

《城乡规划违法违纪行为处分办法》是我国第一部针对城乡规划违法违纪行为处分方面的部门规章，梳理出了行政机关公务员及其他有关人员违反城乡规划的具体行为，明确了适用的处分种类和幅度，是查处城乡规划违法违纪案件的重要依据。《城乡规划违法违纪行为处分办法》的出台，对于提高城乡规划依法行政水平、维护城乡规划的科学性和严肃性、促进城乡建设健康可持续发展意义重大。

二、立法依据

《城乡规划违法违纪行为处分办法》的直接依据是《城乡规划法》、《行政监察法》、《公务员法》、《行政机关公务员处分条例》。《行政监察法》、《公务员法》、《行政机关公务员处分条例》规定对于行政机关公务员违反法律、法规、规章以及行政机关的决定和命令，应当承担纪律责任的行为，依法给予处分。《城乡规划法》及其有关法律法规对城乡规划领域内的违法违规行为作出界定。对于《城乡规划法》、《历史文化名城名镇名村保护条例》、《风景名胜区条例》等法律法规明确规定应当给予处分的城乡规划违法违纪行为，《城乡规划违法违纪行为处分办法》依照城乡规划制定、实施、修改、监督检查等城乡规划管理的基本程序进行了梳理和归纳，按照不同的违法违纪主体对处分种类和幅度分别进行了规定。

第二条【适用范围】

【条文】有城乡规划违法违纪行为的单位中负有责任的领导人员和直接责任人员，以及有城乡规划违法违纪行为的个人，应当承担纪律责任。属于下列人员的

（以下统称有关责任人员），由任免机关或者监察机关按照管理权限依法给予处分：

（一）行政机关公务员；

（二）法律、法规授权的具有公共事务管理职能的组织中从事公务的人员；

（三）国家行政机关依法委托从事公共事务管理活动的组织中从事公务的人员；

（四）企业、人民团体中由行政机关任命的人员。

事业单位工作人员有本办法规定的城乡规划违法违纪行为的，依照《事业单位工作人员处分暂行规定》执行。

法律、行政法规、国务院决定及国务院监察机关、国务院人力资源社会保障部门制定的处分规章对城乡规划违法违纪行为的处分另有规定的，从其规定。

【要旨】本条规定了城乡规划违法违纪行为处分的实施主体及其处分权限，还规定了违反城乡规划行为的处分对象。

【释义】城乡规划行为涉及方方面面。根据《城乡规划法》的规定，城乡规划违法违纪行为的主体主要有地方人民政府、政府有关部门、城乡规划编制单位、建设单位和个人。《城乡规划法》第9条规定，"任何单位和个人都应当遵守经依法批准并公布的城乡规划，服从规划管理"，违反依法批准的各类城乡规划的行为同样属于城乡规划违法违纪行为。城乡规划违法违纪行为主要分为两大类：一是政府及城乡规划主管部门的审批、调整规划及办理规划许可中的违法行为；二是政府部门、企事业单位、人民团体违反规划进行建设的违法行为。

纪律责任的承担主体是违法违纪行为的行为人，也就是处分对象。依据任免机关和监察机关的管理权限，《城乡规划违法违纪行为处分办法》第 2 条对城乡规划违法违纪行为的纪律责任承担主体明确规定为："（一）行政机关公务员；（二）法律、法规授权的具有公共事务管理职能的组织中从事公务的人员；（三）国家行政机关依法委托从事公共事务管理活动的组织中从事公务的人员；（四）企业、人民团体中由行政机关任命的人员。"同时规定："法律、行政法规、国务院决定及国务院监察机关、国务院人力资源社会保障部门制定的处分规章对城乡规划违法违纪行为的处分另有规定的，从其规定。"

由于住房和城乡建设系统事业单位及其工作人员为数较多，包括法律、法规授权的具有公共事务管理职能的事业单位中从事公务的人员，行政机关任命的事业单位工作人员，还有国家行政机关依法委托从事公共事务管理活动的事业单位工作人员。此外，还有一些非住房和城乡建设系统的事业单位存在城乡规划违法违纪行为，对这些事业单位及其工作人员的违法违纪行为也需要给予处分。2012 年 9 月 1 日施行的《事业单位工作人员处分暂行规定》对事业单位工作人员违法违纪行为的处分权限、程序和处分的种类、适用等作出了规定，其中处分的种类与《行政机关公务员处分条例》规定的处分种类不一致。为与《事业单位工作人员处分暂行规定》做好衔接，《城乡规划违法违纪行为处分办法》第 2 条第 2 款规定："事业单位工作人员有本办法规定的城乡规划违法违纪行为的，依照《事业单位工作人员处分暂行规定》执行。"

根据《事业单位工作人员处分暂行规定》第 2 条规定的精神，事业单位工作人员如果有城乡规划违法违纪行为，应当承担纪律责任的，依照《事业单位工作人员处分暂行规定》给予处分。但对法律、法规授权的具有公共事务管理职能的事业单位中经批准参照《公务员法》管理的工作人员给予处分，应当参照《行政机关公务员处分条例》的有关规定办理。对行政机关任命的事业单位工作人员，法律、法规授权的具有公共事务管理职能的事业单位中不参照《公务员法》管理的工作人员，国家行政机关依法委托从事公共事务管理活动的事业单位工作人员给予处分，适用《事业单位工作人员处分暂行规定》。

此外，《城乡规划违法违纪行为处分办法》第2条还规定了单位有城乡规划违法违纪行为的纪律责任承担主体。单位有城乡规划违法违纪行为的，其纪律责任承担主体是单位负有责任的领导人员和直接责任人员。这里所谓的直接责任人员，是指直接实施了城乡规划违法违纪行为，造成了损害后果的人员；所谓负有责任的领导人员，是指担任一定的领导职务，直接作出或者参与作出实施城乡规划违法违纪行为的决策，或者疏于管理，对城乡规划违法违纪行为造成的损害后果负有责任的人员。这样规定单位违法违纪行为纪律责任的承担主体，是因为处分是依附于自然人的一种制裁，离开了自然人这个条件，处分就不能存在。单位本身不能承担处分，而且单位意志是通过其权力行使者来体现的，因此，对单位的违法违纪行为，应当处分单位负有责任的领导人员和直接责任人员。

第三条【未依法编制、修改城乡规划行为的处分】

【条文】地方人民政府有下列行为之一的，对有关责任人员给予记过或者记大过处分；情节较重的，给予降级或者撤职处分；情节严重的，给予开除处分：

(一) 依法应当编制城乡规划而未组织编制的；

(二) 未按法定程序编制、审批、修改城乡规划的。

【要旨】本条依据《城乡规划法》第58条"对依法应当编制城乡规划而未组织编制，或者未按法定程序编制、审批、修改城乡规划的，由上级人民政府责令改正，通报批评；对有关人民政府负责人和其他直接责任人员依法给予处分"的要求，规定了负有规划编制职责的地方人民政府不依法编制、审批、修改规划的行为及其适用的处分种类和幅度。

【释义】本条所涉及的城乡规划违法违纪行为的主体是地方人民政府。地方人民政府作为行为主体，需要追究行政纪律责任的，对地方人民政府主要负责人和分管领导给予处分。

城乡规划管理不同于一般的行政管理，许多行政行为如组织编制城乡规划等，是由地方人民政府作出的。本条的主要依据是《城乡规划法》第58条关于未依法编制城乡规划的法律责任的规定："对依法应当编制城乡规划而未组织编制，或者未按法定程序编制、审批、修改城乡规划的，由上级人民政府责令改正，通报批评；对有关人民政府负责人和其他直接责任人员依法给予处分。"

一、依法应当编制城乡规划而未组织编制的行为

城乡规划是对一定时期内城乡经济和社会发展、土地利用、空间布局以及建设的综合部署、具体安排和实施管理。城乡规划是城乡建设和管理的基本依据，是保证城乡土地和空间资源得以合理利用，保护生态和自然环境，合理利用自然资源，维护社会公正与公平的重要依据，具有重要公共政策的属性。科学制定和严格实施城乡规划是各级政府的重要职责。

根据《城乡规划法》第2条的规定，城乡规划"包括城镇体系规划、城市规划、镇规划、乡规划和村庄规划。城市规划、镇规划分为总体规划和详细规划。详细规划分为控制性详细规划和修建性详细规划"。

城乡规划制定是各级人民政府依据国家有关法律法规，运用科学的规划理论与技术方法，提出城乡空间资源、各类用地和各项建设的配置标准、布局方案和调控要求，并依照法定程序协调、审议、批准，形成具有管制效用的行政与技术文件的工作过程。城乡规划制定包括编制和审批两个阶段。依法组织编制城乡规划是地方人民政府的一项十分重要的行政职责。

根据《城乡规划法》，省、自治区人民政府组织编制省域城镇体系规划；城市人民政府组织编制城市总体规划；县人民政府组织编制县人民政府所在地镇的总体规划；镇人民政府组织编制除县人民政府所在地外的其他镇的总体规划；镇人民政府根据镇总体规划的要求，组织编制镇的控制性详细规划；镇人民政府可以组织编制重要地块的修建性详细规划；县级以上地方人民政府根据本地农村经济社会发展水平，按照因地制宜、切实可行的原则，确定应当制定乡规划、村庄规划的区域；在确定区域内的乡、村庄规划，应当由乡、镇人民政府组织编制。《城乡规划法》确定的现行我国规划编制体系，体现了一个突出特点，即一级政府、一级规划、一级事权，下位规划不得违反上位规划的原则，各级政府都要从实施科学管理的需要出发，制定和实施本级政府的规划。

不依法组织编制城乡规划，会导致城市建设无序发展，影响经济、社会发展目标的实现。依据《地方各级人民代表大会和地方各级人民政府组织法》和《城乡规划法》，各级地方人民政府不依法组织编制城乡规划，是一种失职行为，应承担行政法律责任。

按照本条规定，地方人民政府依法应当编制城乡规划而未组织编制的，对有关责任人员给予记过或者记大过处分；情节较重的，给予降级或者撤职处分；情节严重的，给予开除处分。

对于本行为适用的处分种类和幅度的掌握，要根据事实、情节、后果以及对问题的认识等，分别进行处理。

二、未按法定程序编制、审批、修改城乡规划的行为

为了切实实施依法行政，保障公众对城乡规划的知情权、参与权，确保单位和个人的合法权益，维护城乡规划的权威性和严肃性，《城乡规划法》对城乡规划的编制、审批、修改程序作了明确的规定。《城乡规划法》对各类城乡规划的编制和审批程序提出了明确的要求。包括：全国城镇体系规划、省域城镇体系规划的编制和审批程序，城市、镇的总体规划的编制和审批程序，城市、镇的总体规划的内容、强制性内容和期限，城市、镇的控制性详细规划的编制、审批和备案程序及修建性详细规划的编制，乡规划、村庄规划的编制和审批程序，乡规划、村庄规划编制的原则和主要内容，城乡规划编制单位的资质条件，编制城乡规划的标准和基础资料，城乡规划草案的公告、公开征求意见及专家和有关部门审查等。

《城乡规划法》对城乡规划的修改作了严格的规定。规定了修改规划的前提条件和审批、备案的法定程序；确定了因规划修改给有关当事人合法利益造成损失的补偿原则；明确了未按法定程序随意修改规划的有关人民政府和相关责任人的法律责任。

根据《城乡规划法》，地方人民政府作为城乡规划的组织编制单位，在城乡规划审批前，应当采取论证会、听证会或者其他方式征求专家和公众意见；城乡规划经批准后，应当将经批准的城乡规划予以公布；城乡规划的修改，必须严格依据法定程序；各级地方人民政府违反法律规定和法定程序编制、审批、修改城乡规划的，都必须承担相应的法律责任。

住房和城乡建设部依据《城乡规划法》，制定和颁布实施的《城镇体系规划编制审批办法》、《城市、镇控制性详细规划编制审批办法》等部门规章，对规划的编制、审批、修改程序作了进一步规定，地方人民政府在城乡规划编制、审批、修改中，应当遵守执行。

按照本条规定，地方人民政府未按法定程序编制、审批、修改城乡规划的，对有关责任人员给予记过或者记大过处分；情节较重的，给予降级或者撤职处分；情节严重的，给予开除处分。对于本行为适用的处分种类和幅度的掌握，要根据事实、情节、后果以及对问题的认识等，分别进行处理。

【案例一】某村庄内生产水泥的乡镇企业，在生产过程中产生大量水泥灰，粉尘遮天蔽日，导致该村呼吸系统疾病频发，对村民的生产和生活造成了严重影响。群众对此问题向有关部门举报。经调查，该村庄位于应当编制村庄规划的范围内，而镇政府长期忽视规划的组织编制工作，盲目招商引资，村庄规划管理缺失，导致村庄建设杂乱无章，乡镇企业随意建设，并造成了环境污染。鉴于规划缺失对公众和环境带来的严重影响，按照本条规定，应当对有关责任人员给予相应处分。

【案例二】某市为了引进大型商业开发项目，拟占用城市总体规划确定的公园绿地，违反了城市总体规划的强制性内容。经市领导授意，在未按法定程序先修改城市总体规划的情况下，规划局直接修改了控制性详细规划。该项目建设后不仅影响了附近居民的生活，而且减少了该地区抗震避难场所的面积，对该地区抗震防灾造成严重隐患。考虑到该违反法定程序修改规划的行为性质恶劣，造成严重影响，按照本条规定，应当对有关责任人员给予相应处分。

第四条【地方人民政府滥用职权行为的处分】

【条文】 地方人民政府有下列行为之一的，对有关责任人员给予警告、记过或者记大过处分；情节较重的，给予降级或者撤职处分；情节严重的，给予开除处分：

（一）制定或者作出与城乡规划法律、法规、规章和国家有关文件相抵触的规定或者决定，造成不良后果或者经上级机关、有关部门指出仍不改正的；

（二）在城市总体规划、镇总体规划确定的建设用地范围以外设立各类开发区和城市新区的；

（三）违反风景名胜区规划，在风景名胜区内设立各类开发区的；

（四）违反规定以会议或者集体讨论决定方式要求城乡规划主管部门对不符合城乡规划的建设项目发放规划许可的。

【要旨】 本条依据《城乡规划法》第30条关于"在城市总体规划、镇总体规划确定的建设用地范围以外，不得设立各类开发区和城市新区"的要求，《风景名胜区条例》第47条关于"违反风景名胜区规划在风景名胜区内设立各类开发区的行为"的法律责任，以及《城乡规划法》中对规划审批和行政许可的要求，规定了地方人民政府违反法律、法规、规章和国家有关文件作出规定或决定的行为及其适用的处分种类和幅度。

【释义】 本条所涉及的城乡规划违法违纪行为的主体是地方人民政府。地方人民政府作为行为主体，需要追究行政纪律责任的，对地方人民政府主要负责人和分管领导给予处分。

本条包括4种行为：一是作出与上位法律、法规、规章和国家有关文件相抵触的规定或决定的行为；二是违法设立开发区和新区的行为；三是违反规划在风景名胜区内设立开发区的行为；四是违反规定发放规划许可的行为。这些行为属于地方人民政府超越法定职权范围而作出的行政越权行为。

一、制定或者作出与城乡规划法律、法规、规章和国家有关文件相抵触的规定或者决定，造成不良后果或者经上级机关、有关部门指出仍不改正的行为

根据《地方各级人民代表大会和地方各级人民政府组织法》，"地方各级人民政府必须依法行使行政职权"。该法还规定："省、自治区、直辖市的人民政府可以根据法律、行政法规和本省、自治区、直辖市的地方性法规，制定规章，报国务院和本级人民代表大会常务委员会备案。省、自治区的人民政府所在地的市和经国务院批准的较大的市的人民政府，可以根据法律、行政法规和本省、自治区的地方性法规，制定规章，报国务院和省、自治区的人民代表大会常务委员会、人民政府以及本级人民代表大会常务委员会备案。"

国务院2004年发布的《全面推进依法行政实施纲要》，明确要求"提出法律议案、地方性法规草案，制定行政法规、规章、规范性文件等制度建设符合宪法和法律规定的权限和程序，充分反映客观规律和最广大人民的根本利益，为社会主义物质文明、政治文明和精神文明协调发展提供制度保障"。2010年国务院发布的《国务院关于加强法治政府建设的意见》（国发〔2010〕33号）进一步明确了要"加强对行政法规、规章和规范性文件的清理。

坚持立'新法'与改'旧法'并重。对不符合经济社会发展要求，与上位法相抵触、不一致，或者相互之间不协调的行政法规、规章和规范性文件，要及时修改或者废止"。

地方人民政府的重要职责之一，即执行上级国家行政机关的决定和命令。因此，地方人民政府在制定或者作出规定或者决定时，应当与法律、法规、规章和国家有关文件相一致。

本行为包含两种情形：一是地方人民政府制定或者作出与城乡规划法律、法规、规章和国家有关文件相抵触的规定或者决定，并且造成了不良后果的情形；二是地方人民政府制定或者作出与城乡规划法律、法规、规章和国家有关文件相抵触的规定或者决定，经上级机关、有关部门指出仍不改正的情形。

按照本条规定，地方人民政府制定或者作出与城乡规划法律、法规、规章和国家有关文件相抵触的规定或者决定，造成不良后果或者经上级机关、有关部门指出仍不改正的行为，对有关责任人员给予警告、记过或者记大过处分；情节较重的，给予降级或者撤职处分；情节严重的，给予开除处分。

对于本行为适用的处分种类和幅度的掌握，要根据事实、情节、后果以及对问题的认识等，分别进行处理。

二、在城市总体规划、镇总体规划确定的建设用地范围以外设立各类开发区和城市新区的行为

为了引导和促进各类城市新区和开发区健康发展，合理利用和保护土地资源，《城乡规划法》对设立城市新区和开发区的空间范围作了明确规定。该法第30条第2款规定："在城市总体规划、镇总体规划确定的建设用地范围以外，不得设立各类开发区和城市新区。"

城市的新区开发，是指随着城市经济与社会的发展，为满足城市建设的需要，按照城市总体规划的部署，在城市现有建成区以外的地段，进行集中成片、综合配套的开发建设活动。开发区是我国自改革开放以来，为了促进经济发展，由国务院和省、自治区、直辖市人民政府批准在城市规划区内设立的经济技术开发区、保税区、高新技术产业开发区、国家旅游度假区等实行国家特定优惠政策的各类开发区。城市新区和开发区对于地方经济发展和社会进步起到了积极的作用，但有些地方也出现了不顾实际条件，盲目设立和扩建名目繁多的各类开发区，造成大量圈占耕地和违法出让、转让国有土地的现象，严重损害了农民利益和国家利益。

地方人民政府违反法律法规，在城市总体规划、镇总体规划确定的建设用地范围以外设立各类开发区和城市新区的行为，属于滥用职权，应承担行政法律责任。

按照本条规定，地方人民政府在城市总体规划、镇总体规划确定的建设用地范围以外设立各类开发区和城市新区的，对有关责任人员给予警告、记过或者记大过处分；情节较重的，给予降级或者撤职处分；情节严重的，给予开除处分。

对于本行为适用的处分种类和幅度的掌握，要根据事实、情节、后果以及对问题的认识等，分别进行处理。

三、违反风景名胜区规划，在风景名胜区内设立各类开发区的行为

为了加强对风景名胜区的管理，有效保护和合理利用风景名胜资源，国务院于2006年颁布实施了《风景名胜区条例》，全面推进了依法管理风景名胜区的工作。《风景名胜区条例》第27条规定："禁止违反风景名胜区规划，在风景名胜区内设立各类开发区和在核心景区内建设宾馆、招待所、培训中心、疗养院以及与风景名胜资源保护无关的其他建筑物；已经建设的，应当按照风景名胜区规划，逐步迁出。"《风景名胜区条例》第47条进一步规定了违反风景名胜区规划在风景名胜区内设立各类开发区的行为的法律责任："违反本条例的规定，国务院建设主管部门、县级以上地方人民政府及其有关主管部门有下列行为之一的,对直接负责的主管人员和其他直接责任人员依法给予处分;构成犯罪的,依法追究刑事责任:(一)违反风景名胜区规划在风景名胜区内设立各类开发区的;……"

2008年施行的《城乡规划法》第32条规定:"城乡建设和发展,应当依法保护和合理利用风景名胜资源,统筹安排风景名胜区及周边乡、镇、村庄的建设。风景名胜区的规划、建设和管理,应当遵守有关法律、行政法规和国务院的规定。"

风景名胜区是经中央或地方人民政府审定公布的需要进行保护和管理的特定地域。风景名胜资源是大自然和前人留给我们的珍贵的自然与历史文化遗产,是一种不可再生资源。因此,为保持资源与环境的真实性和完整性,应对其范围内具有较强开发利用强度的行为与活动进行严格控制。凡不符合规划要求的,不得进行开发建设。

依据《城乡规划法》和《风景名胜区条例》,地方人民政府违反风景名胜区规划,在风景名胜区内设立各类开发区,是一种违法行为,应当追究有关责任人员的行政责任;构成犯罪的,还应依法追究刑事责任。

按照本条规定,地方人民政府违反风景名胜区规划,在风景名胜区内设立各类开发区的,对有关责任人员给予警告、记过或者记大过处分;情节较重的,给予降级或者撤职处分;情节严重的,给予开除处分。

对于本行为适用的处分种类和幅度的掌握,要根据事实、情节、后果以及对问题的认识等,分别进行处理。

四、违反规定以会议或者集体讨论决定方式要求城乡规划主管部门对不符合城乡规划的建设项目发放规划许可的行为

《城乡规划法》规定的选址意见书、建设用地规划许可证和建设工程规划许可证、乡村建设规划许可证构成了我国城乡规划实施管理的主要法定手段和形式，其中核发选址意见书属于行政审批，建设用地规划许可、建设工程规划许可和乡村建设规划许可属于行政许可。具体而言，选址意见书是城乡规划主管部门依法审核建设项目选址的法定凭据；建设用地规划许可证是经城乡规划主管部门依法审核、建设用地符合城乡规划要求的法律凭证；建设工程规划许可证是经城乡规划主管部门依法审核、建设工程符合城乡规划要求的法律凭证；乡村规划许可证是经城乡规划主管部门依法审核，在乡、村庄规划区内的建设工程符合城乡规划要求的法律凭证。

行政许可是行政机关依法对社会、经济事务实行事前监督管理的一种重要手段，城乡规划许可是城乡规划主管部门应建设单位或个人的申请，通过颁发规划许可证等形式，依法赋予该单位或个人在城乡规划区内获取土地使用权、进行建设活动的法律权利的行政行为。城乡规划实施管理制度的建立对引导、协调和控制各类实施城乡规划的活动，保障城乡规划得到有效实施以及维护公共利益和社会秩序，保护公民、法人和其他组织的合法权益等，都具有十分重要的意义。

核发规划许可应当依据经批准的城乡规划，并按法定要求和程序进行。《城乡规划法》第37条第1款规定："在城市、镇规划区内以划拨方式提供国有土地使用权的建设项目，经有关部门批准、核准、备案后，建设单位应当向城市、县人民政府城乡规划主管部门提出建设用地规划许可申请，由城市、县人民政府城乡规划主管部门依据控制性详细规划核定建设用地的位置、面积、允许建设的范围，核发建设用地规划许可证。"第38条第2款规定："以出让方式取得国有土地使用权的建设项目，在签订国有土地使用权出让合同后，建设单位应当持建设项目的批准、核准、备案文件和国有土地使用权出让合同，向城市、县人民政府城乡规划主管部门领取建设用地规划许可证。"第40条第1款、第2

款规定:"在城市、镇规划区内进行建筑物、构筑物、道路、管线和其他工程建设的,建设单位或者个人应当向城市、县人民政府城乡规划主管部门申请办理建设工程规划许可证。申请办理建设工程规划许可证,应当提交使用土地的有关证明文件、建设工程设计方案等材料。需要建设单位编制修建性详细规划的建设项目,还应当提交修建性详细规划。对符合控制性详细规划和规划条件的,由城市、县人民政府城乡规划主管部门核发建设工程规划许可证。"第41条规定第1款:"在乡、村庄规划区内进行乡镇企业、乡村公共设施和公益事业建设的,建设单位或者个人应当向乡、镇人民政府提出申请,由乡、镇人民政府报城市、县人民政府城乡规划主管部门核发乡村建设规划许可证。"

地方人民政府违反规定以会议或者集体讨论决定方式要求城乡规划主管部门对不符合城乡规划的建设项目发放规划许可的行为,属于滥用职权,违反了《城乡规划法》,有关责任人员应当承担行政法律责任。

按照本条规定,地方人民政府违反规定以会议或者集体讨论决定方式要求城乡规划主管部门对不符合城乡规划的建设项目发放规划许可的,对有关责任人员给予警告、记过或者记大过处分;情节较重的,给予降级或者撤职处分;情节严重的,给予开除处分。对于本行为适用的处分种类和幅度的掌握,要根据事实、情节、后果以及对问题的认识等,分别进行处理。

【案例一】在国务院下发暂停审批各类开发区的紧急通知后,某市人民政府仍然批准设立了某经济开发区,该开发区在建设过程中侵占了大片基本农田。该行为与国家有关文件相抵触,顶风违纪且情节恶劣,按照本条规定,应当对有关责任人员给予相应处分。

【案例二】某市人民政府批准在城市总体规划确定的建设用地范围以外设立了一个区级开发区。后由该开发区管理委员会引进工业项目,非法占用基本农田,并进行了开发建设。考虑到该批准在城市总体规划确定的建设用地范围以外设立开发区的行为以及后续的开发建设对基本农田造成无法恢复的破坏,按照本条规定,应当对有关责任人员给予相应处分。

【案例三】某县人民政府在位于该县的某省级风景名胜区内设立了一个经济开发试验区,进行招商引资,并建设了水上乐园、度假村等项目。后经上级地方人民政府在风景名胜区监督检查工作中发现。经查,该经济开发试验区违反风景名胜区规划,破坏了风景名胜区的景观风貌,并在景区内排放了大量未经处理的污水,造成景区内一条河流严重污染。考虑到该违法行为已经对风景名胜区造成了难以挽回的破坏,根据本条规定,应当对有关责任人员给予相应处分。

【案例四】某城市人民政府引进开发商参与一处城中村改造项目,在开发过程中,由于补偿安置等问题造成开发成本上升,开发商提出改变用地性质和提高容积率的要求。为了加快进度,市人民政府以政府会议纪要的形式要求城乡规划主管部门按照开发商提出的要求发放规划许可。根据控制性详细规划,该地块的用地性质应为居住用地,而发放的规划许可将其变为商业用途并大大提高了容积率,违反了控制性详细规划要求。后开发商进行建设,该项目对北侧的住宅造成了严重遮挡,引起群众集体上访事件。考虑到该行为违反法定规划并对公众造成的严重影响,按照本条规定,应当对有关责任人员给予相应处分。

第五条【委托不具相应资质单位编制城乡规划行为的处分】

【条文】地方人民政府及城乡规划主管部门委托不

具有相应资质等级的单位编制城乡规划的,对有关责任人员给予警告或者记过处分;情节较重的,给予记大过或者降级处分;情节严重的,给予撤职处分。

【要旨】本条依据《城乡规划法》第59条"城乡规划组织编制机关委托不具有相应资质等级的单位编制城乡规划的,由上级人民政府责令改正,通报批评;对有关人民政府负责人和其他直接责任人员依法给予处分"的要求,规定了地方人民政府及城乡规划主管部门委托不具有相应资质等级的单位编制城乡规划的行为及其适用的处分种类和幅度。

【释义】本条所涉及的城乡规划违法违纪行为的主体是地方人民政府及城乡规划主管部门。地方人民政府作为本行为的主体,需要追究行政纪律责任的,对地方人民政府主要负责人和分管领导给予处分;地方人民政府城乡规划主管部门作为本行为的主体,对负有责任的领导人员和直接责任人员给予处分。所谓负有责任的领导人员是指对违法违纪行为的发生负有决策责任的决策者或者决定者;所谓其他直接责任人员,是指直接实施违法违纪行为的人员。

《城乡规划法》明确提出了对城乡规划编制单位的资质要求。《城乡规划法》第24条规定:"城乡规划组织编制机关应当委托具有相应资质等级的单位承担城乡规划的具体编制工作。从事城乡规划编制工作应当具备法定条件,并经国务院城乡规划主管部门或者省、自治区、直辖市人民政府城乡规划主管部门依法审查合格,取得相应等级的资质证书后,方可在资质等级许可的范围内从事城乡规划编制工作。"

在对原有资质管理规定进行修订的基础上,住房和城乡建设部于2012年颁布实施了《城乡规划编制单位资质管理规定》,

进一步规范了对城乡规划编制单位的管理和城乡规划编制工作，从而保证城乡规划编制质量。《城乡规划编制单位资质管理规定》将城乡规划编制单位资质分为甲级、乙级、丙级，明确了各级城乡规划编制单位资质标准及其承担城乡规划编制业务的范围。此外，由中华人民共和国建设部、中华人民共和国对外贸易经济合作部发布，并于2003年5月起施行的《外商投资城市规划服务企业管理规定》，对外商投资城市规划服务企业的依法设立和申请取得《外商投资企业城市规划服务资格证书》也作了规定。

城乡规划编制单位资质要求具有必要性和重要意义。随着规划体制改革的深入，规划设计市场化程度加大，城乡规划编制领域也出现了一些新问题：出现了牺牲城市的全局利益和社会公众利益而片面迁就委托方不合理要求、违反规范和标准的现象；出现了压价竞争、随意转包规划任务等种种不规范行为，造成规划编制成果质量下降，危害了城乡规划行业的健康发展。通过资格管理，确保规划编制单位具备必要的技术力量，是保证城乡规划编制工作的科学性和严肃性，保证各级政府依法实施规划的重要条件。

各级政府及其职能部门在委托城乡规划编制任务时必须寻找具有相应资质等级的单位，从事城乡规划编制工作的单位必须符合条件并取得相应等级的资质证书。地方人民政府及城乡规划主管部门委托不具有相应资质等级的单位编制城乡规划，将难以确保规划质量以及规划编制按程序进行，为城乡规划管理工作带来困难和阻碍，导致城乡规划无法发挥其应有的作用，应当承担行政法律责任。

按照本条规定，地方人民政府及城乡规划主管部门委托不具有相应资质等级的单位编制城乡规划的，对有关责任人员给予警告或者记过处分；情节较重的，给予记大过或者降级处分；情节严重的，给予撤职处分。对于本行为适用的处分种类和幅度的掌握，要根据事实、情节、后果以及对问题的认识等，分别进行处理。

【案例】某市沿江新城区发生山体滑坡，造成一栋住宅楼倒塌、四十余人伤亡的重大事故。经查，该市城乡规划管理局在组织编制该地段控制性详细规划中，委托了不具有相应资质等级的单位进行规划编制工作。该片区控制性详细规划违反城市总体规划将非建设用地确定为居住用地。随后，开发商依据控制性详细规划进行楼盘开发建设和销售。考虑到该行为造成的严重危害，按照本条规定，应当对有关责任人员给予相应的处分。

第六条【利用职权谋取私利行为的处分】

【条文】地方人民政府及其有关主管部门工作人员，利用职权或者职务上的便利，为自己或者他人谋取私利，有下列行为之一的，给予记过或者记大过处分；情节较重的，给予降级或者撤职处分；情节严重的，给予开除处分：

（一）违反法定程序干预控制性详细规划的编制和修改，或者擅自修改控制性详细规划的；

（二）违反规定调整土地用途、容积率等规划条件核发规划许可，或者擅自改变规划许可内容的；

（三）违反规定对违法建设降低标准进行处罚，或者对应当依法拆除的违法建设不予拆除的。

【要旨】本条规定了地方人民政府及其有关主管部门工作人

员，利用职权或者职务上的便利，为自己或者他人谋取私利的行为及其适用的处分种类和幅度。

【释义】本条所涉及的城乡规划违法违纪行为的主体是地方人民政府及其有关主管部门工作人员。工作人员作为本行为的主体，需要追究行政纪律责任的，对实施以及指使他人实施本行为的工作人员给予处分。城乡规划是一项全局性、综合性、战略性的工作，涉及政治、经济、文化和社会生活等各个领域。地方人民政府及其有关部门，包括发改、国土、环保、建设、市政、交通、综合执法等部门，在进行涉及城乡规划行政管理时应当遵守城乡规划法律法规的规定，并遵守公务员廉政纪律的要求。

本条主要依据是《公务员法》中关于公务员违反纪律的行为的规定。《公务员法》第 53 条规定："公务员必须遵守纪律，不得有下列行为：……（七）贪污、行贿、受贿，利用职务之便为自己或者他人谋取私利；……"《公务员法》第 53 条是关于廉政纪律的规定。廉政纪律，是指以法律法规形式规定的指导、调整、约束、规范公务员廉洁从政的准则，是公务员的行为规范，目的是保证公务员按其职责履行公务，廉洁从政。《公务员法》规定公务员必须清正廉洁，公道正派，必须遵守纪律，不得有利用职务之便为自己或者他人谋取私利的行为。"利用职务之便"，是指利用职权或者与职务有关的便利条件；"职权"是指本人职务范围内的权力；"与职务有关"是指虽然不是直接利用职权，但利用了本人的职权或地位形成的便利条件。城乡规划因其对空间资源和社会公共资源的配置，直接影响利益分配。对于城乡规划管理中出现的利用职权或者职务上的便利，为自己或者他人谋取私利的违法违纪行为，要予以严厉惩戒。《城乡规划违法违纪行为处分办法》第 6 条规定了城乡规划编制、审批、修改，实施管理，监督检查 3 个环节中易发生的以权谋私的违法违纪行为。

一、违反法定程序干预控制性详细规划的编制和修改，或者擅自修改控制性详细规划的行为

按照《城乡规划法》第 48 条规定："修改控制性详细规划的，组织编制机关应当对修改的必要性进行论证，征求规划地段内利害关系人的意见，并向原审批机关提出专题报告，经原审批机关同意后，方可编制修改方案。修改后的城市的控制性详细规划，经本级人民政府批准后，报本级人民代表大会常务委员会和上一级人民政府备案；修改后的镇的控制性详细规划，报上一级人民政府审批；修改后的县人民政府所在地镇的控制性详细规划，经县人民政府批准后，报本级人民代表大会常务委员会和上一级人民政府备案。控制性详细规划的修改应当符合城市、镇的总体规划。控制性详细规划修改涉及城市总体规划、镇总体规划强制性内容的，应当按法律规定的程序先修改总体规划。"

控制性详细规划是城市、镇实施规划管理最直接的法律依据，更是国有土地使用权出让、开发和建设的法定前置条件，直接决定着土地的市场价值，决定着利益相关人的切身利益。修改控制性详细规划，必须严格按法定程序进行。任何单位和个人，不得擅自修改控制性详细规划的内容。对于违反法定程序干预控制性详细规划的编制和修改，或者擅自修改控制性详细规划的行为，应追究有关责任人员的行政法律责任。

按照本条规定，地方人民政府及其有关主管部门工作人员利用职权或者职务上的便利，为自己或者他人谋取私利，违反法定程序干预控制性详细规划的编制和修改，或者擅自修改控制性详细规划的，对有关责任人员给予记过或者记大过处分；情节较重的，给予降级或者撤职处分；情节严重的，给予开除处分。

对于本行为适用的处分种类和幅度的掌握，要根据事实、情节、后果以及对问题的认识等，分别进行处理，尤其是根据违法

违纪行为对社会或者公众造成危害的程度。

二、违反规定调整土地用途、容积率等规划条件核发规划许可，或者擅自改变规划许可内容的行为

根据《城乡规划法》的规定，我国城乡规划实施管理涉及的许可主要包括：建设用地规划许可、建设工程规划许可、乡村建设规划许可。

《城乡规划法》第38条第1款、第2款规定："在城市、镇规划区内以出让方式提供国有土地使用权的，在国有土地使用权出让前，城市、县人民政府城乡规划主管部门应当依据控制性详细规划，提出出让地块的位置、使用性质、开发强度等规划条件，作为国有土地使用权出让合同的组成部分。未确定规划条件的地块，不得出让国有土地使用权。以出让方式取得国有土地使用权的建设项目，在签订国有土地使用权出让合同后，建设单位应当持建设项目的批准、核准、备案文件和国有土地使用权出让合同，向城市、县人民政府城乡规划主管部门领取建设用地规划许可证。"

规划条件是在城市、镇规划区内以出让方式提供国有土地使用权过程中，由城市、县人民政府城乡规划主管部门依据控制性详细规划提出的进行建设的规定性和指导性意见。限定了建设单位在进行土地使用和建设活动时必须遵循的基本准则，强化了城乡规划主管部门对国有土地使用状况的规划调控和引导，有利于促进土地利用符合规划确定的发展目标，为实现城乡协调、可持续发展提供了保障。

城乡规划主管部门在国有土地使用权出让时给定规划条件，要依据经批准的城乡规划并通过相关的法定程序进行，具有法律的严肃性，在一般情况下是不得变更的。《城乡规划法》第38条第3款规定："城市、县人民政府城乡规划主管部门不得在建设用地规划许可证中，擅自改变作为国有土地使用权出让合同组成部分的规划条件。"

但若规划实施过程中出现了特殊情况,确需变更规划条件的,必须按照法定程序进行。《城乡规划法》第43条规定:"建设单位应当按照规划条件进行建设;确需变更的,必须向城市、县人民政府城乡规划主管部门提出申请。变更内容不符合控制性详细规划的,城乡规划主管部门不得批准。城市、县人民政府城乡规划主管部门应当及时将依法变更后的规划条件通报同级土地主管部门并公示。建设单位应当及时将依法变更后的规划条件报有关人民政府土地主管部门备案。"

容积率是规划条件的重要内容之一。为进一步规范建用地容积率的管理,住房和城乡建设部于2012年颁布实施了《建设用地容积率管理办法》,该办法明确规定:"任何单位和个人都应当遵守经依法批准的控制性详细规划确定的容积率指标,不得随意调整。确需调整的,应当按本办法的规定进行,不得以政府会议纪要等形式代替规定程序调整容积率。"因此,如果需要变更规划条件中的容积率,还应当照此办法规定执行。

规划许可作为一种行政许可,应当符合《中华人民共和国行政许可法》(以下简称《行政许可法》)的相关规定。《行政许可法》第8条规定:"公民、法人或者其他组织依法取得的行政许可受法律保护,行政机关不得擅自改变已经生效的行政许可。行政许可所依据的法律、法规、规章修改或者废止,或者准予行政许可所依据的客观情况发生重大变化的,为了公共利益的需要,行政机关可以依法变更或者撤回已经生效的行政许可。由此给公民、法人或者其他组织造成财产损失的,行政机关应当依法给予补偿。"《行政许可法》第73条还对行政机关工作人员谋取私利的法律责任作了规定:"行政机关工作人员办理行政许可、实施监督检查,索取或者收受他人财物或者谋取其他利益,构成犯罪的,依法追究刑事责任;尚不构成犯罪的,依法给予行政处分。"

按照本条规定，地方人民政府及其有关主管部门工作人员利用职权或者职务上的便利，为自己或者他人谋取私利，违反规定调整土地用途、容积率等规划条件核发规划许可，或者擅自改变规划许可内容的，对有关责任人员给予记过或者记大过处分；情节较重的，给予降级或者撤职处分；情节严重的，给予开除处分。

对于本行为适用的处分种类和幅度的掌握，要根据事实、情节、后果以及对问题的认识等，分别进行处理，尤其是根据违法违纪行为对社会或者公众造成危害的程度。

三、违反规定对违法建设降低标准进行处罚，或者对应当依法拆除的违法建设不予拆除的行为

对违法建设的查处是城乡规划管理的重要组成部分。违法用地、违法建筑、违法建设工程统称为违法建设，根据《城乡规划法》的相关规定，凡属下列情形之一的为违法建设：

（1）在未取得建设用地规划许可证和经批准的临时用地上进行永久性建设；

（2）未取得建设工程规划许可证的建设工程；

（3）未经批准的临时建设工程；

（4）未按照建设工程规划许可证的规定或擅自变更批准的设计图纸的建设工程；

（5）未按照批准内容进行临时建设的工程；

（6）临时建筑物、构筑物超过批准期限不拆除的；

（7）城乡规划主管部门违反职责和权限，不按照法律、法规、规章规定批准的建设项目。

以上7种违法建设，可归纳为4类情形：即无证（用地、建设、临时）、违证（用地、建设、临时）、逾期（临建等）、越权（城乡规划主管部门）。

《城乡规划法》在"法律责任"一章中对违法建设的处罚作了明确规定。《城乡规划法》第 64 条对未取得建设工程规划许可证或者违反建设工程规划许可证的规定进行建设所应承担的行政法律责任做了规定:"未取得建设工程规划许可证或者未按照建设工程规划许可证的规定进行建设的,由县级以上地方人民政府城乡规划主管部门责令停止建设;尚可采取改正措施消除对规划实施的影响的,限期改正,处建设工程造价百分之五以上百分之十以下的罚款;无法采取改正措施消除影响的,限期拆除,不能拆除的,没收实物或者违法收入,可以并处建设工程造价百分之十以下的罚款。"住房和城乡建设部于 2012 年颁布实施的《关于规范城乡规划行政处罚裁量权的指导意见》,进一步规范了城乡规划主管部门或者其他依法实施城乡规划行政处罚的部门,依据《城乡规划法》对违法建设行为实施行政处罚时享有的自主决定权。

《城乡规划法》第 65 条对乡、村庄规划区内未依法取得乡村建设规划许可证或者未按照乡村建设规划许可证的规定进行建设所应承担的法律责任做了规定:"在乡、村庄规划区内未依法取得乡村建设规划许可证或者未按照乡村建设规划许可证的规定进行建设的,由乡、镇人民政府责令停止建设、限期改正;逾期不改正的,可以拆除。"

《城乡规划法》第 66 条对临时建设的违法建设的法律责任做了规定:"建设单位或者个人有下列行为之一的,由所在地城市、县人民政府城乡规划主管部门责令限期拆除,可以并处临时建设工程造价一倍以下的罚款:(一)未经批准进行临时建设的;(二)未按照批准内容进行临时建设的;(三)临时建筑物、构筑物超过批准期限不拆除的。"

《城乡规划法》还对违法建设的强制措施和强制执行作了规定。第 68 条规定:"城乡规划主管部门作出责令停止建设或者限期拆除的决定后，当事人不停止建设或者逾期不拆除的，建设工程所在地县级以上地方人民政府可以责成有关部门采取查封施工现场、强制拆除等措施。"其中，查封施工现场属于强制措施，强制拆除属于强制执行。强制措施和强制执行的具体实施，还应当符合《中华人民共和国行政强制法》（以下简称《行政强制法》）的相关规定。《行政强制法》对行政机关及其工作人员利用行政强制权为单位或者个人谋取利益的法律责任作了规定，该法第64条规定："行政机关及其工作人员利用行政强制权为单位或者个人谋取利益的，由上级行政机关或者有关部门责令改正，对直接负责的主管人员和其他直接责任人员依法给予处分。"

《行政处罚法》对执法人员对应当处罚的违法行为不予处罚的法律责任也做了规定。该法第62条规定："执法人员玩忽职守，对应当予以制止和处罚的违法行为不予制止、处罚，致使公民、法人或者其他组织的合法权益、公共利益和社会秩序遭受损害的，对直接负责的主管人员和其他直接责任人员依法给予行政处分；情节严重构成犯罪的，依法追究刑事责任。"

违法建设破坏城市环境，威胁城市公共安全，扰乱社会管理秩序，是阻碍城市健康发展的痼疾，违法建设一经发现，必须严肃查处，才能尽量减少其对城市管理和城市发展的影响。地方人民政府及其有关主管部门工作人员，在城乡规划监督检查过程中，不严格执行城乡规划的有关法律法规，利用职权或者职务上的便利，为自己或者他人谋取私利，违反规定对违法建设降低标准进行处罚，或者对应当依法拆除的违法建设不予拆除的行为，是渎职行为，必须追究相应人员的行政法律责任。

按照本条规定，地方人民政府及其有关主管部门工作人员利用职权或者职务上的便利，为自己或者他人谋取私利，违反规定对违法建设降低标准进行处罚，或者对应当依法拆除的违法建设不予拆除的，对有关责任人员给予记过或者记大过处分；情节较重的，给予降级或者撤职处分；情节严重的，给予开除处分。对于本行为适用的处分种类和幅度的掌握，要根据事实、情节、后果以及对问题的认识等，分别进行处理。

【案例一】某市主管副市长为给其亲属谋取私利，通过现场办公会形式，作出同意将已批准的控制性详细规划中绿化用地改为商业用地的决定；在未履行法定批准程序的情况下，砍伐、迁移了原有树木，引起了市民的强烈反对。该用地性质变更涉及控制性详细规划修改，但未对修改的必要性进行论证，未征求规划地段内利害关系人的意见，未经过法定程序审批，对群众生产生活造成严重影响。按照本条规定，应对该副市长给予相应的处分。

【案例二】某市规划局局长利用职务之便，为房地产开发商谋取利益，索要其财物，并授意下属在核发规划许可时，违反规定调整地块容积率，增加建筑面积约20000平方米。按照本条规定，应当对该规划局局长给予相应的处分。

【案例三】某市中心商厦北侧正门前的广场入口处违法搭建了数十间临时商铺，常年营业。政府部门有关执法人员在城乡规划监督检查过程中明知其为违法建设，却因收取"好处费"对其视而不见，未作出任何处罚决定。某日该商厦因电焊工违章作业引燃可燃物造成火灾，致使商厦歌舞厅内三百余人窒息死亡。在救火过程中，由于其北侧小广场入口处存在违法建设，通道狭窄且停放大量自行车，以致消防车通行、停靠困难，尤其是曲臂车被迫等其他消防车退出再接近大楼，贻误了灭火救人时机。本案例中由于执法人员失职并接受贿赂，间接造成了极其严重的后果，按照本条规定，应当对有关责任人员给予相应的处分。

第七条【城乡规划行政不作为的处分】

【条文】乡、镇人民政府或者地方人民政府承担城乡规划监督检查职能的部门及其工作人员有下列行为之一的，对有关责任人员给予记过或者记大过处分；情节较重的，给予降级或者撤职处分；情节严重的，给予开除处分：

（一）发现未依法取得规划许可或者违反规划许可的规定在规划区内进行建设的行为不予查处，或者接到举报后不依法处理的；

（二）在规划管理过程中，因严重不负责任致使国家利益遭受损失的。

【要旨】本条依据《城乡规划法》第60条对"镇人民政府或者县级以上人民政府城乡规划主管部门有下列行为之一的，由本级人民政府、上级人民政府城乡规划主管部门或者监察机关依据职权责令改正，通报批评；对直接负责的主管人员和其他直接责任人员依法给予处分：……（六）发现未依法取得规划许可或者违反规划许可的规定在规划区内进行建设的行为，而不予查处或者接到举报后不依法处理的。"这种行政失职的法律责任，规定了乡、镇人民政府或者地方人民政府承担城乡规划监督检查职能的部门及其工作人员，对于发现或举报的违法建设的行为不予查处或者不依法处理以及不负责任导致国家利益遭受损失的违法行为及其适用的处分种类和幅度。

【释义】本条所涉及的城乡规划违法违纪行为的主体是乡、

镇人民政府或者地方人民政府承担城乡规划监督检查职能的部门及其工作人员。乡、镇人民政府作为本行为的主体，需要追究行政纪律责任的，对主要负责人和分管领导给予处分；地方人民政府承担城乡规划监督检查职能的部门作为本行为的主体，需要追究行政纪律责任的，对负有领导责任的领导人员和直接责任人员给予处分；工作人员作为本行为的主体，需要追究行政纪律责任的，对实施以及指使他人实施本行为的工作人员给予处分。对于本行为适用的处分种类和幅度的掌握，要根据事实、情节、后果以及对问题的认识等，分别进行处理。

一、发现未依法取得规划许可或者违反规划许可的规定在规划区内进行建设的行为不予查处，或者接到举报后不依法处理的行为

对违反城乡规划行为进行制止、组织查处，及时处理有关违反城乡规划行为的举报，是乡、镇人民政府或者地方人民政府承担城乡规划监督检查职能的部门的一项基本职责。不论何种原因，如果发现未依法取得规划许可或者违反规划许可的规定在规划区内进行建设的行为，而不予查处或者接到举报后不依法处理的，是行政失职的表现。

《行政处罚法》第62条规定："执法人员玩忽职守，对应当予以制止和处罚的违法行为不予制止、处罚，致使公民、法人或者其他组织的合法权益、公共利益和社会秩序遭受损害的，对直接负责的主管人员和其他直接责任人员依法给予行政处分；情节严重构成犯罪的，依法追究刑事责任。"

本行为是一种行政不作为行为，即应当履行自己的职责而不予履行的行为。行政不作为在很大程度上影响政府职能的正常发挥。行政不作为虽然没有超越职权、滥用职权的行政违法行为的明显表现形式，但是其危害性却不可低估。例如，它会导致一些违法建设成为既成事实，增加采取整改措施和处罚的难度等，并且会严重损害政府部门在人民群众心目中的形象，因此应当承担相应的法律责任。

按照本条规定，乡、镇人民政府或者地方人民政府承担城乡规划监督检查职能的部门及其工作人员发现未依法取得规划许可或者违反规划许可的规定在规划区内进行建设的行为不予查处，或者接到举报后不依法处理的，对有关责任人员给予记过或者记大过处分；情节较重的，给予降级或者撤职处分；情节严重的，给予开除处分。

对于本行为适用的处分种类和幅度的掌握，要根据事实、情节、后果以及对问题的认识等，分别进行处理。

二、在规划管理过程中，因严重不负责任致使国家利益遭受损失的行为

本行为包含3个关键点：一是本行为是在规划管理过程中发生的；二是本行为的发生是因为严重不负责任；三是本行为的后果致使国家利益遭受损失。

《行政许可法》第77条的规定："行政机关不依法履行监督职责或者监督不力，造成严重后果的，由其上级行政机关或者监察机关责令改正，对直接负责的主管人员和其他直接责任人员依法给予行政处分；构成犯罪的，依法追究刑事责任。"

按照《城乡规划违法违纪行为处分办法》第7条的规定，乡、镇人民政府或者地方人民政府承担城乡规划监督检查职能的部门及其工作人员，在规划管理过程中，因严重不负责任致使国家利益遭受损失的，对有关责任人员给予记过或者记大过处分；情节较重的，给予降级或者撤职处分；情节严重的，给予开除处分。

【案例一】某乡人民政府从眼前利益出发，为招商引资，擅自同意将2.49万平方米土地归某商贸集团使用，使用期限70年，用于开发建设别墅项目。该项目未依法取得规划许可，擅自占用了规划确定的绿地，违反了《城乡规划法》和地方法规要求，属违法建设。由于项目侵占了规划绿地，周边群众向乡政府举报该项目，但乡人民政府并未对此进行查处。后经该乡所在市有关部门立案查处，已建成的45栋别墅全部被强制拆除。本案中，乡人民政府越权审批在前，助长了违法建设的发生；接到举报后，不对违法建设进行查处，性质恶劣，影响严重。按照本条规定，应当对有关责任人员给予相应的处分。

【案例二】某市城市综合执法管理局作为承担城乡规划监督检查职能的部门，接到群众举报一幢在建居民楼超过规划许可确定的层数进行建设，而某市城市综合执法管理局直至该违法建筑建成，都未进行任何处理。由于该违法建设对旁边一幢住宅楼造成严重的日照遮挡，受影响居民多次上访，引发群体事件。根据本条，应当对有关责任人员给予相应的处分。

第八条【违规调整规划条件的处分】

【条文】地方人民政府城乡规划主管部门及其工作人员在国有建设用地使用权出让合同签订后，违反规定调整土地用途、容积率等规划条件的，对有关责任人员给予警告或者记过处分；情节较重的，给予记大过或者降级处分；情节严重的，给予撤职处分。

【要旨】本条规定了地方人民政府城乡规划主管部门及其工作人员在国有建设用地使用权出让合同签订后，违反规定调整土地用途、容积率等规划条件的行为及其适用的处分种类和幅度。

【释义】本条所涉及的城乡规划违法违纪行为的主体是地方

人民政府城乡规划主管部门及其工作人员。地方人民政府城乡规划主管部门作为本行为的主体，需要追究行政纪律责任的，对负有领导责任的领导人员和直接责任人员给予处分；地方人民政府城乡规划主管部门工作人员作为本行为的主体，需要追究行政纪律责任的，对实施以及指使他人实施本行为的工作人员给予处分。

《城乡规划法》第38条第1款规定："在城市、镇规划区内以出让方式提供国有土地使用权的，在国有土地使用权出让前，城市、县人民政府城乡规划主管部门应当依据控制性详细规划，提出出让地块的位置、使用性质、开发强度等规划条件，作为国有土地使用权出让合同的组成部分。未确定规划条件的地块，不得出让国有土地使用权。"

土地使用权出让是指国家以土地所有者的身份将土地使用权在一定年限内让与土地使用者，并由土地使用者向国家支付土地使用权出让金的行为。土地使用权出让应当签订出让合同。

规划条件是在城市、镇规划区内以出让方式提供国有土地使用权过程中，由城市、县人民政府城乡规划主管部门依据控制性详细规划提出的进行建设的规定性和指导性意见。它限定了建设单位在进行土地使用和建设活动时必须遵循的基本准则，强化了城乡规划主管部门对国有土地使用状况的规划调控和引导，有利于促进土地利用符合规划确定的发展目标，为实现城乡协调、可持续发展提供了保障。

城乡规划主管部门在国有土地使用权出让时给定的规划条件，要依据经批准的城乡规划并通过相关的法定程序进行，具有法律的严肃性，在一般情况下是不得变更的。《城乡规划法》第38条第3款规定："城市、县人民政府城乡规划主管部门不得在建设用地规划许可证中，擅自改变作为国有土地使用权出让合同组成部分的规划条件。"

但若规划实施过程中出现了特殊情况,确需变更规划条件的,必须按照法定程序进行。《城乡规划法》第43条规定:"建设单位应当按照规划条件进行建设;确需变更的,必须向城市、县人民政府城乡规划主管部门提出申请。变更内容不符合控制性详细规划的,城乡规划主管部门不得批准。城市、县人民政府城乡规划主管部门应当及时将依法变更后的规划条件通报同级土地主管部门并公示。建设单位应当及时将依法变更后的规划条件报有关人民政府土地主管部门备案。"

《中华人民共和国土地管理法》(以下简称《土地管理法》)第56条对改变土地建设用途作了规定:"建设单位使用国有土地的,应当按照土地使用权出让等有偿使用合同的约定或者土地使用权划拨批准文件的规定使用土地;确需改变该幅土地建设用途的,应当经有关人民政府土地行政主管部门同意,报原批准用地的人民政府批准。其中,在城市规划区内改变土地用途的,在报批前,应当先经有关城市规划行政主管部门同意。"《中华人民共和国城镇国有土地使用权出让和转让暂行条例》(以下简称《城镇国有土地使用权出让和转让暂行条例》)第18条规定:"土地使用者需要改变土地使用权出让合同规定的土地用途的,应当征得出让方同意并经土地管理部门和城市规划部门批准,依照本章的有关规定重新签订土地使用权出让合同,调整土地使用权出让金,并办理登记。"

容积率是规划条件的重要内容之一。为进一步规范建设用地容积率的管理,住房和城乡建设部于2012年颁布实施了《建设用地容积率管理办法》,明确了:"任何单位和个人都应当遵守经依法批准的控制性详细规划确定的容积率指标,不得随意调整。确需调整的,应当按本办法的规定进行,不得以政府会议纪要等形式代替规定程序调整容积率。"因此,如果需要变更规划条件中的容积率,还应当照此办法规定执行。

地方人民政府城乡规划主管部门及其工作人员在国有建设用地使用权出让合同签订后,违反规定调整土地用途、容积率等规划条件的行为都属于违法行为,应当承担行政法律责任。

按照本条规定,地方人民政府城乡规划主管部门及其工作人员,在国有建设用地使用权出让合同签订后,违反规定调整土地用途、容积率等规划条件的,对有关责任人员给予警告或者记过处分;情节较重的,给予记大过或者降级处分;情节严重的,给予撤职处分。对于本行为适用的处分种类和幅度的掌握,要根据事实、情节、后果以及对问题的认识等,分别进行处理。

【案例】某市规划局建筑管理科一名经办人员在核发一处住宅楼的建设工程规划许可证时,未按照国有建设用地使用权出让合同规定的土地用途和容积率,违反规定增加近5000平方米商业面积。按照本条规定,应当对该经办人员给予相应的处分。

第九条【未依法公示和公开征求意见行为的处分】

【条文】地方人民政府城乡规划主管部门及其工作人员有下列行为之一的,对有关责任人员给予警告处分;情节较重的,给予记过或者记大过处分;情节严重的,给予降级处分:

(一)未依法对经审定的修建性详细规划、建设工程设计方案总平面图予以公布的;

(二)未征求规划地段内利害关系人意见,同意修改修建性详细规划、建设工程设计方案总平面图的。

【要旨】本条依据《城乡规划法》第60条"镇人民政府或者县级以上人民政府城乡规划主管部门有下列行为之一的,由本级人民政府、上级人民政府城乡规划主管部门或者监察机关依据职权责令改正,通报批评;对直接负责的主管人员和其他直接责任人员依法给予处分:……(四)未依法对经审定的修建性详细规划、建设工程设计方案的总平面图予以公布的;(五)同意修改修建性详细规划、建设工程设计方案的总平面图前未采取听证会等形式听取利害关系人的意见的;……"的要求,规定了地方人民政府城乡规划主管部门及其工作人员未依法对经审定的修建性详细规划、建设工程设计方案总平面图予以公布的行为,未征求规划地段内利害关系人意见,同意修改修建性详细规划、建设工程设计方案总平面图的行为及其适用的处分种类和幅度。

【释义】本条所涉及的城乡规划违法违纪行为的主体是地方人民政府城乡规划主管部门及其工作人员。地方人民政府城乡规划主管部门作为本行为的主体,需要追究行政纪律责任的,对负有领导责任的领导人员和直接责任人员给予处分;地方人民政府城乡规划主管部门工作人员作为本行为的主体,需要追究行政纪律责任的,对实施以及指使他人实施本行为的工作人员给予处分。对于本行为适用的处分种类和幅度的掌握,要根据事实、情节、后果以及对问题的认识等,分别进行处理。

一、未依法对经审定的修建性详细规划、建设工程设计方案总平面图予以公布的行为

《城乡规划法》第40条第3款规定:"城市、县人民政府城乡规划主管部门或者省、自治区、直辖市人民政府确定的镇人民政府应当依法将经审定的修建性详细规划、建设工程设计方案的总平面图予以公布。"对经审定的修建性详细规划、建设工程设计方案的总平面图予以公布,是城乡规划行政公开和公众参与的一项重要内容，必须严格执行。

按照本条规定，地方人民政府城乡规划主管部门及其工作人员，未依法对经审定的修建性详细规划、建设工程设计方案总平面图予以公布的，对有关责任人员给予警告处分；情节较重的，给予记过或者记大过处分；情节严重的，给予降级处分。

二、未征求规划地段内利害关系人意见，同意修改修建性详细规划、建设工程设计方案总平面图的行为

《城乡规划法》第50条第2款规定："经依法审定的修建性详细规划、建设工程设计方案总平面图不得随意修改；确需修改的，城乡规划主管部门应当采取听证会等形式，听取利害关系人的意见；因修改给利害关系人合法权益造成损失的，应当依法给予补偿。"

这里主要涉及两个关键点：一是修改修建性详细规划、建设工程设计方案总平面图的程序性问题；二是是否征求了规划地段内利害关系人意见的问题。

关于修建性详细规划的修改，要认识两个方面的因素：一是修建性详细规划是控制性详细规划的进一步落实，其修改必须符合控制性详细规划的要求，不得涉及对控制性详细规划强制性内容的修改，否则修改的内容不具有法定效力；二是经批准的修建性详细规划在实施或部分实施时，尤其是在房屋出售和设施开始使用后，修建性详细规划的修改必将对相关人群造成影响。近年来，各地因修建性详细规划修改引发的诉讼不在少数，反映出市民的维权意识不断增强，从而要求城乡规划主管部门在实际工作中，对修改修建性详细规划这项工作要特别慎重，更要防止变相修改依法批准的控制性详细规划的不良倾向。

此外，《中华人民共和国物权法》（以下简称《物权法》）公布实施后，对私人的物权保护上升到与国家、集体平等的地位，这对城乡规划的实施管理产生了十分重要的影响。一个重要影响就是，当对城乡规划进行修改时，必然涉及业主等利害关系人的利益，根据《物权法》的立法精神和《城乡规划法》的明确要求，必然要加强对利害关系人相互权益的保护。

按照本条规定，地方人民政府城乡规划主管部门及其工作人员，未征求规划地段内利害关系人意见，同意修改修建性详细规划、建设工程设计方案总平面图的，对有关责任人员给予警告处分；情节较重的，给予记过或者记大过处分；情节严重的，给予降级处分。

【案例一】某市规划局向旧居民区附近某高层住宅项目发放了建设工程规划许可证，但未依法将建设工程设计方案的总平面图予以公布。经附近居民反映后，规划局补办了总图公布手续。按照本条规定，应当对有关责任人员给予相应的处理。

【案例二】某市一房地产项目在取得建设工程规划许可证，并已预售大部分商品房后，房地产公司为了获得更大利益，调整了建设工程设计方案总平面图，减少了小区公共绿地面积，并将小区公共会所性质调整为商业建筑。市规划局虽然组织了技术论证，但未征求已购房业主意见，就同意了方案调整。后项目建设过程中被业主发现开发商违规调整了设计方案，并得到规划局许可，严重侵害了自身利益，于是向法院起诉开发商和规划局，在当地引起了巨大反响。鉴于规划局在未征求规划地段内利害关系人意见的情况下，就同意修改建设工程设计方案总平面图，对利害关系人的合法权益造成损失，并对政府机关的形象产生不利影响，按照本条规定，应当对有关责任人员给予相应的处分。

第十条【城乡规划管理渎职行为的处分】

【条文】 县级以上地方人民政府城乡规划主管部门及其工作人员或者由省、自治区、直辖市人民政府确定的镇人民政府及其工作人员有下列行为之一的,对有关责任人员给予警告或者记过处分;情节较重的,给予记大过或者降级处分;情节严重的,给予撤职处分:

(一) 违反规划条件核发建设用地规划许可证、建设工程规划许可证的;

(二) 超越职权或者对不符合法定条件的申请人核发选址意见书、建设用地规划许可证、建设工程规划许可证、乡村建设规划许可证的;

(三) 对符合法定条件的申请人不予核发或者未在法定期限内核发选址意见书、建设用地规划许可证、建设工程规划许可证、乡村建设规划许可证的;

(四) 违反规划批准在历史文化街区、名镇、名村核心保护范围内进行新建、扩建活动或者违反规定批准对历史建筑进行迁移、拆除的;

(五) 违反基础设施用地的控制界限(黄线)、各类绿地范围的控制线(绿线)、历史文化街区和历史建筑的保护范围界限(紫线)、地表水体保护和控制的地域界限(蓝线)等城乡规划强制性内容的规定核发规划许可的。

城乡规划违法违纪行为处分办法释义

【要旨】本条依据《城乡规划法》第 60 条"镇人民政府或者县级以上人民政府城乡规划主管部门有下列行为之一的,由本级人民政府、上级人民政府城乡规划主管部门或者监察机关依据职权责令改正,通报批评;对直接负责的主管人员和其他直接责任人员依法给予处分:……(二)超越职权或者对不符合法定条件的申请人核发选址意见书、建设用地规划许可证、建设工程规划许可证、乡村建设规划许可证的;(三)对符合法定条件的申请人未在法定期限内核发选址意见书、建设用地规划许可证、建设工程规划许可证、乡村建设规划许可证的;……"的要求,规定了县级以上地方人民政府城乡规划主管部门以及由省级人民政府确定的镇人民政府及其工作人员在规划管理中渎职行为的处分种类和幅度。

【释义】根据《城乡规划法》,负有城乡规划行政许可职能的部门主要是指城市、县人民政府城乡规划主管部门。此外,《城乡规划法》第 40 条规定了省、自治区、直辖市人民政府确定的镇人民政府负有核发建设工程规划许可证的职责。本条所涉及的城乡规划违法违纪行为的主体是县级以上地方人民政府城乡规划主管部门及其工作人员或者由省、自治区、直辖市人民政府确定的镇人民政府及其工作人员。县级以上地方人民政府城乡规划主管部门作为本行为的主体,需要追究行政纪律责任的,对负有领导责任的领导人员和直接责任人员给予处分;镇人民政府作为本行为的主体,需要追究行政纪律责任的,对负有领导责任的主要领导和分管领导给予处分;工作人员作为本行为的主体,需要追究行政纪律责任的,对实施以及指使他人实施本行为的工作人员给予处分。对于本行为适用的处分种类和幅度的掌握,要根据事实、情节、后果以及对问题的认识等,分别进行处理;对社会或者公众造成较大危害的,应从重处理。

一、违反规划条件核发建设用地规划许可证、建设工程规划许可证的行为

《城乡规划法》第38条规定:"在城市、镇规划区内以出让方式提供国有土地使用权的,在国有土地使用权出让前,城市、县人民政府城乡规划主管部门应当依据控制性详细规划,提出出让地块的位置、使用性质、开发强度等规划条件,作为国有土地使用权出让合同的组成部分。未确定规划条件的地块,不得出让国有土地使用权。以出让方式取得国有土地使用权的建设项目,在签订国有土地使用权出让合同后,建设单位应当持建设项目的批准、核准、备案文件和国有土地使用权出让合同,向城市、县人民政府城乡规划主管部门领取建设用地规划许可证。城市、县人民政府城乡规划主管部门不得在建设用地规划许可证中,擅自改变作为国有土地使用权出让合同组成部分的规划条件。"

《城乡规划法》第40条规定:"在城市、镇规划区内进行建筑物、构筑物、道路、管线和其他工程建设的,建设单位或者个人应当向城市、县人民政府城乡规划主管部门或者省、自治区、直辖市人民政府确定的镇人民政府申请办理建设工程规划许可证。……对符合控制性详细规划和规划条件的,由城市、县人民政府城乡规划主管部门或者省、自治区、直辖市人民政府确定的镇人民政府核发建设工程规划许可证。"

《城乡规划法》第38条和第40条明确规定了城市、县人民政府城乡规划主管部门,不得违反规划条件核发建设用地规划许可证或者建设工程规划许可证。其中,规划条件是城乡规划主管部门依据控制性详细规划提出的,建设用地规划许可证内容必须符合规划条件,核发建设工程规划许可证必须符合控制性详细规划和规划条件,通过这样的许可程序,保证了控制性详细规划的实施。

违反规划条件核发建设用地规划许可证或者建设工程规划许可证,一方面违反了城乡规划管理秩序要求,另一方面也很可能导致违反城乡规划的建设行为发生,应追究有关责任人员的行政法律责任。

按照本条规定,县级以上地方人民政府城乡规划主管部门及其工作人员或者由省、自治区、直辖市人民政府确定的镇人民政府及其工作人员,违反规划条件核发建设用地规划许可证、建设工程规划许可证的,对有关责任人员给予警告或者记过处分;情节较重的,给予记大过或者降级处分;情节严重的,给予撤职处分。

二、超越职权或者对不符合法定条件的申请人核发选址意见书、建设用地规划许可证、建设工程规划许可证、乡村建设规划许可证的行为

《行政许可法》第74条规定:"行政机关实施行政许可,有下列情形之一的,由其上级行政机关或者监察机关责令改正,对直接负责的主管人员和其他直接责任人员依法给予行政处分;构成犯罪的,依法追究刑事责任:(一)对不符合法定条件的申请人准予行政许可或者超越法定职权作出准予行政许可决定的;……"

县级以上地方人民政府城乡规划主管部门或者由省、自治区、直辖市人民政府确定的镇人民政府在受理申请人核发选址意见书、建设用地规划许可证、建设工程规划许可证、乡村建设规划许可证的申请后,应当进行认真审查,符合规定条件的,应当作出准予审批或许可的决定,如果不符合条件,应当作出不予审批或许可的决定,并说明理由和依据。

县级以上地方人民政府城乡规划主管部门或者由省、自治区、直辖市人民政府确定的镇人民政府必须在自己的职权范围内实施行政审批或者行政许可,对于不属于自己职权范围内的事项,不得实施规划审批或行政许可。如果超越职权或者对不符合法定条件的申请人核发选址意见书、建设用地规划许可证、建设工程规划许可证、乡村建设规划许可证的,属违法行为,应承担行政法律责任。

按照本条规定,县级以上地方人民政府城乡规划主管部门及其工作人员或者由省、自治区、直辖市人民政府确定的镇人民政府及其工作人员,超越职权或者对不符合法定条件的申请人核发选址意见书、建设用地规划许可证、建设工程规划许可证、乡村建设规划许可证的,对有关责任人员给予警告或者记过处分;情节较重的,给予记大过或者降级处分;情节严重的,给予撤职处分。

对于本行为适用的处分种类和幅度的掌握,要根据事实、情节、后果以及对问题的认识等,分别进行处理。

三、对符合法定条件的申请人不予核发或者未在法定期限内核发选址意见书、建设用地规划许可证、建设工程规划许可证、乡村建设规划许可证的行为

《行政许可法》第74条规定:"行政机关实施行政许可,有下列情形之一的,由其上级行政机关或者监察机关责令改正,对直接负责的主管人员和其他直接责任人员依法给予行政处分;构成犯罪的,依法追究刑事责任:……(二)对符合法定条件的申请人不予行政许可或者不在法定期限内作出准予行政许可决定的;……"

城乡规划主管部门及其工作人员在受理选址意见书和规划行政许可申请时,对符合法定条件的申请人,应当在法定的期限内核发选址意见书、建设用地规划许可证、建设工程规划许可证、乡村建设规划许可证。这里的"符合法定条件",应按照《城乡规划法》的相关规定;"法定期限"应按照《行政许可法》的相关规定。

本行为侵害了城乡规划实施管理秩序和符合法定条件的申请人的权利，有关责任人员应承担行政法律责任。

按照本条规定，县级以上地方人民政府城乡规划主管部门及其工作人员或者由省、自治区、直辖市人民政府确定的镇人民政府及其工作人员，对符合法定条件的申请人不予核发或者未在法定期限内核发选址意见书、建设用地规划许可证、建设工程规划许可证、乡村建设规划许可证的，对有关责任人员给予警告或者记过处分；情节较重的，给予记大过或者降级处分；情节严重的，给予撤职处分。

四、违反规划批准在历史文化街区、名镇、名村核心保护范围内进行新建、扩建活动或者违反规定批准对历史建筑进行迁移、拆除的行为

《城乡规划法》第17条第3款规定："规划区范围、……自然与历史文化遗产保护以及防灾减灾等内容，应当作为城市总体规划、镇总体规划的强制性内容。"《城乡规划法》第31条规定："旧城区的改建，应当保护历史文化遗产和传统风貌，合理确定拆迁和建设规模，有计划地对危房集中、基础设施落后等地段进行改建。""历史文化名城、名镇、名村的保护以及受保护建筑物的维护和使用，应当遵守有关法律、行政法规和国务院的规定。"

为加强历史文化名城、名镇、名村的保护与管理，国务院2008年颁布实施了《历史文化名城名镇名村保护条例》。针对违反规划批准在历史文化街区、名镇、名村核心保护范围内进行新建、扩建的活动的情况，《历史文化名城名镇名村保护条例》第26条第1款规定："历史文化街区、名镇、名村建设控制地带内的新建建筑物、构筑物，应当符合保护规划确定的建设控制要求。"《历史文化名城名镇名村保护条例》第28条第1款规定："在历史文化街区、名镇、名村核心保护范围内，不得进行新建、扩建活动。但是，新建、扩建必要的基础设施和公共服务设施除外。"针对违反规定批准对历史建筑进行迁移、拆除行为的情况，《历史文化名城名镇名村保护条例》第33条第4款规定："任何单位或者个人不得损坏或者擅自迁移、拆除历史建筑。"《历史文化名城名镇名村保护条例》第44条还规定了损坏或者擅自迁移、拆除历史建筑的法律责任。

按照本条规定，县级以上地方人民政府城乡规划主管部门及其工作人员或者由省、自治区、直辖市人民政府确定的镇人民政府及其工作人员，违反规划批准在历史文化街区、名镇、名村核心保护范围内进行新建、扩建活动或者违反规定批准对历史建筑进行迁移、拆除的，对有关责任人员给予警告或者记过处分；情节较重的，给予记大过或者降级处分；情节严重的，给予撤职处分。

五、违反基础设施用地的控制界限（黄线）、各类绿地范围的控制线（绿线），历史文化街区和历史建筑的保护范围界限（紫线）、地表水体保护和控制的地域界限（蓝线）等城乡规划强制性内容的规定核发规划许可的行为

本行为是违反"四线"等城乡规划强制性内容的规定核发规划许可的行为。

《城乡规划法》把规划中涉及区域协调发展、资源利用、环境保护、风景名胜资源管理、自然与文化遗产保护、公众利益和公共安全等方面的内容规定为强制性内容。城乡规划强制性内容是城乡规划的核心内容和刚性内容。确定规划的强制性内容，是为了加强上下规划的衔接，确保区域协调发展、资源利用、环境保护、自然与历史文化遗产保护、公共安全和公共服务、城乡统筹协调发展的规划内容得到有效落实，确保城乡建设发展能够做到节约资源，保护环境，和谐发展，促进城乡经济社会可持续发展，并且能够以此为依据对规划的实施进行监督检查。规划的强制性内容具有以下几个特点：一是规划强制性内容具有法定的强制力，必须严格执行，任何个人和组织都不得违反；二是下位规划不得擅自违背和变更上位规划确定的强制性内容；三是涉及规划强制性内容的调整，必须按照法定程序进行。

基础设施用地的控制界限（黄线）、各类绿地范围的控制线（绿线）、历史文化街区和历史建筑的保护范围界限（紫线）、地表水体保护和控制的地域界限（蓝线）是城乡规划强制性内容的重要组成部分，对保障公众利益，促进城乡统筹和谐发展具有重要的意义。原建设部发布的《城市黄线管理办法》、《城市绿线管理办法》、《城市紫线管理办法》和《城市蓝线管理办法》，分别对黄线、绿线、紫线和蓝线的划定和规划管理作出了规定。任何单位和个人都有服从城市黄线、绿线、紫线、蓝线管理的义务。在实施城乡规划管理时，必须严格遵照"四线"等规划强制性内容核发规划许可。

按照本条规定，县级以上地方人民政府城乡规划主管部门及其工作人员或者由省、自治区、直辖市人民政府确定的镇人民政府及其工作人员，违反基础设施用地的控制界限（黄线）、各类绿地范围的控制线（绿线）、历史文化街区和历史建筑的保护范围界限（紫线）、地表水体保护和控制的地域界限（蓝线）等城乡规划强制性内容的规定核发规划许可的，对有关责任人员给予警告或者记过处分；情节较重的，给予记大过或者降级处分；情节严重的，给予撤职处分。

【案例一】某市规划局对一房地产项目进行规划许可过程中，在明知规划条件确定绿地率不小于35%的情况下，局领导收受开发商"好处"，授意经办人员按开发商提供的项目建设方案核发建设工程规划许可证。该方案为了增加地面停车位数量，缩减了原方案中小区中央绿地面积，并将绿地率减少为20%。业主入住后，发现小区绿地面积远远小于当初公布方案，引起业主强烈抗议。鉴于该行为严重损害了小区业主的合法权益,按照本条规定,应当对有关责任人员给予相应的处分。

【案例二】某市规划局核发了本应由省人民政府城乡规划主管部门核发的跨市域范围的天然气管道工程建设项目选址意见书。某公司依据该选址意见书,实施了跨市域天然气管道工程建设。由于选址不当,对沿线群众生活、生产造成严重安全隐患。经群众举报,省人民政府规划主管部门撤销了市规划局核发的选址意见书,责令拆除已经建设的管线,并重新进行选线建设。鉴于该越权审批行为造成了较大的经济损失,按照本条规定,应当对有关责任人员给予相应的处分。

【案例三】某房地产商于某年6月将拟建项目方案报某市规划局审批,该规划局办事拖拉,既不明确审核意见,又不及时书面告知理由,规划方案直到第二年4月才获通过;第二年8月房地产商将建设工程规划许可申请报规划局后,该规划局又借口拖着不办,直到9月新闻媒体介入后,该规划局才匆忙办理了审批手续。该事件曝光后,又有多名开发商就类似事件投诉该规划局局长。鉴于该行为已对相关单位的正常工作造成严重影响,并严重损害了政府信誉,按照本条规定,应当对有关责任人员给予相应的处分。

【案例四】某市是国家级历史文化名城,具有三千多年历史,较好地保留了明清"府城"的格局,城内保留着成片比较完整的四合院。后因经济社会发展,市政府决定进行旧城改造。改造中市政府不听从专家意见,召开会议,草率决定在古城中拦腰打通两条各为25米、相隔150米的大道。市规划局按照会议纪要,办理了违反历史文化名城保护规划的相关手续,导致一批具有历史价值的四合院被拆毁,其中大部分为历史建筑,古城原有路网和风貌均遭到破坏。鉴于该行为对历史文化遗存造成了无法挽回的损失,按照本条规定,应当对有关责任人员给予相应的处分。

【案例五】某市为旧城改造解决资金缺口，将市内某公园南墙内的一块近五千平方米的绿地出让，用于商品房开发。市规划局在市政府的要求下，违规核发了规划许可，导致地上原有二百多株油松、山桃等树木均被移栽或砍伐。鉴于该行为已对城市公园绿地造成严重损害，且引起社会强烈反响，按照本条规定，除应当对市人民政府有关责任人员给予处分外，还应当对有关责任人员给予相应的处分。

【案例六】某市在长江的一处江滩上，突破城市蓝线，违规建设高档商品住宅小区。市规划局在市政府的要求下，违规核发了规划许可，给长江防汛工作造成重大的隐患，威胁人民生命和财产安全。经媒体曝光后，有关部门进行了严肃查处，将该违法建设进行了爆破拆除。鉴于该行为已对长江防汛和群众生命财产安全造成严重影响，按照本条规定，应当对有关责任人员给予相应的处分。

第十一条【县人民政府城乡规划主管部门未编制控制性详细规划行为的处分】

【条文】县人民政府城乡规划主管部门未依法组织编制或者未按照县人民政府所在地镇总体规划的要求编制县人民政府所在地镇的控制性详细规划的，对有关责任人员给予记过或者记大过处分；情节较重的，给予降级或者撤职处分；情节严重的，给予开除处分。

【要旨】本条依据《城乡规划法》第60条"镇人民政府或

者县级以上人民政府城乡规划主管部门有下列行为之一的，由本级人民政府、上级人民政府城乡规划主管部门或者监察机关依据职权责令改正，通报批评；对直接负责的主管人员和其他直接责任人员依法给予处分：（一）未依法组织编制城市的控制性详细规划、县人民政府所在地镇的控制性详细规划的；……"要求，规定了县人民政府城乡规划主管部门未依法组织编制，或者未按照县人民政府所在地镇总体规划的要求编制县人民政府所在地镇的控制性详细规划的行为及其适用的处分种类和幅度。

【释义】本条所涉及的城乡规划违法违纪行为的主体是县人民政府城乡规划主管部门。县人民政府城乡规划主管部门作为本行为的主体，需要追究行政纪律责任的，对负有领导责任的领导人员和直接责任人员给予处分。

《城乡规划法》对未依法组织编制城乡规划的法律责任做了规定。第58条规定："对依法应当编制城乡规划而未组织编制，或者未按法定程序编制、审批、修改城乡规划的，由上级人民政府责令改正，通报批评；对有关人民政府负责人和其他直接责任人员依法给予处分。"

县人民政府所在地镇对全县经济、社会以及各项事业的建设发展具有统领作用，其性质职能、机构设置和发展要求都与其他镇不同，为充分发挥其对促进县域经济发展，统筹城乡建设，加快区域城镇化进程的突出作用，《城乡规划法》第20条规定："县人民政府所在地镇的控制性详细规划，由县人民政府的城乡规划主管部门组织编制，经本级人民政府批准后，报本级人民代表大会常务委员会和上一级人民政府备案。"《城乡规划法》第26条还对规划编制的报送审批、公开公示等作了规定："城乡规划报送审批前，组织编制机关应当依法将城乡规划草案予以公告，并采取论证会、听证会或者其他方式征求专家和公众的意见。公告的时间不得少于三十日。组织编制机关应当充分考虑专家和公众的意见，并在报送审批的材料中附具意见采纳情况及理由。"控制性详细规划是县人民政府所在地镇规划实施管理的最直接法律依据，是国有土地使用权出让、开发和建设管理的法定前置条件。依法制定和实施控制性详细规划，是县人民政府的职责，是城乡规划主管部门一项重要的日常法定工作，任何地方不得以任何理由拖延或拒绝编制控制性详细规划。控制性详细规划一经批准，就对社会具有广泛约束力，城乡规划部门必须严格按规划实施管理，建设单位必须严格按规划实施建设，各相关利益群体必须服从规划管理。任何单位和个人不经法定程序，不得随意修改经批准的控制性详细规划。

根据《城乡规划法》要求，向城市、镇规划区内提供国有土地使用权的建设项目，在对其发放规划许可时要依据控制性详细规划。城市总体规划、镇总体规划确定的建设用地范围，因涉及20年的建设周期，一些地段的建设存在着较大的不确定性，因此控制性详细规划的编制应分轻重缓急，并对内容深度有所区别。相关要求可依据《城市、镇控制性详细规划编制审批办法》执行。

此外，《城市、镇控制性详细规划编制审批办法》第9条明确规定了："编制控制性详细规划，应当依据经批准的城市、镇总体规划，遵守国家有关标准和技术规范，采用符合国家有关规定的基础资料。"这就要求县人民政府城乡规划主管部门在组织编制县人民政府所在地镇的控制性详细规划时必须按照总体规划的要求编制，并遵守国家有关标准和技术规范，这也是保障总体规划任务和目标具体落实的关键。

本条涉及的城乡规划违法违纪行为主要包括两个方面的情形：一是未按照《城乡规划法》、《城市、镇控制性详细规划编制审批办法》等法律法规的规定程序和内容组织编制县人民政府所在地镇的控制性细规划，主要涉及不作为，即不组织编制或拖延编制控制性详细规划、组织编制控制性详细规划的程序不合法、组织编制控制性详细规划的内容不符合《城市、镇控制性详细规划编制审批办法》的规定、委托编制控制性详细规划的单位不符合相应的资质要求等；二是组织编制的县人民政府所在地镇的控制性细规划不符合镇总体规划的要求。

按照本条规定，县人民政府城乡规划主管部门，未依法组织编制或者未按照县人民政府所在地镇总体规划的要求编制县人民政府所在地镇的控制性详细规划的，对有关责任人员给予警告或者记过处分；情节较重的，给予记大过或者降级处分；情节严重的，给予撤职处分。对于本行为适用的处分种类和幅度的掌握，要根据事实、情节、后果以及对问题的认识等，分别进行处理。

【案例】某县城乡规划主管部门因未依法编制所在地镇的控制性详细规划，随意提供土地出让合同中的"规划条件"，导致产业布局混乱、城市建设无序、生态环境遭到破坏，给该县经济社会发展造成了较大的影响。按照本条规定，应当对有关责任人员给予相应的处分。

第十二条【城市人民政府城乡规划主管部门未编制控制性详细规划行为的处分】

【条文】城市人民政府城乡规划主管部门未依法组织编制或者未按照城市总体规划的要求编制城市的控制性详细规划的，对有关责任人员给予记过或者记大过处分；情节较重的，给予降级或者撤职处分；情节严重的，给予开除处分。

【要旨】本条依据《城乡规划法》第60条"镇人民政府或者县级以上人民政府城乡规划主管部门有下列行为之一的,由本级人民政府、上级人民政府城乡规划主管部门或者监察机关依据职权责令改正,通报批评;对直接负责的主管人员和其他直接责任人员依法给予处分:(一)未依法组织编制城市的控制性详细规划、县人民政府所在地镇的控制性详细规划的;……"要求,规定了城市人民政府城乡规划主管部门未依法组织编制或者未按照城市总体规划的要求编制控制性详细规划的行为及其适用的处分种类和幅度。

【释义】本条所涉及的城乡规划违法违纪行为的主体是城市人民政府城乡规划主管部门。城市人民政府城乡规划主管部门作为本行为的主体,需要追究行政纪律责任的,对负有领导责任的领导人员和直接责任人员给予处分。

《城乡规划法》第19条规定:"城市人民政府城乡规划主管部门根据城市总体规划的要求,组织编制城市的控制性详细规划,经本级人民政府批准后,报本级人民代表大会常务委员会和上一级人民政府备案。"第26条还对规划编制的报送审批、公开公示等做了规定:"城乡规划报送审批前,组织编制机关应当依法将城乡规划草案予以公告,并采取论证会、听证会或者其他方式征求专家和公众的意见。公告的时间不得少于三十日。组织编制机关应当充分考虑专家和公众的意见,并在报送审批的材料中附具意见采纳情况及理由。"

控制性详细规划是城市实施规划管理的最直接法律依据,是国有土地使用权出让、开发和建设管理的法定前置条件。依法制定和实施控制性详细规划,是城市人民政府的职责,是城乡规划主管部门一项重要的日常法定工作,任何地方不得以任何理由拖延或拒绝编制控制性详细规划。《城乡规划法》第19条规定:"城市人民政府的城乡规划主管部门根据城市总体规划要求,组织编制城市的控制性详细规划,经本级人民政府批准后,报本级人民代表大会常务委员会和上一级人民政府备案。"《城乡规划法》第 26 条还对规划编制的报送审批、公开公示等作了规定:"城乡规划报送审批前,组织编制机关应当依法将城乡规划草案予以公告,并采取论证会、听证会或者其他方式征求专家和公众的意见。公告的时间不得少于三十日。组织编制机关应当充分考虑专家和公众的意见,并在报送审批的材料中附具意见采纳情况及理由。"控制性详细规划一经批准,就对社会具有广泛约束力,城乡规划部门必须严格按规划实施管理,建设单位必须严格按规划实施建设,各相关利益群体必须服从规划管理。任何单位和个人不经法定程序,不得随意修改经批准的控制性详细规划。

本条涉及的城乡规划违法违纪行为主要包括两个方面的情形:一是未按照《城乡规划法》、《城市、镇控制性详细规划编制审批办法》等法律法规的规定程序和内容组织编制城市的控制性细规划,主要涉及不作为,即不组织编制或拖延编制控制性详细规划、组织编制控制性详细规划的程序不合法、组织编制控制性详细规划的内容不符合《城市、镇控制性详细规划编制审批办法》的规定、委托编制控制性详细规划的单位不符合相应的资质要求等;二是组织编制的城市控制性细规划不符合城市总体规划的要求。

按照本条规定,城市人民政府城乡规划主管部门,未依法组织编制或者未按照城市总体规划的要求编制城市的控制性详细规划的,对有关责任人员给予警告或者记过处分;情节较重的,给予记大过或者降级处分;情节严重的,给予撤职处分。对于本行为适用的处分种类和幅度的掌握,要根据事实、情节、后果以及对问题的认识等,分别进行处理。

【案例】某市规划局在控制性详细规划编制中,未按照总体规划要求,将总体规划确定的某处公共绿地编制为居住用地。后该规划局依据控制性详细规划核发了建设用地规划许可证和建设工程规划许可证，造成总体规划中确定的公共绿地被侵占，引起市民的严重不满。由于本行为违反了总体规划的强制性内容，且严重影响了群众生活并造成了恶劣影响，按照本条规定，应当对有关责任人员给予相应的处分。

第十三条【县级以上人民政府有关主管部门规划城乡违法违纪行为的处分】

【条文】县级以上人民政府有关部门及其工作人员有下列行为之一的，对有关责任人员给予警告或者记过处分；情节较重的，给予记大过或者降级处分；情节严重的，给予撤职处分：

（一）对未依法取得选址意见书的建设项目核发建设项目批准文件的；

（二）未依法在国有土地使用权出让合同中确定规划条件或者改变国有土地使用权出让合同中依法确定的规划条件的；

（三）对未依法取得建设用地规划许可证的建设单位划拨国有土地使用权的；

（四）对未在乡、村庄规划区建设用地范围内取得乡村建设规划许可证的建设单位或者个人办理用地审批手续，造成不良影响的。

【要旨】本条依据《城乡规划法》第61条"县级以上人民

政府有关部门有下列行为之一的，由本级人民政府或者上级人民政府有关部门责令改正，通报批评；对直接负责的主管人员和其他直接责任人员依法给予处分：（一）对未依法取得选址意见书的建设项目核发建设项目批准文件的；（二）未依法在国有土地使用权出让合同中确定规划条件或者改变国有土地使用权出让合同中依法确定的规划条件的；（三）对未依法取得建设用地规划许可证的建设单位划拨国有土地使用权的"要求，规定了关于县级以上人民政府有关部门及其工作人员违反城乡规划实施管理有关法律规定的行为的处分种类和幅度的规定。

【释义】城乡规划管理涉及范围很广。根据《城乡规划法》的规定，城乡规划违法违纪行为的主体主要有地方人民政府、政府有关部门、城乡规划编制单位、建设单位和个人。《城乡规划法》第9条规定，"任何单位和个人都应当遵守经依法批准并公布的城乡规划，服从规划管理"，违反依法批准的各类城乡规划的行为同样属于城乡规划违法违纪行为。违反依法批准的各类城乡规划行为主要分为两大类：一是政府及城乡规划主管部门的审批、调整规划及办理规划许可中的违法行为；二是政府部门、企事业单位、人民团体违反规划进行建设的违法行为。本条所涉及的城乡规划违法违纪行为的主体是县级以上人民政府有关部门及其工作人员。有关部门作为本行为的主体，需要追究行政纪律责任的，对负有领导责任的领导人员和直接责任人员给予处分；工作人员作为本行为的主体，需要追究行政纪律责任的，对实施以及指使他人实施本行为的工作人员给予处分。对于本行为适用的处分种类和幅度的掌握，要根据事实、情节、后果以及对问题的认识等，分别进行处理。

一、对未依法取得选址意见书的建设项目核发建设项目批准文件的行为的处分

《城乡规划法》第36条规定："按照国家规定需要有关部门

批准或者核准的建设项目，以划拨方式提供国有土地使用权的，建设单位在报请有关部门批准或者核准前，应当向城乡规划主管部门申请核发选址意见书。"

按照本条规定，县级以上人民政府有关部门及其工作人员有对未依法取得选址意见书的建设项目核发建设项目批准文件的行为的，对有关责任人员给予警告或者记过处分；情节较重的，给予记大过或者降级处分；情节严重的，给予撤职处分。

二、未依法在国有土地使用权出让合同中确定规划条件或者改变国有土地使用权出让合同中依法确定的规划条件的行为的处分

《城乡规划法》第38条规定："在城市、镇规划区内以出让方式提供国有土地使用权的，在国有土地使用权出让前，城市、县人民政府城乡规划主管部门应当依据控制性详细规划，提出出让地块的位置、使用性质、开发强度等规划条件，作为国有土地使用权出让合同的组成部分。未确定有关规划条件的地块，不得出让国有土地使用权。城市、县人民政府城乡规划主管部门不得在建设用地规划许可证中，擅自改变作为国有土地使用权出让合同组成部分的规划条件。"同时，《城乡规划法》第39条规定："规划条件未纳入国有土地使用权出让合同的，该国有土地使用权出让合同无效。"由此，城市、县人民政府城乡规划主管部门和其他有关部门未依法在国有土地使用权出让合同中确定规划条件或者改变国有土地使用权出让合同中依法确定的规划条件的，应承担行政法律责任。

按照本条规定，县级以上人民政府有关部门及其工作人员有未依法在国有土地使用权出让合同中确定规划条件或者改变国有土地使用权出让合同中依法确定的规划条件的行为的，对有关责任人员给予警告或者记过处分；情节较重的，给予记大过或者降级处分；情节严重的，给予撤职处分。

三、对未依法取得建设用地规划许可证的建设单位划拨国有土地使用权的行为的处分

《城乡规划法》第37条规定:"建设单位在取得建设用地规划许可证后,方可向县级以上地方人民政府土地主管部门申请用地,经县级以上人民政府审批后,由土地主管部门划拨土地。"土地主管部门对未依法取得建设用地规划许可证的建设单位划拨国有土地使用权的,应承担行政法律责任。

按照本条规定,县级以上人民政府有关部门及其工作人员有对未依法取得建设用地规划许可证的建设单位划拨国有土地使用权的行为的,对有关责任人员给予警告或者记过处分;情节较重的,给予记大过或者降级处分;情节严重的,给予撤职处分。

四、对未在乡、村庄规划区建设用地范围内取得乡村建设规划许可证的建设单位或者个人办理用地审批手续,造成不良影响的行为的处分

《城乡规划法》规定,在乡、村庄集体土地上的有关建设工程,应当办理乡村建设规划许可证。设置这项规划许可制度有几方面优势:一是有利于保证有关的建设工程能够依据法定的乡规划和村庄规划;二是有利于为土地管理部门在乡、村庄规划区内行使权属管理职能提供必要的法律依据;三是有利于维护建设单位按照规划使用土地的合法权益。

《城乡规划法》第41条第1款规定:"在乡、村庄规划区内进行乡镇企业、乡村公共设施和公益事业建设的,建设单位或者个人应当向乡、镇人民政府提出申请,由乡、镇人民政府报城市、县人民政府城乡规划主管部门核发乡村建设规划许可证。"该法第41条第4款还明确了办理乡村建设规划许可和办理用地审批手续的程序顺序:"建设单位或者个人在取得乡村建设规划许可证后,方可办理用地审批手续。"

有关部门对未在乡、村庄规划区建设用地范围内取得乡村建设规划许可证的建设单位或者个人办理用地审批手续,造成不良影响的,应承担行政法律责任。

按照本条规定,县级以上人民政府有关部门及其工作人员有对未在乡、村庄规划区建设用地范围内取得乡村建设规划许可证的建设单位或者个人办理用地审批手续,造成不良影响的行为的,对有关责任人员给予警告或者记过处分;情节较重的,给予记大过或者降级处分;情节严重的,给予撤职处分。

【案例一】某市投产仅两年的中外合资某化工厂区临江段发生崩塌,在组织抢救过程中,储罐发生爆炸,引起火灾,造成巨大经济损失和严重空气污染。经查,由于不符合城市总体规划的要求,该市规划局反对该项目的选址,且未予核发选址意见书;但该市人民政府项目审批部门在没有选址意见书的情况下核发了项目批准文件,该项目在未取得规划许可的情况下违法施工投产。本案中,对未依法取得选址意见书的建设项目核发建设项目批准文件的行为造成了严重后果,影响恶劣。按照本条规定,应当对有关责任人员给予相应的处分。

【案例二】某市人民政府土地管理部门将中心城区某块居住用地进行出让,出让前向规划局提出修改依据控制性详细规划确定的规划条件,因涉及修改城市总体规划内容,规划局没有同意。土地管理部门有关责任人员在收取企业贿赂之后,擅自调整了规划条件并伪造了规划局提供规划条件的文书,进行了土地出让。后东窗事发,该行为严重损害了城乡规划的严肃性,侵害了公共利益。按照本条规定,应当对有关责任人员给予相应的处分;由于涉及伪造公文,还应当移送司法机关处理。

【案例三】某市人民政府土地管理部门对未取得建设用地规划许可证的某处地块,向某政府机关划拨了该地块的国有土地使用权,由于该地块位于历史文化街区范围内,造成部分历史建筑被拆,引起当地群众强烈抗议。按照本条规定,应对该部门有关责任人员给予相应的处分。

【案例四】某乡村规划区内建设的乡镇企业发生了污染事件,严重影响了周边村民的生产生活,造成恶劣后果。经查,在该企业未取得乡村建设规划许可证的情况下,县人民政府土地管理部门就为建设单位办理了用地审批手续。按照本条规定,应当对该部门有关责任人员给予相应的处分。

第十四条【违反风景名胜区规划违法批准建设行为的处分】

【条文】县级以上地方人民政府及其有关主管部门违反风景名胜区规划,批准在风景名胜区的核心景区内建设宾馆、培训中心、招待所、疗养院以及别墅、住宅等与风景名胜资源保护无关的其他建筑物的,对有关责任人员给予降级或者撤职处分。

【要旨】本条依据《风景名胜区条例》第40条第3款"在核心景区内建设宾馆、招待所、培训中心、疗养院以及与风景名胜资源保护无关的其他建筑物"的法律责任,规定了有关主管部门违反风景名胜区规划,批准建设宾馆、培训中心、招待所、疗养院以及别墅、住宅等违法行为及其适用的处分种类和幅度。

【释义】本条所涉及的城乡规划违法违纪行为的主体是县级以上地方人民政府及其有关主管部门。县级以上地方人民政府作为本行为的主体,需要追究行政纪律责任的,对主要负责人和分管领导给予处分;县级以上地方人民政府有关主管部门作为本行为的主体,需要追究行政纪律责任的,对负有领导责任的领导人员和直接责任人员给予处分。

本行为主要表现为行为主体违反风景名胜区规划，批准在风景名胜区的核心景区内建设宾馆、培训中心、招待所、疗养院以及别墅、住宅等与风景名胜资源保护无关的其他建筑物的行为。《风景名胜区条例》第27条明确规定："禁止违反风景名胜区规划，在风景名胜区内设立各类开发区和在核心景区内建设宾馆、招待所、培训中心、疗养院以及与风景名胜资源保护无关的其他建筑物；已经建设的，应当按照风景名胜区规划，逐步迁出。"。

核心景区是风景名胜区内自然景观与人文景观最集中、最具观赏价值、最需要严格保护的区域，因此，其保护要求最高、最严格，严格禁止与资源保护无关的各类工程建设，严格限制建设各类建筑物构筑物，防止对核心景区的生态环境、自然和人文景观及其环境造成不良影响甚至产生破坏。在实践中，一些地方政府为了追求短期利益，违反风景名胜区规划，批准在风景名胜区的核心景区内建设宾馆、培训中心、招待所、疗养院以及别墅、住宅等与风景名胜资源保护无关的其他建筑物，是严重的违法行为，应当予以严惩。

按照本条规定，县级以上地方人民政府及其有关主管部门违反风景名胜区规划，批准在风景名胜区的核心景区内建设宾馆、培训中心、招待所、疗养院以及别墅、住宅等与风景名胜资源保护无关的其他建筑物的，对有关责任人员给予记过或者记大过处分；情节较重的，给予降级或者撤职处分；情节严重的，给予开除处分。对于本行为适用的处分种类和幅度的掌握，要根据事实、情节、后果以及对问题的认识等，分别进行处理。

【案例】某市人民政府有关主管部门违反《风景名胜区条例》和国家有关政策规定，擅自批准某开发企业在风景名胜区核心景区内建设宾馆并对外营业。后经上级部门查处，拆除了宾馆。但建设行为已对风景名胜资源造成了难以挽回的恶劣影响。

按照本条规定，应当对有关责任人员给予相应的处分。

第十五条【国家级风景名胜区重大项目建设违法行为的处分】

【条文】在国家级风景名胜区内修建缆车、索道等重大建设工程，项目的选址方案未经国务院住房和城乡建设主管部门核准，县级以上地方人民政府有关主管部门擅自核发选址意见书的，对有关责任人员给予警告或者记过处分；情节较重的，给予记大过或者降级处分；情节严重的，给予撤职处分。

【要旨】本条依据《风景名胜区条例》第42条"违反本条例的规定，在国家级风景名胜区内修建缆车、索道等重大建设工程，项目的选址方案未经国务院建设主管部门核准，县级以上地方人民政府有关部门核发选址意见书的，对直接负责的主管人员和其他直接责任人员依法给予处分；构成犯罪的，依法追究刑事责任"的要求，规定了在国家级风景名胜区内，修建缆车、索道等重大建设工程未经国务院住房和城乡建设主管部门核准，县级以上地方人民政府有关主管部门擅自核发选址意见书的行为及其适用的处分种类和幅度。

【释义】本条所涉及的城乡规划违法违纪行为的主体是县级以上地方人民政府有关主管部门。县级以上地方人民政府有关主管部门作为本行为的主体，需要追究行政纪律责任的，对县级以上地方人民政府有关主管部门负有责任的领导人员和其他直接责任人员给予处分。

国家级风景名胜区是我国壮丽山河和悠久历史文化的精华，具有国家代表性，是我国国家形象的重要代表。在国家级风景名胜区内进行建设活动，尤其是重大建设工程，应当严格按照相关法律法规的规定进行。《风景名胜区条例》第28条对风景名胜区建设活动的审核审批作了一般规定，并特别规定了关于国家级风景名胜区内重大建设工程审核审批。《风景名胜区条例》第28条第2款规定："在国家级风景名胜区内修建缆车、索道等重大建设工程，项目的选址方案应当报国务院建设主管部门核准。"因此，国家级风景名胜区内重大建设工程的项目选址，应当由省、自治区住房和城乡建设主管部门或直辖市风景名胜区主管部门将建设项目选址方案报经国务院住房和城乡建设主管部门核准后，由县级以上地方人民政府有关部门核发选址意见书。

国家风景名胜区内的重大建设工程主要是指：（1）公路、索道与缆车、水库；（2）大型文化、体育与游乐设施；（3）旅馆建筑；（4）由国务院住房和城乡建设主管部门认定的其他重大建设工程。

国家级风景名胜区内重大建设项目的选址方案报批核准程序为：（1）风景名胜区管理机构审核；（2）经风景名胜区管理机构审核同意后，由县级以上地方人民政府有关部门报所在地省、自治区住房和城乡建设主管部门或直辖市风景名胜区主管部门审查；（3）省、自治区住房和城乡建设主管部门或直辖市风景名胜区主管部门对选址方案进行审查，经审查同意后上报国务院住房和城乡建设主管部门核准；（4）国务院住房和城乡建设主管部门组织进行现场考察或方案论证，对省、自治区住房和城乡建设主管部门或直辖市风景名胜区主管部门上报的选址方案进行核准；（5）县级以上地方人民政府有关部门依法对项目选址核发选址意见书。

按照本条规定,在国家级风景名胜区内修建缆车、索道等重大建设工程,项目的选址方案未经国务院住房和城乡建设主管部门核准,县级以上地方人民政府有关主管部门擅自核发选址意见书的,对有关责任人员给予警告或者记过处分;情节较重的,给予记大过或者降级处分;情节严重的,给予撤职处分。对于本行为适用的处分种类和幅度的掌握,要根据事实、情节、后果以及对问题的认识等,分别进行处理。

【案例】某旅游开发公司计划在位于某市的国家级风景名胜区内修建索道。在未经国务院住房和城乡建设主管部门核准的情况下,该市有关部门就擅自核发了项目选址意见书。索道建设过程中,砍伐了大量原始森林,对风景名胜区生态环境造成了巨大破坏。按照本条规定,应当对有关责任人员给予相应的处分。

第十六条【建设单位城乡规划违法违纪行为的处分】

【条文】建设单位及其工作人员有下列行为之一的,对有关责任人员给予警告、记过或者记大过处分;情节较重的,给予降级或者撤职处分;情节严重的,给予开除处分:

(一)未依法取得建设项目规划许可,擅自开工建设的;

(二)未经城乡规划主管部门许可,擅自改变规划条件、设计方案,或者不按照规划要求配建公共设施及配套工程的;

（三）以伪造、欺骗等非法手段获取建设项目规划许可手续的；

（四）未经批准或者未按照批准内容进行临时建设，或者临时建筑物、构筑物超过批准期限不拆除的；

（五）违反历史文化名城、名镇、名村保护规划在历史文化街区、名镇、名村核心保护范围内，破坏传统格局、历史风貌，或者擅自新建、扩建、拆除建筑物、构筑物或者其他设施的；

（六）违反风景名胜区规划在风景名胜区核心景区内建设宾馆、培训中心、招待所、疗养院以及别墅、住宅等与风景名胜资源保护无关的其他建筑物的。

【要旨】本条依据《城乡规划法》第64条和第65条关于对未取得建设工程规划许可证或者违反建设工程规划许可证的规定进行建设、乡、村庄规划区内未依法取得乡村建设规划许可证或者未按照乡村建设规划许可证的规定进行建设所应承担的行政法律责任，《历史文化名城名镇名村保护条例》第41条、第43条、第44条和第45条关于违反保护规划在核心保护范围内进行新建、扩建活动的法律责任，《风景名胜区条例》第40条第3款"在核心景区内建设宾馆、招待所、培训中心、疗养院以及与风景名胜资源保护无关的其他建筑物"的法律责任，规定了建设单位及其工作人员的城乡规划违法违纪行为及其适用的处分种类和幅度。

【释义】城乡规划的实施主体除了政府外，主要还是各建设单位。因此，除了规定对政府及其所属行政部门违反城乡规划行政行为的处分外，还有必要对建设单位违反城乡规划的行为进行规定。建设单位实施违反城乡规划的行为，除了要接受相应的民事赔偿责任和行政处罚外,还要对建设单位的有关责任人员给予行政处分。本条所涉及的城乡规划违法违纪行为的主体是建设单位及其工作人员。建设单位作为本行为的主体,需要追究行政纪律责任的,对负有领导责任的领导人员和直接责任人员给予处分;工作人员作为本行为的主体,需要追究行政纪律责任的,对实施以及指使他人实施本行为的工作人员给予处分。

一、未依法取得建设项目规划许可,擅自开工建设的行为

建设单位进行建设开发活动,必须依法办理相应的规划许可证,方可进行建设。《城乡规划法》第2条规定:"制定和实施城乡规划,在规划区内进行建设活动,必须遵守本法。"《城乡规划法》第40条第1款、第2款规定:"在城市、镇规划区内进行建筑物、构筑物、道路、管线和其他工程建设的,建设单位或者个人应当向城市、县人民政府城乡规划主管部门或者省、自治区、直辖市人民政府确定的镇人民政府申请办理建设工程规划许可证。申请办理建设工程规划许可证,应当提交使用土地的有关证明文件、建设工程设计方案等材料。需要建设单位编制修建性详细规划的建设项目,还应当提交修建性详细规划。对符合控制性详细规划和规划条件的,由城市、县人民政府城乡规划主管部门或者省、自治区、直辖市人民政府确定的镇人民政府核发建设工程规划许可证。"《城乡规划法》第41条第1款规定:"在乡、村庄规划区内进行乡镇企业、乡村公共设施和公益事业建设的,建设单位或者个人应当向乡、镇人民政府提出申请,由乡、镇人民政府报城市、县人民政府城乡规划主管部门核发乡村建设规划许可证。"

按照本条规定,建设单位及其工作人员未依法取得建设项目规划许可,擅自开工建设的,对有关责任人员给予警告、记过或者记大过处分;情节较重的,给予降级或者撤职处分;情节严重的,给予开除处分。

二、未经城乡规划主管部门许可，擅自改变规划条件、设计方案，或者不按照规划要求配建公共设施及配套工程的行为

规划条件是建设用地规划许可、修建性详细规划和建筑设计方案审查、建设工程规划许可和建设项目竣工规划验收的重要依据，是贯穿规划实施管理全过程的重要线索，是落实城市总体规划、控制性详细规划，是对建设行为有效实施控制引导的核心手段。《城乡规划法》第43条规定："建设单位应当按照规划条件进行建设；确需变更的，必须向城市、县人民政府城乡规划主管部门提出申请。变更内容不符合控制性详细规划的，城乡规划主管部门不得批准。"建设工程设计方案经依法审定，也不得随意修改。《城乡规划法》第50条第2款规定："经依法审定的修建性详细规划、建设工程设计方案的总平面图不得随意修改；确需修改的，城乡规划主管部门应当采取听证会等形式，听取利害关系人的意见；因修改给利害关系人合法权益造成损失的，应当依法给予补偿。"

按照本条规定，建设单位及其工作人员未经城乡规划主管部门许可，擅自改变规划条件、设计方案，或者不按照规划要求配建公共设施及配套工程的，擅自开工建设的，对有关责任人员给予警告、记过或者记大过处分；情节较重的，给予降级或者撤职处分；情节严重的，给予开除处分。

三、以伪造、欺骗等非法手段获取建设项目规划许可手续的行为

根据《城乡规划法》，建设单位进行建设开发活动，必须依法办理相应的规划许可证，经核准审批后方可进行建设。《行政许可法》对行政许可申请人隐瞒有关情况或者提供虚假材料申请行政许可，以及被许可人以欺骗、贿赂等不正当手段取得行政许可的法律责任作了规定。该法第78条规定："行政许可申请人隐瞒有关情况或者提供虚假材料申请行政许可的，行政机关不予受理或

者不予行政许可,并给予警告;行政许可申请属于直接关系公共安全、人身健康、生命财产安全事项的,申请人在一年内不得再次申请该行政许可。"第79条规定:"被许可人以欺骗、贿赂等不正当手段取得行政许可的,行政机关应当依法给予行政处罚;取得的行政许可属于直接关系公共安全、人身健康、生命财产安全事项的,申请人在三年内不得再次申请该行政许可;构成犯罪的,依法追究刑事责任。"

建设单位伪造或以欺骗等非法手段获取建设项目规划许可手续的,属于违法行为,应当承担行政法律责任。

按照本条规定,建设单位及其工作人员以伪造、欺骗等非法手段获取建设项目规划许可手续的,对有关责任人员给予警告、记过或者记大过处分;情节较重的,给予降级或者撤职处分;情节严重的,给予开除处分。

四、未经批准或者未按照批准内容进行临时建设,或者临时建筑物、构筑物超过批准期限不拆除的行为

临时建设是指城镇中因临时需要进行的结构简易,且必须在规定期限内拆除的建筑物、构筑物或其他设施。临时建设需要占用城镇特定的公共空间,对城镇日常运行、规划实施等都会产生一定影响,除因特殊需要,必须进行严格控制。

《城乡规划法》第44条规定:"在城市、镇规划区内进行临时建设的,应当经城市、县人民政府城乡规划主管部门批准。临时建设影响近期建设规划或者控制性详细规划的实施以及交通、市容、安全等的,不得批准。临时建设应当在批准的使用期限内自行拆除。"

按照本条规定,建设单位及其工作人员未经批准或者未按照批准内容进行临时建设,或者临时建筑物、构筑物超过批准期限不拆除的行为,对有关责任人员给予警告、记过或者记大过处分;情节较重的,给予降级或者撤职处分;情节严重的,给予开除处分。

五、违反历史文化名城、名镇、名村保护规划，在历史文化街区、名镇、名村核心保护范围内，破坏传统格局、历史风貌，或者擅自新建、扩建、拆除建筑物、构筑物或者其他设施的行为

历史文化名城、名镇、名村是我国历史文化遗产的重要组成部分，是中华民族悠久历史、灿烂文化、文明历程和光荣革命传统的真实载体，是城乡发展的珍贵记忆，是宝贵的不可再生的文化遗产。保护好利用好这一历史文化遗产，对传承祖国优秀文化，教育激励人民群众民族精神和爱国主义热情，提高人民文化品位，促进精神文明的建设具有重要的作用。《历史文化名城名镇名村保护条例》第 23 条规定："在历史文化名城、名镇、名村保护范围内从事建设活动，应当符合保护规划的要求，不得损害历史文化遗产的真实性和完整性，不得对其传统格局和历史风貌构成破坏性影响。"《历史文化名城名镇名村保护条例》第 28 条规定："在历史文化街区、名镇、名村核心保护范围内，不得进行新建、扩建活动。但是，新建、扩建必要的基础设施和公共服务设施除外。"《历史文化名城名镇名村保护条例》第 33 条规定："任何单位或者个人不得损坏或者擅自迁移、拆除历史建筑。"

《历史文化名城名镇名村保护条例》第 41 条、第 43~45 条还对具体的违法行为及其法律责任作了规定，主要涉及以下 10 种行为：

（1）在历史文化街区、名镇、名村核心保护范围内开山、采石、开矿等破坏传统格局和历史风貌的；

（2）在历史文化街区、名镇、名村核心保护范围内占用保护规划确定保留的园林绿地、河湖水系、道路等的；

（3）在历史文化街区、名镇、名村核心保护范围内修建生产、储存爆炸性、易燃性、放射性、毒害性、腐蚀性物品的工

厂、仓库等的；

（4）在历史文化街区、名镇、名村核心保护范围内改变园林绿地、河湖水系等自然状态的活动的；

（5）在历史文化街区、名镇、名村核心保护范围内进行影视摄制、举办大型群众性活动；

（6）在历史文化街区、名镇、名村核心保护范围内擅自拆除历史建筑以外的建筑物、构筑物或者其他设施的；

（7）在历史文化街区、名镇、名村核心保护范围内对历史建筑进行外部修缮装饰、添加设施以及改变历史建筑的结构或者使用性质的；

（8）在历史文化街区、名镇、名村核心保护范围内进行其他影响传统格局、历史风貌或者历史建筑的活动的；

（9）建设工程选址，因特殊情况不能避开历史建筑但又未实施原址保护的或者保护措施未经城市、县人民政府城乡规划主管部门批准的；

（10）擅自设置、移动、涂改或者损毁历史文化街区、名镇、名村标志牌的。

按照本条规定，建设单位及其工作人员违反历史文化名城、名镇、名村保护规划在历史文化街区、名镇、名村核心保护范围内，破坏传统格局、历史风貌，或者擅自新建、扩建、拆除建筑物、构筑物或者其他设施的，对有关责任人员给予警告、记过或者记大过处分；情节较重的，给予降级或者撤职处分；情节严重的，给予开除处分。

六、违反风景名胜区规划在风景名胜区核心景区内建设宾馆、培训中心、招待所、疗养院以及别墅、住宅等与风景名胜资源保护无关的其他建筑物的行为

风景名胜区是我国自然遗产的重要组成部分，是不可再生的国家资源。《风景名胜区条例》第 27 条规定："禁止违反风景名胜区规划,在风景名胜区内设立各类开发区和在核心景区内建设宾馆、招待所、培训中心、疗养院以及与风景名胜资源保护无关的其他建筑物;已经建设的,应当按照风景名胜区规划,逐步迁出。"《风景名胜区条例》第40条规定:"违反本条例的规定,有下列行为之一的,由风景名胜区管理机构责令停止违法行为、恢复原状或者限期拆除,没收违法所得,并处50万元以上100万元以下的罚款:……(三)在核心景区内建设宾馆、招待所、培训中心、疗养院以及与风景名胜资源保护无关的其他建筑物的。"

按照本条规定,建设单位及其工作人员违反风景名胜区规划在风景名胜区核心景区内建设宾馆、培训中心、招待所、疗养院以及别墅、住宅等与风景名胜资源保护无关的其他建筑物的,对有关责任人员给予警告、记过或者记大过处分;情节较重的,给予降级或者撤职处分;情节严重的,给予开除处分。

【案例一】某市属建设单位提出占用该市总体规划确定的一块规划绿地进行建设,市城乡规划主管部门没有同意并提出另行选址的建议,但该建设单位并未听从,并在未办理选址意见书、建设用地规划许可和建设工程规划许可的情况下,擅自开工建设,侵占了城市绿线,严重违反了城市规划。按照本条规定,应当对该建设单位负有领导责任的人员和直接责任人员给予相应的处分。

【案例二】某市属建设单位建设一幢15层写字楼,在建设过程中未经城乡规划主管部门许可,加盖了7层楼,对其北侧居民住宅造成遮挡。经查,加盖楼层是在该建设单位主要负责人授意之下的故意行为,并且建设单位在开工之前就擅自调整了设计方案,擅自改变了规划条件,本行为违反城市规划,并对周边的居民生活造成严重影响。按照本条规定,应当对该建设单位有关责任人员给予相应的处分。

【案例三】某市属建设单位在未取得国有土地使用权的情况下，以伪造的国有土地使用权出让合同和有关部门的批准文件，到该市城乡规划主管部门领取建设用地规划许可证，进行了楼盘开发建设，并在未取得预售许可的情况下违法进行了预售。该案情节恶劣，影响严重。按照本条规定，应当对该建设单位有关责任人员给予相应的处分。

【案例四】某建设单位未经批准，在用地红线外占用道路，擅自建设了一处两层临时施工用房，对交通造成严重影响。按照本条规定，应当对该建设单位有关责任人员给予相应的处分。

【案例五】某市城市建设投资有限公司是市属国有企业，根据市长办公会议决定，对某地块实施旧城改造。该公司为了加快项目进度，在未征得规划等部门同意的情况下，拆除了一批历史建筑，破坏了大量有价值的历史遗存，造成了不可挽回的损失。按照本条规定，应当对该公司有关责任人员给予相应的处分。

【案例六】某省级风景名胜区位于市中心东南30公里，群山环抱，古树参天，风景优美。该风景名胜区管理局擅自砍伐风景名胜区核心景区内半山腰处一块地的松树林并建起8栋别墅对外出租，严重违反风景名胜区规划，破坏了风景名胜资源，对天然植被造成难以恢复的破坏。情节恶劣，性质严重。按照本条，应当对该管理局有关责任人员给予相应的处分。

第十七条【不服处分的申诉】

【条文】受到处分的人员对处分决定不服的，可以依照《中华人民共和国行政监察法》、《中华人民共和国公务员法》、《行政机关公务员处分条例》等有关规定，申请复核或者申诉。

【要旨】本条规定了受到处分的人员对处分决定不服的，可以依法申请复核或者申诉。

【释义】申诉是指公民、法人或者其他组织以口头或者书面形式就有关自身或他人权益问题，向有关国家机关申述理由并请求处理的行为。申诉有诉讼上的申诉和非诉讼上的申诉之分，两者在申诉人、申诉事项、申诉期限、被申诉人、处理申诉的机关、程序等方面有着明显区别。诉讼上的申诉是指刑事诉讼、民事诉讼、行政诉讼当事人或者其他公民，对已经发生法律效力的判决、裁定认为确有错误时，依法向人民法院或者人民检察院提出理由，要求重新处理的行为。非诉讼上的申诉是指不涉及诉讼的一切申诉，其范围很广。例如，行政机关公务员不服处分的申诉；政党、社会团体成员不服纪律处分的申诉；公民、法人或者其他组织不服行政处罚决定，按照法定程序和条件提出的行政复议等。

对任免机关或者监察机关作出的处分决定不服的申诉，《城乡规划违法违纪行为处分办法》第17条作出了明确规定："受到处分的人员对处分决定不服的，可以依照《中华人民共和国行政监察法》、《中华人民共和国公务员法》、《行政机关公务员处分条例》等有关规定，申请复核或者申诉。"

一、申诉的途径

根据《公务员法》、《行政监察法》等法律的规定，受到处分的行政机关公务员提出申诉的途径有以下4种：（1）向原作出处分决定的机关申请复核；（2）向同级公务员主管部门申诉；（3）向作出该处分决定的机关的上一级机关申诉；（4）向有管辖权的监察机关申诉。

需要注意的是，对监察机关作出的处分决定不服的，只能向有管辖权的监察机关申诉；对省级以下机关作出的申诉处理决定不服的，可以向作出处理决定的机关的上一级机关提出再申诉。例如，某公务员对某市住房和城乡建设局作出的处分决定不服的，既可以向市住房和城乡建设局申请复核，也可以不经过复核直接向市人力资源社会保障局、监察局或者市政府申诉，对市人力资源社会保障局或者市政府作出的申诉处理决定不服的，还可以向市政府或者省政府提出再申诉。

二、申诉的期限

受到处分的人员提出申诉的法定期限有4类：一是自收到处分决定之日起30日内向原处理机关申请复核，或者不经复核直接向同级公务员主管部门或者人民政府提出申诉；二是自收到原处分机关的复核决定之日起15日内向同级公务员主管部门或者同级人民政府提出申诉；三是行政机关公务员对任免机关作出的处分决定或者处分的复核决定不服的，可以自收到处分决定或者处分的复核决定之日起30日内向有管辖权的监察机关提出申诉；四是行政机关公务员对监察机关作出的处分决定不服的，可以自收到处分决定之日起30日内向作出处分决定的监察机关申请复审。超过这4类法定期限，受到处分的人员就丧失了法定的申诉权。设定申诉时限的目的在于促使受到处分的人员及时主张权利，同时避免行政机关不必要的工作支出，提高行政效率。

三、受理申诉的机关作出决定的期限

受理复核、申诉的机关作出决定的期限分别是：（1）原作出处分决定的机关应当自收到复核申请之日起30日内作出复核决定。（2）同级公务员主管部门或者作出该处分的机关的上一级机关应当自收到申诉之日起60日内作出处理决定，案情复杂的，可以适当延长，但是延长时间不得超过30日，即加上延长时间最长为90日。（3）对任免机关作出的处分决定或者处分复核决定不服向监察机关提出申诉的，监察机关应当自收到申诉之日起 30 日内作出复查决定；对复查决定仍不服的，可以自收到复查决定之日起 30 日内向上一级监察机关申请复核；上一级监察机关应当自收到复核申请之日起 60 日内作出复核决定。

（4）对监察机关作出的处分决定不服向监察机关提出复审申请的，监察机关应当自收到复审申请之日起 30 日内作出复审决定；对复审决定不服的，可以自收到复审决定之日起 30 日内向上一级监察机关申请复核；上一级监察机关应当自收到复核申请之日起 60 日内作出复核决定。

这里需要注意以下两点：

（1）原作出处分决定的机关的复核决定不是最终决定，受处分人员对此复核决定不服仍然可以向同级公务员主管部门或者作出该处分的机关的上一级机关、有管辖权的监察机关提出申诉；同时，向原作出处分决定的机关申请复核不是受处分人员提出申诉的必经程序，受处分人员可以不经过此复核程序直接向同级公务员主管部门或者作出该处分的机关的上一级机关、有管辖权的监察机关提出申诉。

（2）对监察机关作出的处分决定不服，受处分人员只能向监察机关提出申诉，而不能向同级公务员主管部门、同级人民政府提出申诉。之所以这样规定，是因为监察机关是人民政府中专司监察职能的行政机关，依照《行政监察法》赋予的职责和权限行使职权、履行职责。《行政监察法》中对监察机关作出的处分决定不服如何提出申诉的问题作出了明确规定，对监察机关作出的处分决定不服的申诉，应当依照《行政监察法》规定的程序进行。

四、最终决定权

根据《公务员法》和《行政监察法》的有关规定，最终决定包括 3 种情形：一是再申诉处理决定，二是上一级监察机关作出的复核决定，三是国务院监察机关作出的复查决定、复审决定。在有关机关作出上述最终决定后，被处分人就丧失了法定申诉权。当然，这时被处分人仍然可以向有关机关反映情况，但这时的反映只是一种日常的信访活动，不具有促使有关机关受理申诉的法律效力；有关机关同样也没有启动申诉程序的义务。

五、复核、申诉期间原处分决定的效力

根据相关规定，在复核、申诉期间不停止处分的执行。这是因为，公务员的申诉是公务员认为处分决定违法或不当，损害了自己的合法权益。当然，这只是公务员本人的主观认定，至于处分决定是否违法或不当，还有待于受理申诉的机关重新审查与判断。因此，处分决定在公务员提出复核、申诉期间不停止执行。

六、申诉的处理

（一）撤销处分决定

撤销处分决定，是指对处分所依据的违法违纪事实证据不足的，或者违反法定程序，影响案件公正处理的；或者作出处分决定超越职权的；或者作出处分决定滥用职权的情形，由受理公务员复核、申诉的机关根据事实和有关法律规定将原处分决定予以撤销的做法和制度。处分决定被撤销后，即告消灭，即自动无效而且是自始无效。

这里需要注意的是，受理公务员复核、申诉的机关必须依照管辖权限来行使权力。例如，同级公务员主管部门无权撤销同级人民政府监察机关作出的处分决定。但是根据《行政监察法》第39条第1款的规定："监察机关对受理的不服主管行政机关处分决定的申诉，经复查认为原决定不适当的，可以建议原决定机关予以变更或者撤销；监察机关在职权范围内，也可以直接作出变更或者撤销的决定。"

（二）变更处分决定

变更处分决定，是指对适用法律、法规、规章或者国务院决定错误的，或者对违法违纪行为的情节认定有误的，或者处分不当的情形，由受理复核、申诉的机关根据事实和有关法律规定将原处分决定予以变更的做法和制度。变更处分不是不处分，而是改变处分的种类，从而使处分决定更符合客观实际，准确无误。同样需要注意的是，受理复核、申诉的机关必须依照有关法律法规所规定的管辖权限来行使变更处分的权力。

（三）变更处分同撤销处分的区别

变更处分同撤销处分的区别主要是：

（1）处分决定被撤销后，原处分即告消失。处分的变更只是改变了原处分的部分错误内容，原处分决定并没有消失。

（2）处分决定被撤销后，受理复核、申诉的机关还应当重新作出决定或者责令原处分决定机关重新作出决定；而处分被变更后，无须另行作出决定。

七、处分被撤销或者变更后的法律后果

处分被撤销或者变更后，对于被处分人的职务、级别、工资福利及名誉等相关问题如何处理，《行政机关公务员处分条例》第51条作了明确规定。

根据该条规定，当行政机关公务员受到的处分决定被变更，需要对该公务员的职务、级别或者工资档次进行调整时，应当按照规定予以调整；对变更后减轻处分的，其在被处分期间所受到的工资福利损失，应当予以补偿。

当行政机关公务员所受到的处分决定被撤销时，对该行政机关公务员的级别和工资档次应当恢复。这里需要注意的是应当恢复到此行政机关公务员受到处分前的级别和工资档次，并按照原职务安排相应的职务。这里没有规定恢复职务，而是规定按照原职务安排相应的职务，主要是考虑到公务员的职务实行的是定编定岗，一个职务空缺后，不可能长期空置，会有别人来担任。受处分人员的处分被撤销后，极少有可能恢复到处分前本人担任的某一具体职务。例如，一个原担任司长的公务员的撤职处分被撤销的，应当恢复其受到处分前的级别和工资档次，其原司长的职务如果有空位的话，也应当恢复，如果已任命其他人担任了该岗位司长的职务，则可以安排其担任其他岗位司长的职务。对其在受处分期间的工资福利损失，应当给予补偿。同时，被撤销处分的，还应当在适当范围内宣布，以恢复其名誉。"适当范围内"，是指在已经知悉给予其处分并可能会对受处分人员今后的工作和生活带来不良影响的范围内，而不能仅限于受处分人员所在单位及对受处分人员负有考察、奖惩职责的有关部门。应当注意的是，如果对于行政机关公务员的处分决定已经向全社会公布，那么对其恢复名誉的范围也应当是全社会，即也应当向全社会公布原处分决定已经被撤销的情况。

处分的撤销或者变更是由处分决定机关的错误或者不当行为引起的。对于由处分决定机关的错误或者不当行为给行政机关公务员造成的损失理应给予补偿。但对行政机关公务员的补偿范围仅限于其在被处分期间的工资福利损失。对于变更前给予行政机关公务员的处分较轻，变更后的处分较重的问题，比如变更前给予的是记过处分，变更后给予的是撤职处分。这就涉及被处分人在受处分期间工资福利非但没有损失，反而增加的情况。在这种情况下，对于该行政机关公务员增加的工资福利收入，有关机关不应当予以没收或者追缴。因为在当时，变更后的处分决定还没有作出，处分决定没有追溯力，对处分决定作出之前的行为不产生法律效力。

第十八条【城乡规划违法违纪行为案件移送制度】

【条文】任免机关、监察机关和城乡规划主管部门建立案件移送制度。

任免机关或者监察机关查处城乡规划违法违纪案件，认为应当由城乡规划主管部门给予行政处罚的，应当将有关案件材料移送城乡规划主管部门。城乡规划主管部门应当依法及时查处，并将处理结果书面告知任免机关或者监察机关。

城乡规划主管部门查处城乡规划违法案件，认为应当由任免机关或者监察机关给予处分的，应当在作出行政处罚决定或者其他处理决定后，及时将有关案件材料移送任免机关或者监察机关。任免机关或者监察机关应当依法及时查处，并将处理结果书面告知城乡规划主管部门。

【要旨】本条规定了应当由城乡规划主管部门给予行政处罚的案件的移送和应当由任免机关或者监察机关给予处分的案件的移送。

【释义】由于目前对于任免机关、监察机关和城乡规划主管部门之间关于城乡规划违法违纪案件移送制度没有明确的规定，因此在一定程度上造成了案件移送不及时、应当移送的不移送，在移送过程中互相推诿、扯皮等问题，不利于及时、有效地查处城乡规划违法违纪案件。为了加强任免机关、监察机关和城乡规划主管部门之间的协作配合，有效惩处城乡规划违法违纪行为，《城乡规划违法违纪行为处分办法》对任免机关、监察机关和城乡规划主管部门之间的城乡规划违法违纪案件移送制度作出了明确规定。

建立城乡规划违法违纪案件移送制度，目的是把任免机关、监察机关和城乡规划主管部门的力量有效地整合起来，形成工作合力,以及时有效地查处城乡规划违法违纪案件,更好地维护城乡规划工作秩序,促进城乡建设健康可持续发展。本条规定了两类案件的移送,一是应当由城乡规划主管部门给予行政处罚的案件的移送,二是应当由任免机关或者监察机关给予处分的案件的移送。

移送的案件材料应当包括以下内容:(1)本单位有关领导同意移送的意见;(2)案件的来源及立案材料;(3)案件调查报告;(4)有关证据材料;(5)其他需要移送的材料。

第十九条【城乡规划领域刑事犯罪案件的移送】

【条文】有城乡规划违法违纪行为,应当给予党纪处分的,移送党的纪律检查机关处理;涉嫌犯罪的,移送司法机关依法追究刑事责任。

【要旨】本条规定了城乡规划违法违纪行为违反党纪或者涉嫌犯罪的,应当给予党纪处分或者移送司法机关依法追究刑事责任。

【释义】这里所谓的案件移送制度,是指处分决定机关在调查处理政纪案件过程中,将涉嫌犯罪的违法违纪案件,移送司法机关依法追究刑事责任的制度。案件移送制度建立的基本依据是行政机关与司法机关的职能分工。根据《中华人民共和国刑事诉讼法》(以下简称《刑事诉讼法》)的规定,一般刑事案件的侦查、拘留、执行逮捕、预审,由公安机关负责;检察、批准逮捕、检察机关直接受理的案件的侦查、提起公诉,由人民检察院负责;审判由人民法院负责。国家安全机关办理危害国家安全的刑事案件，行使与公安机关相同的职权；军队保卫部门、监狱办理刑事案件，适用《刑事诉讼法》的有关规定。除此而外，任何机关、团体和个人都无权行使这些权力。因此，处分决定机关在调查处理有关责任人员的违法违纪案件中，发现其违法违纪涉嫌犯罪的，必须移送司法机关依法处理。涉嫌犯罪，是指处分决定机关在查处政纪案件过程中，根据所掌握的违法违纪事实、证据以及《中华人民共和国刑法》（以下简称《刑法》）的有关规定，初步判定违法违纪行为涉嫌犯罪。对涉嫌犯罪的，处分决定机关应当进行移送，至于是否属于犯罪，则要由司法机关来最后判决。

需要注意的是：（1）涉嫌犯罪的，必须移送司法机关。（2）根据先刑事、后行政的原则，处分决定机关一般应当在法院判决后再给予处分，这样能够保证司法判决与处分决定的一致。但是，处分决定机关对违法违纪事实清楚、证据确凿的，也可以先行给予处分。

城乡规划违法违纪行为一旦产生严重的社会危害性，依照法律规定应当受到刑事处罚，那么就涉嫌构成犯罪，要依照《刑法》的有关规定追究刑事责任。《刑法》中有关城乡规划领域犯罪的规定主要集中在贪污贿赂罪和渎职罪等犯罪类别中。

一、贪污贿赂罪

贪污贿赂罪，是指国家工作人员利用职务上的便利，非法占有、使用公共财物、收受贿赂或者取得其他非法利益，破坏职务的廉洁性的行为。

贪污贿赂罪侵犯的客体是国家公务机构和公务人员的廉洁性以及公务机构和公务人员的信誉。在客观方面主要表现为两种行为：一是国家单位、国家工作人员或者其他担任公务职责的人员，违背职务的宗旨，利用职务的便利或者职权的影响，实施贪污、受贿等非法取得财物或者其他非法利益的行为；二是非国家单位或者非国家工作人员为获得利益，实施向国家单位或者国家工作人员行贿或者介绍贿赂等非法行为。此类犯罪的主体除行贿罪和介绍贿赂罪是一般主体外，其他各种犯罪都是特殊主体，即国家工作人员，具体包括国家机关工作人员；国有公司、企业、事业单位、人民团体中从事公务的人员；国家机关、国有公司、企业、事业单位委派到非国有公司、企业、事业单位、社会团体从事公务的人员；其他依照法律从事公务的人员。在主观方面都具有故意。

在城乡规划领域，涉及的贪污贿赂犯罪主要有以下几种。

（一）受贿罪

根据《刑法》第385条的规定，受贿罪是指国家工作人员利用职务上的便利，索取他人财物，或者非法收受他人财物，为他人谋取利益的行为。《城乡规划违法违纪行为处分办法》规定的有关责任人员，如果从事了《城乡规划违法违纪行为处分办法》第3~16条规定的城乡规划违法违纪行为，并且在这一过程中，利用职务上的便利，索取他人财物，或者非法收受他人财物并为他人谋取利益，那么该行为人就涉嫌受贿犯罪。

根据《刑法》的规定，对犯受贿罪的，根据受贿所得数额及情节，依照《刑法》第383条的规定处罚。索贿的从重处罚。具体而言：（1）个人受贿数额在10万元以上的，处10年以上有期徒刑或者无期徒刑，可以并处没收财产；情节特别严重的，处死刑，并处没收财产。（2）个人受贿数额在5万元以上不满10万元的，处5年以上有期徒刑，可以并处没收财产；情节特别严重的，处无期徒刑，并处没收财产。（3）个人受贿数额在5000元以上不满5万元的，处1年以上7年以下有期徒刑；情节严重的，处7年以上10年以下有期徒刑。个人受贿数额在5000元以上不满1万元，犯罪后有悔改表现、积极退赃的，可以减轻处罚或者免予刑事处罚。（4）个人受贿数额不满5000元，情节较重的,处2年以下有期徒刑或者拘役。对多次受贿未经处理的,按照累计受贿数额处罚。

(二) 单位受贿罪

根据《刑法》第387条的规定,单位受贿罪是指国家机关、国有公司、企业、事业单位、人民团体索取、非法收受他人财物,为他人谋取利益,情节严重的行为。有城乡规划违法违纪行为的单位,如果在从事城乡规划违法违纪行为过程中,索取、非法收受他人财物,为他人谋取利益,那么该单位就涉嫌受贿犯罪。

根据《刑法》的规定,犯单位受贿罪的,对单位判处罚金,并对其直接负责的主管人员和其他直接责任人员,处5年以下有期徒刑或者拘役。

(三) 行贿罪

根据《刑法》第389条的规定,行贿罪是指为谋取不正当利益,给予国家工作人员以财物的行为。如果出现《城乡规划违法违纪行为处分办法》第3~16条规定的城乡规划违法违纪行为,并且在这一过程中,同时还出现为谋取不正当利益,给予国家工作人员以财物的行为,那么相关人员就涉嫌行贿犯罪。根据《最高人民法院最高人民检察院关于办理行贿刑事案件具体应用法律若干问题的解释》(以下简称《关于办理行贿刑事案件的解释》)的规定,为谋取不正当利益,向国家工作人员行贿,数额在1万元以上的,就应当依照《刑法》第389条的规定追究刑事责任。这里的"谋取不正当利益",是指行贿人谋取的利益违反法律、法规、规章、政策规定,或者要求国家工作人员违反法律、法规、规章、政策、行业规范的规定,为自己提供帮助或者方便条件。违背公平、公正原则,在经济、组织人事管理等活动中,谋取竞争优势的,应当认定为"谋取不正当利益"。

根据《刑法》第390条的规定,犯行贿罪的,处5年以下有期徒刑或者拘役；因行贿谋取不正当利益，情节严重的，或者使国家利益遭受重大损失的，处 5 年以上 10 年以下有期徒刑；情节特别严重的，处 10 年以上有期徒刑或者无期徒刑，可以并处没收财产。行贿人在被追诉前主动交代行贿行为的，可以减轻处罚或者免除处罚。根据《关于办理行贿刑事案件的解释》的规定，这里的"被追诉前"，是指检察机关对行贿人的行贿行为刑事立案前。

根据《关于办理行贿刑事案件的解释》的规定，因行贿谋取不正当利益，具有下列情形之一的，应当认定为"情节严重"：(1) 行贿数额在 20 万元以上不满 100 万元的。(2) 行贿数额在 10 万元以上不满 20 万元，并具有下列情形之一的：①向 3 人以上行贿的；②将违法所得用于行贿的；③为实施违法犯罪活动，向负有食品、药品、安全生产、环境保护等监督管理职责的国家工作人员行贿，严重危害民生、侵犯公众生命财产安全的；④向行政执法机关、司法机关的国家工作人员行贿，影响行政执法和司法公正的。(3) 其他情节严重的情形。

因行贿谋取不正当利益，造成直接经济损失数额在 100 万元以上的，应当认定为"使国家利益遭受重大损失"。

因行贿谋取不正当利益，具有下列情形之一的，应当认定为"情节特别严重"：(1) 行贿数额在 100 万元以上的。(2) 行贿数额在 50 万元以上不满 100 万元，并具有下列情形之一的：①向三人以上行贿的；②将违法所得用于行贿的；③为实施违法犯罪活动，向负有食品、药品、安全生产、环境保护等监督管理职责的国家工作人员行贿，严重危害民生、侵犯公众生命财产安全的；④向行政执法机关、司法机关的国家工作人员行贿，影响行政执法和司法公正的。(3) 造成直接经济损失数额在 500 万元以上的。(4) 其他情节特别严重的情形。

根据《关于办理行贿刑事案件的解释》的规定，行贿人谋取不正当利益的行为构成犯罪的，应当与行贿犯罪实行数罪并罚。

(四) 对单位行贿罪

根据《刑法》第 391 条的规定，对单位行贿罪，是指为谋取不正当利益，给予国家机关、国有公司、企业、事业单位、人民团体以财物，或者在经济往来中，违反国家规定，给予各种名义的回扣、手续费的行为。在城乡规划领域，行为人为谋取城乡规划方面的不正当利益，对城乡规划主管部门或者人民政府其他有关主管部门行贿，就涉嫌对单位行贿犯罪。

根据《刑法》的规定，犯对单位行贿罪的，处 3 年以下有期徒刑或者拘役。

(五) 单位行贿罪

根据《刑法》第 393 条的规定，单位行贿罪是指单位为谋取不正当利益而行贿，或者违反国家规定，给予国家工作人员以回扣、手续费，情节严重的行为。在城乡规划领域，有关单位为谋取城乡规划方面的不正当利益，对负有城乡规划主管职责的人员行贿，就涉嫌单位行贿犯罪。

根据《刑法》的规定，犯单位行贿罪的，对单位判处罚金，并对其直接负责的主管人员和其他直接责任人员，处 5 年以下有期徒刑或者拘役。因行贿取得的违法所得归个人所有的，依照《刑法》有关受贿、行贿罪的规定定罪处罚。

根据《关于办理行贿刑事案件的解释》的规定，单位行贿的，在被追诉前，单位集体决定或者单位负责人决定主动交代单位行贿行为的，依照《刑法》第 390 条第 2 款的规定，对单位及相关责任人员可以减轻处罚或者免除处罚；受委托直接办理单位行贿事项的直接责任人员在被追诉前主动交代自己知道的单位行贿行为的，对该直接责任人员可以依照《刑法》第 390 条第 2 款的规定减轻处罚或者免除处罚。

二、渎职罪

渎职罪，是指国家机关工作人员滥用职权、玩忽职守、徇私舞弊，妨害国家机关的正常活动，致使国家和人民的利益遭受重大损失的行为。

渎职罪侵犯的客体是国家机关的正常活动。在客观方面，表现为滥用职权、玩忽职守、徇私舞弊的行为。此类犯罪的主体是特殊主体，即国家机关工作人员。国家机关工作人员，是指在各级国家权力机关、行政机关、司法机关、军事机关中依法从事公务的人员以及在中国共产党的各级机关、中国人民政治协商会议、各民主党派、工商联的各级机关中依法从事公务的人员。在主观方面，渎职罪多为故意构成，少数犯罪可以为过失构成。

在城乡规划领域，涉及的渎职犯罪主要有以下几种。

（一）滥用职权罪

根据《刑法》第397条的规定，滥用职权罪是指国家机关工作人员滥用职权，致使公共财产、国家和人民利益遭受重大损失的行为。根据《最高人民法院、最高人民检察院关于办理渎职刑事案件适用法律若干问题的解释（一）》（以下简称《关于办理渎职刑事案件的解释（一）》），具有下列情形之一的，应当认定为《刑法》第397条规定的"致使公共财产、国家和人民利益遭受重大损失"：（1）造成死亡1人以上，或者重伤3人以上，或者轻伤9人以上，或者重伤2人、轻伤3人以上，或者重伤1人、轻伤6人以上的；（2）造成经济损失30万元以上的；（3）造成恶劣社会影响的；（4）其他致使公共财产、国家和人民利益遭受重大损失的情形。这里所称的"经济损失"，是指渎职犯罪或者与渎职犯罪相关联的犯罪立案时已经实际造成的财产损失，包括为挽回渎职犯罪所造成损失而支付的各种开支、费用等。立案后至提起公诉前持续发生的经济损失，应一并计入渎职犯罪造成的经济损失。

在城乡规划领域，滥用职权罪是最有可能涉及的犯罪行为之一。在违反城乡规划法定程序，干预规划的编制和修改，违规调整土地用途、容积率等规划条件，擅自改变规划许可内容，或者违规核发建设用地规划许可等这些具体违法违纪行为中，如果有关责任人员是国家机关工作人员，其行为属于滥用职权，并且致使公共财产、国家和人民利益遭受了上述所列重大损失，那么该行为就涉嫌构成了滥用职权罪。

根据《刑法》第397条的规定，犯滥用职权罪的，处3年以下有期徒刑或者拘役；情节特别严重的，处3年以上7年以下有期徒刑。根据《关于办理渎职刑事案件的解释（一）》的规定，具有下列情形之一的，应当认定为"情节特别严重"：（1）造成死亡3人以上，或者重伤9人以上，或者轻伤27人以上，或者重伤6人、轻伤9人以上，或者重伤3人、轻伤18人以上的；（2）造成经济损失150万元以上的；（3）造成《关于办理渎职刑事案件的解释（一）》规定的"致使公共财产、国家和人民利益遭受重大损失"，不报、迟报、谎报或者授意、指使、强令他人不报、迟报、谎报事故情况，致使损失后果持续、扩大或者抢救工作延误的；（4）造成特别恶劣社会影响的；（5）其他特别严重的情节。

（二）玩忽职守罪

根据《刑法》第397条的规定，玩忽职守罪是指国家机关工作人员玩忽职守，致使公共财产、国家和人民利益遭受重大损失的行为。在城乡规划领域，玩忽职守罪也是有可能涉及的犯罪行为之一。在违反城乡规划违法违纪行为中，如果有关责任人员是国家机关工作人员，其行为属于玩忽职守，并且致使公共财产、国家和人民利益遭受了重大损失，那么该行为就涉嫌构成玩忽职守罪。

根据《刑法》第397条的规定，犯玩忽职守罪的，处3年以下有期徒刑或者拘役；情节特别严重的，处3年以上7年以下有期徒刑。

需要注意的是，根据《关于办理渎职刑事案件的解释（一）》，国家机关工作人员在城乡规划领域实施渎职犯罪并收取贿赂，同时构成受贿罪的，除《刑法》另有规定外，以渎职犯罪和受贿罪数罪并罚。国家机关负责人员违法决定，或者指使、授意、强令其他国家机关工作人员违法履行职务或者不履行职务，构成渎职犯罪的，应当依法追究刑事责任。以"集体研究"形式实施的城乡规划领域的渎职犯罪，应当依照《刑法》对于渎职罪的规定追究国家机关负有责任的人员的刑事责任。对于具体执行人员，应当在综合认定其行为性质、是否提出反对意见、危害结果大小等情节的基础上决定是否追究刑事责任和应当判处的刑罚。

三、其他犯罪

在城乡规划领域，还可能出现伪造、变造、买卖国家机关公文、证件、印章罪等犯罪。

伪造、变造、买卖国家机关公文、证件、印章罪，是指伪造、变造、买卖国家机关公文、证件、印章的行为。该罪侵犯的客体是国家机关的公文、证件、印章的管理秩序，犯罪对象是国家机关的公文、证件或印章；客观方面表现为实施了伪造、变造、买卖国家机关的公文、证件、印章的行为；犯罪主体是一般主体；主观方面必须出于故意。

有关责任人员违反《城乡规划违法违纪行为处分办法》第16条的规定，以伪造、欺骗等非法手段获取建设项目规划许可手续，往往同时实施了伪造、变造、买卖国家机关的公文、证件、印章的行为，对其除应当给予相应的处分外，还应依法追究伪造、变造、买卖国家机关公文、证件、印章罪的刑事责任。

第二十条【规章解释权】

【条文】本办法由监察部、人力资源社会保障部、住房和城乡建设部负责解释。

【要旨】本条规定了《城乡规划违法违纪行为处分办法》由监察部、人力资源社会保障部、住房和城乡建设部共同解释。

【释义】解释权,是指法律、法规或者规章的制定机关为便于有关机关和公众正确理解和适用法律、法规或者规章,对法律、法规或者规章所做的进一步说明其含义、原因或者补充规定等的权力。

《城乡规划违法违纪行为处分办法》是由监察部、人力资源社会保障部、住房和城乡建设部联合起草、制定的,监察部、人力资源社会保障部、住房和城乡建设部对《城乡规划违法违纪行为处分办法》的解释具有权威性,正式作出的解释具有法定效力,是实施《城乡规划违法违纪行为处分办法》的必要补充和保障。

法律、法规和规章在贯彻实施的过程中,执行机关或者执行人对其条款如何理解,怎么样正确适用等问题,难免需要向制定机关请示、咨询,并要求其给予准确解释或者答复,以便正确执行法律、法规、规章。因此,可以说关于解释权的规定是法律、法规和规章的重要组成部分。对此,《中华人民共和国立法法》(以下简称《立法法》)、《行政法规制定程序条例》、《规章制定程序条例》都有明确规定。《立法法》第42条规定:"法律解释权属于全国人民代表大会常务委员会。法律有以下情况之一的,由全国人民代表大会常务委员会解释:(一)法律的规定需要进一步明确具体含义的；（二）法律制定后出现新的情况，需要明确适用法律依据的。"《立法法》第 47 条规定："全国人民代表大会常务委员会的法律解释同法律具有同等效力。"《行政法规制定程序条例》第 31 条规定："行政法规条文本身需要进一步明确界限或者作出补充规定的，由国务院解释。国务院法制机构研究拟订行政法规解释草案，报国务院同意后，由国务院公布或者由国务院授权国务院有关部门公布。行政法规的解释与行政法规具有同等效力。"《规章制定程序条例》第 33 条规定："规章解释权属于规章制定机关。规章有下列情况之一的，由制定机关解释：（一）规章的规定需要进一步明确具体含义的；（二）规章制定后出现新的情况，需要明确适用规章依据的。"据此，解释权作为立法内容之一，大多在法律、法规、规章中明确规定。

第二十一条【实施日期】

【条文】 本办法自 2013 年 1 月 1 日起施行。

【要旨】 本条规定了《城乡规划违法违纪行为处分办法》的实施日期。

【释义】 法律的实施日期，是指法律对其所调整的社会关系开始具有拘束力的某一特定的具体时间。绝大多数的法律都明确规定生效时间。从我国立法实践看，对于法律的生效时间的规定，通常有以下 3 种方式。

（1）法律自发布或公布之日起生效，即法律从发布或者公布之日起即产生法律效力。此类法律法规明确规定"本法自公布之日起施行"。例如，《行政监察法》第 51 条规定："本法自公布之日起施行。"

（2）法律自某一具体时间起施行，这一具体时间为法律公布后的某一具体时间。例如，《中华人民共和国证券法》（以下简称《证券法》）第240条规定："本法自2006年1月1日起施行。"这种做法的通常目的在于给执法机关一定的准备时间，同时也是为了在法律正式实施前进行广泛的宣传，使社会普遍了解。

（3）在其他法律法规生效后一定期限后生效，即规定一部法律以另一部法律的施行为前提，在另一部法律颁布施行一段时间后，该法律开始施行。此类法律本身没有规定具体的生效时间，仅规定其施行自另一部法律法规实施后某一时间才开始生效。例如，《中华人民共和国企业破产法（试行）》（注：已废止，但不影响作为说明问题的例子）第43条规定："本法自全民所有制工业企业法实施满三个月之日起试行。"

《城乡规划违法违纪行为处分办法》采用的是第二种方式，即自某一具体时间起施行。

第三部分 附 录

城乡规划违法违纪行为处分办法
（监察部、人力资源和社会保障部、
住房和城乡建设部令第29号）

第一条 为了加强城乡规划管理，惩处城乡规划违法违纪行为，根据《中华人民共和国城乡规划法》、《中华人民共和国行政监察法》、《中华人民共和国公务员法》、《行政机关公务员处分条例》及其他有关法律、行政法规，制定本办法。

第二条 有城乡规划违法违纪行为的单位中负有责任的领导人员和直接责任人员，以及有城乡规划违法违纪行为的个人，应当承担纪律责任。属于下列人员的（以下统称有关责任人员），由任免机关或者监察机关按照管理权限依法给予处分：

（一）行政机关公务员；

（二）法律、法规授权的具有公共事务管理职能的组织中从事公务的人员；

（三）国家行政机关依法委托从事公共事务管理活动的组织中从事公务的人员；

（四）企业、人民团体中由行政机关任命的人员。

事业单位工作人员有本办法规定的城乡规划违法违纪行为的，依照《事业单位工作人员处分暂行规定》执行。

法律、行政法规、国务院决定及国务院监察机关、国务院人力资源社会保障部门制定的处分规章对城乡规划违法违纪行为的处分另有规定的,从其规定。

第三条 地方人民政府有下列行为之一的,对有关责任人员给予记过或者记大过处分;情节较重的,给予降级或者撤职处分;情节严重的,给予开除处分:

(一)依法应当编制城乡规划而未组织编制的;

(二)未按法定程序编制、审批、修改城乡规划的。

第四条 地方人民政府有下列行为之一的,对有关责任人员给予警告、记过或者记大过处分;情节较重的,给予降级或者撤职处分;情节严重的,给予开除处分:

(一)制定或者作出与城乡规划法律、法规、规章和国家有关文件相抵触的规定或者决定,造成不良后果或者经上级机关、有关部门指出仍不改正的;

(二)在城市总体规划、镇总体规划确定的建设用地范围以外设立各类开发区和城市新区的;

(三)违反风景名胜区规划,在风景名胜区内设立各类开发区的;

(四)违反规定以会议或者集体讨论决定方式要求城乡规划主管部门对不符合城乡规划的建设项目发放规划许可的。

第五条 地方人民政府及城乡规划主管部门委托不具有相应资质等级的单位编制城乡规划的,对有关责任人员给予警告或者记过处分;情节较重的,给予记大过或者降级处分;情节严重的,给予撤职处分。

第六条 地方人民政府及其有关主管部门工作人员,利用职权或者职务上的便利,为自己或者他人谋取私利,有下列行为之一的,给予记过或者记大过处分;情节较重的,给予降级或者撤职处分;情节严重的,给予开除处分:

(一)违反法定程序干预控制性详细规划的编制和修改,或者擅自修改控制性详细规划的；

（二）违反规定调整土地用途、容积率等规划条件核发规划许可，或者擅自改变规划许可内容的；

（三）违反规定对违法建设降低标准进行处罚，或者对应当依法拆除的违法建设不予拆除的。

第七条 乡、镇人民政府或者地方人民政府承担城乡规划监督检查职能的部门及其工作人员有下列行为之一的，对有关责任人员给予记过或者记大过处分；情节较重的，给予降级或者撤职处分；情节严重的，给予开除处分：

（一）发现未依法取得规划许可或者违反规划许可的规定在规划区内进行建设的行为不予查处，或者接到举报后不依法处理的；

（二）在规划管理过程中，因严重不负责任致使国家利益遭受损失的。

第八条 地方人民政府城乡规划主管部门及其工作人员在国有建设用地使用权出让合同签订后，违反规定调整土地用途、容积率等规划条件的，对有关责任人员给予警告或者记过处分；情节较重的，给予记大过或者降级处分；情节严重的，给予撤职处分。

第九条 地方人民政府城乡规划主管部门及其工作人员有下列行为之一的，对有关责任人员给予警告处分；情节较重的，给予记过或者记大过处分；情节严重的，给予降级处分：

（一）未依法对经审定的修建性详细规划、建设工程设计方案总平面图予以公布的；

（二）未征求规划地段内利害关系人意见，同意修改修建性详细规划、建设工程设计方案总平面图的。

第十条 县级以上地方人民政府城乡规划主管部门及其工作人员或者由省、自治区、直辖市人民政府确定的镇人民政府及其工作人员有下列行为之一的，对有关责任人员给予警告或者记过处分；情节较重的，给予记大过或者降级处分；情节严重的，给予撤职处分：

（一）违反规划条件核发建设用地规划许可证、建设工程规划许可证的；

（二）超越职权或者对不符合法定条件的申请人核发选址意见书、建设用地规划许可证、建设工程规划许可证、乡村建设规划许可证的；

（三）对符合法定条件的申请人不予核发或者未在法定期限内核发选址意见书、建设用地规划许可证、建设工程规划许可证、乡村建设规划许可证的；

（四）违反规划批准在历史文化街区、名镇、名村核心保护范围内进行新建、扩建活动或者违反规定批准对历史建筑进行迁移、拆除的；

（五）违反基础设施用地的控制界限（黄线）、各类绿地范围的控制线（绿线）、历史文化街区和历史建筑的保护范围界限（紫线）、地表水体保护和控制的地域界限（蓝线）等城乡规划强制性内容的规定核发规划许可的。

第十一条 县人民政府城乡规划主管部门未依法组织编制或者未按照县人民政府所在地镇总体规划的要求编制县人民政府所在地镇的控制性详细规划的，对有关责任人员给予记过或者记大过处分；情节较重的，给予降级或者撤职处分；情节严重的，给予开除处分。

第十二条 城市人民政府城乡规划主管部门未依法组织编制或者未按照城市总体规划的要求编制城市的控制性详细规划的，对有关责任人员给予记过或者记大过处分；情节较重的，给予降级或者撤职处分；情节严重的，给予开除处分。

第十三条 县级以上人民政府有关部门及其工作人员有下列

行为之一的，对有关责任人员给予警告或者记过处分；情节较重的，给予记大过或者降级处分；情节严重的，给予撤职处分：

（一）对未依法取得选址意见书的建设项目核发建设项目批准文件的；

（二）未依法在国有土地使用权出让合同中确定规划条件或者改变国有土地使用权出让合同中依法确定的规划条件的；

（三）对未依法取得建设用地规划许可证的建设单位划拨国有土地使用权的；

（四）对未在乡、村庄规划区建设用地范围内取得乡村建设规划许可证的建设单位或者个人办理用地审批手续，造成不良影响的。

第十四条 县级以上地方人民政府及其有关主管部门违反风景名胜区规划，批准在风景名胜区的核心景区内建设宾馆、培训中心、招待所、疗养院以及别墅、住宅等与风景名胜资源保护无关的其他建筑物的，对有关责任人员给予降级或者撤职处分。

第十五条 在国家级风景名胜区内修建缆车、索道等重大建设工程，项目的选址方案未经国务院住房和城乡建设主管部门核准，县级以上地方人民政府有关主管部门擅自核发选址意见书的，对有关责任人员给予警告或者记过处分；情节较重的，给予记大过或者降级处分；情节严重的，给予撤职处分。

第十六条 建设单位及其工作人员有下列行为之一的，对有关责任人员给予警告、记过或者记大过处分；情节较重的，给予降级或者撤职处分；情节严重的，给予开除处分：

（一）未依法取得建设项目规划许可，擅自开工建设的；

（二）未经城乡规划主管部门许可，擅自改变规划条件、设计方案，或者不按照规划要求配建公共设施及配套工程的；

（三）以伪造、欺骗等非法手段获取建设项目规划许可手续的；

（四）未经批准或者未按照批准内容进行临时建设，或者临时建筑物、构筑物超过批准期限不拆除的；

（五）违反历史文化名城、名镇、名村保护规划在历史文化街区、名镇、名村核心保护范围内，破坏传统格局、历史风貌，或者擅自新建、扩建、拆除建筑物、构筑物或者其他设施的；

（六）违反风景名胜区规划在风景名胜区核心景区内建设宾馆、培训中心、招待所、疗养院以及别墅、住宅等与风景名胜资源保护无关的其他建筑物的。

第十七条 受到处分的人员对处分决定不服的，可以依照《中华人民共和国行政监察法》、《中华人民共和国公务员法》、《行政机关公务员处分条例》等有关规定，申请复核或者申诉。

第十八条 任免机关、监察机关和城乡规划主管部门建立案件移送制度。

任免机关或者监察机关查处城乡规划违法违纪案件，认为应当由城乡规划主管部门给予行政处罚的，应当将有关案件材料移送城乡规划主管部门。城乡规划主管部门应当依法及时查处，并将处理结果书面告知任免机关或者监察机关。

城乡规划主管部门查处城乡规划违法案件，认为应当由任免机关或者监察机关给予处分的，应当在作出行政处罚决定或者其他处理决定后，及时将有关案件材料移送任免机关或者监察机关。任免机关或者监察机关应当依法及时查处，并将处理结果书面告知城乡规划主管部门。

第十九条 有城乡规划违法违纪行为，应当给予党纪处分的，移送党的纪律检查机关处理；涉嫌犯罪的，移送司法机关依法追究刑事责任。

第二十条 本办法由监察部、人力资源社会保障部、住房和城乡建设部负责解释。

第二十一条 本办法自2013年1月1日起施行。

中华人民共和国行政监察法

(1997年5月9日第八届全国人民代表大会常务委员会第二十五次会议通过,根据2010年6月25日第十一届全国人民代表大会常务委员会第十五次会议《关于修改〈中华人民共和国行政监察法〉的决定》修正)

第一章 总 则

第一条 为了加强监察工作,保证政令畅通,维护行政纪律,促进廉政建设,改善行政管理,提高行政效能,根据宪法,制定本法。

第二条 监察机关是人民政府行使监察职能的机关,依照本法对国家行政机关及其公务员和国家行政机关任命的其他人员实施监察。

第三条 监察机关依法行使职权,不受其他行政部门、社会团体和个人的干涉。

第四条 监察工作必须坚持实事求是,重证据、重调查研究,在适用法律和行政纪律上人人平等。

第五条 监察工作应当实行教育与惩处相结合、监督检查与制度建设相结合。

第六条 监察工作应当依靠群众。监察机关建立举报制度,公民、法人或者其他组织对于任何国家行政机关及其公务员和国家行政机关任命的其他人员的违反行政纪律行为,有权向监察机关提出控告或者检举。监察机关应当受理举报并依法调查处理;对实名举报的,应当将处理结果等情况予以回复。

监察机关应当对举报事项、举报受理情况以及与举报人相关的信息予以保密，保护举报人的合法权益，具体办法由国务院规定。

第二章 监察机关和监察人员

第七条 国务院监察机关主管全国的监察工作。

县级以上地方各级人民政府监察机关负责本行政区域内的监察工作，对本级人民政府和上一级监察机关负责并报告工作，监察业务以上级监察机关领导为主。

第八条 县级以上各级人民政府监察机关根据工作需要，经本级人民政府批准，可以向政府所属部门派出监察机构或者监察人员。

监察机关派出的监察机构或者监察人员，对监察机关负责并报告工作。监察机关对派出的监察机构和监察人员实行统一管理，对派出的监察人员实行交流制度。

第九条 监察人员必须遵纪守法，忠于职守，秉公执法，清正廉洁，保守秘密。

第十条 监察人员必须熟悉监察业务，具备相应的文化水平和专业知识。

第十一条 县级以上地方各级人民政府监察机关正职、副职领导人员的任命或者免职，在提请决定前，必须经上一级监察机关同意。

第十二条 监察机关对监察人员执行职务和遵守纪律实行监督的制度。

第十三条 监察人员依法执行职务，受法律保护。

任何组织和个人不得拒绝、阻碍监察人员依法执行职务，不得打击报复监察人员。

第十四条 监察人员办理的监察事项与本人或者其近亲属有

利害关系的,应当回避。

第三章　监察机关的职责

第十五条　国务院监察机关对下列机关和人员实施监察：
（一）国务院各部门及其公务员；
（二）国务院及国务院各部门任命的其他人员；
（三）省、自治区、直辖市人民政府及其领导人员。

第十六条　县级以上地方各级人民政府监察机关对下列机关和人员实施监察：
（一）本级人民政府各部门及其公务员；
（二）本级人民政府及本级人民政府各部门任命的其他人员；
（三）下一级人民政府及其领导人员。

县、自治县、不设区的市、市辖区人民政府监察机关还对本辖区所属的乡、民族乡、镇人民政府的公务员以及乡、民族乡、镇人民政府任命的其他人员实施监察。

第十七条　上级监察机关可以办理下一级监察机关管辖范围内的监察事项；必要时也可以办理所辖各级监察机关管辖范围内的监察事项。

监察机关之间对管辖范围有争议的，由其共同的上级监察机关确定。

第十八条　监察机关对监察对象执法、廉政、效能情况进行监察，履行下列职责：
（一）检查国家行政机关在遵守和执行法律、法规和人民政府的决定、命令中的问题；
（二）受理对国家行政机关及其公务员和国家行政机关任命的其他人员违反行政纪律行为的控告、检举；

（三）调查处理国家行政机关及其公务员和国家行政机关任命的其他人员违反行政纪律的行为；

（四）受理国家行政机关公务员和国家行政机关任命的其他人员不服主管行政机关给予处分决定的申诉，以及法律、行政法规规定的其他由监察机关受理的申诉；

（五）法律、行政法规规定由监察机关履行的其他职责。

监察机关按照国务院的规定，组织协调、检查指导政务公开工作和纠正损害群众利益的不正之风工作。

第四章 监察机关的权限

第十九条 监察机关履行职责，有权采取下列措施：

（一）要求被监察的部门和人员提供与监察事项有关的文件、资料、财务账目及其他有关的材料，进行查阅或者予以复制；

（二）要求被监察的部门和人员就监察事项涉及的问题作出解释和说明；

（三）责令被监察的部门和人员停止违反法律、法规和行政纪律的行为。

第二十条 监察机关在调查违反行政纪律行为时，可以根据实际情况和需要采取下列措施：

（一）暂予扣留、封存可以证明违反行政纪律行为的文件、资料、财务账目及其他有关的材料；

（二）责令案件涉嫌单位和涉嫌人员在调查期间不得变卖、转移与案件有关的财物；

（三）责令有违反行政纪律嫌疑的人员在指定的时间、地点就调查事项涉及的问题作出解释和说明，但是不得对其实行拘禁或者变相拘禁；

（四）建议有关机关暂停有严重违反行政纪律嫌疑的人员执行职务。

第二十一条 监察机关在调查贪污、贿赂、挪用公款等违反行政纪律的行为时，经县级以上监察机关领导人员批准，可以查询案件涉嫌单位和涉嫌人员在银行或者其他金融机构的存款；必要时，可以提请人民法院采取保全措施，依法冻结涉嫌人员在银行或者其他金融机构的存款。

第二十二条 监察机关在办理违反行政纪律案件中，可以提请有关行政部门、机构予以协助。

被提请协助的行政部门、机构应当根据监察机关提请协助办理的事项和要求，在职权范围内予以协助。

第二十三条 监察机关根据检查、调查结果，遇有下列情形之一的，可以提出监察建议：

（一）拒不执行法律、法规或者违反法律、法规以及人民政府的决定、命令，应当予以纠正的；

（二）本级人民政府所属部门和下级人民政府作出的决定、命令、指示违反法律、法规或者国家政策，应当予以纠正或者撤销的；

（三）给国家利益、集体利益和公民合法权益造成损害，需要采取补救措施的；

（四）录用、任免、奖惩决定明显不适当，应当予以纠正的；

（五）依照有关法律、法规的规定，应当给予行政处罚的；

（六）需要给予责令公开道歉、停职检查、引咎辞职、责令辞职、免职等问责处理的；

（七）需要完善廉政、勤政制度的；

（八）其他需要提出监察建议的。

第二十四条 监察机关根据检查、调查结果，遇有下列情形之一的，可以作出监察决定或者提出监察建议：

（一）违反行政纪律，依法应当给予警告、记过、记大过、降级、撤职、开除处分的；

（二）违反行政纪律取得的财物，依法应当没收、追缴或者责令退赔的。

对前款第（一）项所列情形作出监察决定或者提出监察建议的，应当按照国家有关人事管理权限和处理程序的规定办理。

第二十五条　监察机关依法作出的监察决定，有关部门和人员应当执行。监察机关依法提出的监察建议，有关部门无正当理由的，应当采纳。

第二十六条　监察机关对监察事项涉及的单位和个人有权进行查询。

第二十七条　监察机关应当依法公开监察工作信息。

第二十八条　监察机关的领导人员可以列席本级人民政府的有关会议，监察人员可以列席被监察部门的与监察事项有关的会议。

第二十九条　监察机关对控告、检举重大违法违纪行为的有功人员，可以依照有关规定给予奖励。

第五章　监察程序

第三十条　监察机关按照下列程序进行检查：
（一）对需要检查的事项予以立项；
（二）制定检查方案并组织实施；
（三）向本级人民政府或者上级监察机关提出检查情况报告；
（四）根据检查结果，作出监察决定或者提出监察建议。

重要检查事项的立项，应当报本级人民政府和上一级监察机关备案。

第三十一条 监察机关按照下列程序对违反行政纪律的行为进行调查处理：

（一）对需要调查处理的事项进行初步审查；认为有违反行政纪律的事实，需要追究行政纪律责任的，予以立案；

（二）组织实施调查，收集有关证据；

（三）有证据证明违反行政纪律，需要给予处分或者作出其他处理的，进行审理；

（四）作出监察决定或者提出监察建议。

重要、复杂案件的立案，应当报本级人民政府和上一级监察机关备案。

第三十二条 监察机关对于立案调查的案件，经调查认定不存在违反行政纪律事实的，或者不需要追究行政纪律责任的，应当予以撤销，并告知被调查单位及其上级部门或者被调查人员及其所在单位。

重要、复杂案件的撤销，应当报本级人民政府和上一级监察机关备案。

第三十三条 监察机关立案调查的案件，应当自立案之日起六个月内结案；因特殊原因需要延长办案期限的，可以适当延长，但是最长不得超过一年，并应当报上一级监察机关备案。

第三十四条 监察机关在检查、调查中应当听取被监察的部门和人员的陈述和申辩。

第三十五条 监察机关作出的重要监察决定和提出的重要监察建议，应当报经本级人民政府和上一级监察机关同意。国务院监察机关作出的重要监察决定和提出的重要监察建议，应当报经国务院同意。

第三十六条 监察决定、监察建议应当以书面形式送达有关单位、人员。

监察机关对违反行政纪律的人员作出给予处分的监察决定,由人民政府人事部门或者有关部门按照人事管理权限执行。

人民政府人事部门或者有关部门应当将监察机关作出的给予处分的监察决定及其执行的有关材料归入受处分人员的档案。

第三十七条 有关单位和人员应当自收到监察决定或者监察建议之日起三十日内将执行监察决定或者采纳监察建议的情况通报监察机关。

第三十八条 国家行政机关公务员和国家行政机关任命的其他人员对主管行政机关作出的处分决定不服的,可以自收到处分决定之日起三十日内向监察机关提出申诉,监察机关应当自收到申诉之日起三十日内作出复查决定;对复查决定仍不服的,可以自收到复查决定之日起三十日内向上一级监察机关申请复核,上一级监察机关应当自收到复核申请之日起六十日内作出复核决定。

复查、复核期间,不停止原决定的执行。

第三十九条 监察机关对受理的不服主管行政机关处分决定的申诉,经复查认为原决定不适当的,可以建议原决定机关予以变更或者撤销;监察机关在职权范围内,也可以直接作出变更或者撤销的决定。

法律、行政法规规定由监察机关受理的其他申诉,依照有关法律、行政法规的规定办理。

第四十条 对监察决定不服的,可以自收到监察决定之日起三十日内向作出决定的监察机关申请复审,监察机关应当自收到复审申请之日起三十日内作出复审决定;对复审决定仍不服的,可以自收到复审决定之日起三十日内向上一级监察机关申请复核,上一级监察机关应当自收到复核申请之日起六十日内作出复核决定。

复审、复核期间,不停止原决定的执行。

第四十一条 上一级监察机关认为下一级监察机关的监察决定不适当的,可以责成下一级监察机关予以变更或者撤销,必要时也可以直接作出变更或者撤销的决定。

第四十二条 上一级监察机关的复核决定和国务院监察机关的复查决定或者复审决定为最终决定。

第四十三条 对监察建议有异议的,可以自收到监察建议之日起三十日内向作出监察建议的监察机关提出,监察机关应当自收到异议之日起三十日内回复;对回复仍有异议的,由监察机关提请本级人民政府或者上一级监察机关裁决。

第四十四条 监察机关在办理监察事项中,发现所调查的事项不属于监察机关职责范围内的,应当移送有处理权的单位处理;涉嫌犯罪的,应当移送司法机关依法处理。

接受移送的单位或者机关应当将处理结果告知监察机关。

第六章 法律责任

第四十五条 被监察的部门和人员违反本法规定,有下列行为之一的,由主管机关或者监察机关责令改正,对部门给予通报批评;对负有直接责任的主管人员和其他直接责任人员依法给予处分:

(一)隐瞒事实真相、出具伪证或者隐匿、转移、篡改、毁灭证据的;

(二)故意拖延或者拒绝提供与监察事项有关的文件、资料、财务账目及其他有关材料和其他必要情况的;

(三)在调查期间变卖、转移涉嫌财物的;

(四)拒绝就监察机关所提问题作出解释和说明的;

(五)拒不执行监察决定或者无正当理由拒不采纳监察建议的;

(六) 有其他违反本法规定的行为，情节严重的。

第四十六条 泄露举报事项、举报受理情况以及与举报人相关的信息的，依法给予处分；构成犯罪的，依法追究刑事责任。

第四十七条 对申诉人、控告人、检举人或者监察人员进行报复陷害的，依法给予处分；构成犯罪的，依法追究刑事责任。

第四十八条 监察人员滥用职权、徇私舞弊、玩忽职守、泄露秘密的，依法给予处分；构成犯罪的，依法追究刑事责任。

第四十九条 监察机关和监察人员违法行使职权，侵犯公民、法人和其他组织的合法权益，造成损害的，应当依法赔偿。

第七章 附 则

第五十条 监察机关对法律、法规授权的具有公共事务管理职能的组织及其从事公务的人员和国家行政机关依法委托从事公共事务管理活动的组织及其从事公务的人员实施监察，适用本法。

第五十一条 本法自公布之日起施行。1990年12月9日国务院发布的《中华人民共和国行政监察条例》同时废止。

中华人民共和国公务员法

(2005年4月27日第十届全国人民代表大会常务委员会第十五次会议通过)

第一章 总 则

第一条 为了规范公务员的管理，保障公务员的合法权益，加强对公务员的监督，建设高素质的公务员队伍，促进勤政廉政，提高工作效能，根据宪法，制定本法。

第二条 本法所称公务员，是指依法履行公职、纳入国家行政编制、由国家财政负担工资福利的工作人员。

第三条 公务员的义务、权利和管理，适用本法。

法律对公务员中的领导成员的产生、任免、监督以及法官、检察官等的义务、权利和管理另有规定的，从其规定。

第四条 公务员制度坚持以马克思列宁主义、毛泽东思想、邓小平理论和"三个代表"重要思想为指导，贯彻社会主义初级阶段的基本路线，贯彻中国共产党的干部路线和方针，坚持党管干部原则。

第五条 公务员的管理，坚持公开、平等、竞争、择优的原则，依照法定的权限、条件、标准和程序进行。

第六条 公务员的管理，坚持监督约束与激励保障并重的原则。

第七条 公务员的任用，坚持任人唯贤、德才兼备的原则，注重工作实绩。

第八条 国家对公务员实行分类管理，提高管理效能和科学化水平。

第九条 公务员依法履行职务的行为，受法律保护。

第十条 中央公务员主管部门负责全国公务员的综合管理工作。县级以上地方各级公务员主管部门负责本辖区内公务员的综合管理工作。上级公务员主管部门指导下级公务员主管部门的公务员管理工作。各级公务员主管部门指导同级各机关的公务员管理工作。

第二章 公务员的条件、义务与权利

第十一条 公务员应当具备下列条件：
（一）具有中华人民共和国国籍；
（二）年满十八周岁；
（三）拥护中华人民共和国宪法；
（四）具有良好的品行；
（五）具有正常履行职责的身体条件；
（六）具有符合职位要求的文化程度和工作能力；
（七）法律规定的其他条件。

第十二条 公务员应当履行下列义务：
（一）模范遵守宪法和法律；
（二）按照规定的权限和程序认真履行职责，努力提高工作效率；
（三）全心全意为人民服务，接受人民监督；
（四）维护国家的安全、荣誉和利益；
（五）忠于职守，勤勉尽责，服从和执行上级依法作出的决定和命令；
（六）保守国家秘密和工作秘密；
（七）遵守纪律，恪守职业道德，模范遵守社会公德；

（八）清正廉洁，公道正派；
（九）法律规定的其他义务。

第十三条 公务员享有下列权利：
（一）获得履行职责应当具有的工作条件；
（二）非因法定事由、非经法定程序，不被免职、降职、辞退或者处分；
（三）获得工资报酬，享受福利、保险待遇；
（四）参加培训；
（五）对机关工作和领导人员提出批评和建议；
（六）提出申诉和控告；
（七）申请辞职；
（八）法律规定的其他权利。

第三章 职务与级别

第十四条 国家实行公务员职位分类制度。

公务员职位类别按照公务员职位的性质、特点和管理需要，划分为综合管理类、专业技术类和行政执法类等类别。国务院根据本法，对于具有职位特殊性，需要单独管理的，可以增设其他职位类别。各职位类别的适用范围由国家另行规定。

第十五条 国家根据公务员职位类别设置公务员职务序列。

第十六条 公务员职务分为领导职务和非领导职务。

领导职务层次分为：国家级正职、国家级副职、省部级正职、省部级副职、厅局级正职、厅局级副职、县处级正职、县处级副职、乡科级正职、乡科级副职。

非领导职务层次在厅局级以下设置。

第十七条 综合管理类的领导职务根据宪法、有关法律、职务层次和机构规格设置确定。

综合管理类的非领导职务分为：巡视员、副巡视员、调研员、副调研员、主任科员、副主任科员、科员、办事员。

综合管理类以外其他职位类别公务员的职务序列，根据本法由国家另行规定。

第十八条 各机关依照确定的职能、规格、编制限额、职数以及结构比例，设置本机关公务员的具体职位，并确定各职位的工作职责和任职资格条件。

第十九条 公务员的职务应当对应相应的级别。公务员职务与级别的对应关系，由国务院规定。

公务员的职务与级别是确定公务员工资及其他待遇的依据。

公务员的级别根据所任职务及其德才表现、工作实绩和资历确定。公务员在同一职务上，可以按照国家规定晋升级别。

第二十条 国家根据人民警察以及海关、驻外外交机构公务员的工作特点，设置与其职务相对应的衔级。

第四章 录 用

第二十一条 录用担任主任科员以下及其他相当职务层次的非领导职务公务员，采取公开考试、严格考察、平等竞争、择优录取的办法。

民族自治地方依照前款规定录用公务员时，依照法律和有关规定对少数民族报考者予以适当照顾。

第二十二条 中央机关及其直属机构公务员的录用，由中央公务员主管部门负责组织。地方各级机关公务员的录用，由省级公务员主管部门负责组织，必要时省级公务员主管部门可以授权设区的市级公务员主管部门组织。

第二十三条 报考公务员，除应当具备本法第十一条规定的条件外，还应当具备省级以上公务员主管部门规定的拟任职位所要求的资格条件。

第二十四条　下列人员不得录用为公务员：

（一）曾因犯罪受过刑事处罚的；

（二）曾被开除公职的；

（三）有法律规定不得录用为公务员的其他情形的。

第二十五条　录用公务员，必须在规定的编制限额内，并有相应的职位空缺。

第二十六条　录用公务员，应当发布招考公告。招考公告应当载明招考的职位、名额、报考资格条件、报考需要提交的申请材料以及其他报考须知事项。

招录机关应当采取措施，便利公民报考。

第二十七条　招录机关根据报考资格条件对报考申请进行审查。报考者提交的申请材料应当真实、准确。

第二十八条　公务员录用考试采取笔试和面试的方式进行，考试内容根据公务员应当具备的基本能力和不同职位类别分别设置。

第二十九条　招录机关根据考试成绩确定考察人选，并对其进行报考资格复审、考察和体检。

体检的项目和标准根据职位要求确定。具体办法由中央公务员主管部门会同国务院卫生行政部门规定。

第三十条　招录机关根据考试成绩、考察情况和体检结果，提出拟录用人员名单，并予以公示。

公示期满，中央一级招录机关将拟录用人员名单报中央公务员主管部门备案；地方各级招录机关将拟录用人员名单报省级或者设区的市级公务员主管部门审批。

第三十一条　录用特殊职位的公务员，经省级以上公务员主管部门批准，可以简化程序或者采用其他测评办法。

第三十二条　新录用的公务员试用期为一年。试用期满合格的，予以任职；不合格的，取消录用。

第五章 考 核

第三十三条 对公务员的考核，按照管理权限，全面考核公务员的德、能、勤、绩、廉，重点考核工作实绩。

第三十四条 公务员的考核分为平时考核和定期考核。定期考核以平时考核为基础。

第三十五条 对非领导成员公务员的定期考核采取年度考核的方式，先由个人按照职位职责和有关要求进行总结，主管领导在听取群众意见后，提出考核等次建议，由本机关负责人或者授权的考核委员会确定考核等次。

对领导成员的定期考核，由主管机关按照有关规定办理。

第三十六条 定期考核的结果分为优秀、称职、基本称职和不称职四个等次。

定期考核的结果应当以书面形式通知公务员本人。

第三十七条 定期考核的结果作为调整公务员职务、级别、工资以及公务员奖励、培训、辞退的依据。

第六章 职务任免

第三十八条 公务员职务实行选任制和委任制。

领导成员职务按照国家规定实行任期制。

第三十九条 选任制公务员在选举结果生效时即任当选职务；任期届满不再连任，或者任期内辞职、被罢免、被撤职的，其所任职务即终止。

第四十条 委任制公务员遇有试用期满考核合格、职务发生变化、不再担任公务员职务以及其他情形需要任免职务的，应当按照管理权限和规定的程序任免其职务。

第四十一条　公务员任职必须在规定的编制限额和职数内进行，并有相应的职位空缺。

第四十二条　公务员因工作需要在机关外兼职，应当经有关机关批准，并不得领取兼职报酬。

第七章　职务升降

第四十三条　公务员晋升职务，应当具备拟任职务所要求的思想政治素质、工作能力、文化程度和任职经历等方面的条件和资格。

公务员晋升职务，应当逐级晋升。特别优秀的或者工作特殊需要的，可以按照规定破格或者越一级晋升职务。

第四十四条　公务员晋升领导职务，按照下列程序办理：

（一）民主推荐，确定考察对象；

（二）组织考察，研究提出任职建议方案，并根据需要在一定范围内进行酝酿；

（三）按照管理权限讨论决定；

（四）按照规定履行任职手续。

公务员晋升非领导职务，参照前款规定的程序办理。

第四十五条　机关内设机构厅局级正职以下领导职务出现空缺时，可以在本机关或者本系统内通过竞争上岗的方式，产生任职人选。

厅局级正职以下领导职务或者副调研员以上及其他相当职务层次的非领导职务出现空缺，可以面向社会公开选拔，产生任职人选。

确定初任法官、初任检察官的任职人选，可以面向社会，从通过国家统一司法考试取得资格的人员中公开选拔。

第四十六条　公务员晋升领导职务的，应当按照有关规定实行任职前公示制度和任职试用期制度。

第四十七条　公务员在定期考核中被确定为不称职的，按照规定程序降低一个职务层次任职。

第八章　奖　　励

第四十八条　对工作表现突出，有显著成绩和贡献，或者有其他突出事迹的公务员或者公务员集体，给予奖励。奖励坚持精神奖励与物质奖励相结合、以精神奖励为主的原则。

公务员集体的奖励适用于按照编制序列设置的机构或者为完成专项任务组成的工作集体。

第四十九条　公务员或者公务员集体有下列情形之一的，给予奖励：

（一）忠于职守，积极工作，成绩显著的；

（二）遵守纪律，廉洁奉公，作风正派，办事公道，模范作用突出的；

（三）在工作中有发明创造或者提出合理化建议，取得显著经济效益或者社会效益的；

（四）为增进民族团结、维护社会稳定做出突出贡献的；

（五）爱护公共财产，节约国家资财有突出成绩的；

（六）防止或者消除事故有功，使国家和人民群众利益免受或者减少损失的；

（七）在抢险、救灾等特定环境中奋不顾身，做出贡献的；

（八）同违法违纪行为作斗争有功绩的；

（九）在对外交往中为国家争得荣誉和利益的；

（十）有其他突出功绩的。

第五十条　奖励分为：嘉奖、记三等功、记二等功、记一等功、授予荣誉称号。

对受奖励的公务员或者公务员集体予以表彰，并给予一次性奖金或者其他待遇。

第五十一条 给予公务员或者公务员集体奖励，按照规定的权限和程序决定或者审批。

第五十二条 公务员或者公务员集体有下列情形之一的，撤销奖励：

（一）弄虚作假，骗取奖励的；

（二）申报奖励时隐瞒严重错误或者严重违反规定程序的；

（三）有法律、法规规定应当撤销奖励的其他情形的。

第九章 惩 戒

第五十三条 公务员必须遵守纪律，不得有下列行为：

（一）散布有损国家声誉的言论，组织或者参加旨在反对国家的集会、游行、示威等活动；

（二）组织或者参加非法组织，组织或者参加罢工；

（三）玩忽职守，贻误工作；

（四）拒绝执行上级依法作出的决定和命令；

（五）压制批评，打击报复；

（六）弄虚作假，误导、欺骗领导和公众；

（七）贪污、行贿、受贿，利用职务之便为自己或者他人谋取私利；

（八）违反财经纪律，浪费国家资财；

（九）滥用职权，侵害公民、法人或者其他组织的合法权益；

（十）泄露国家秘密或者工作秘密；

（十一）在对外交往中损害国家荣誉和利益；

（十二）参与或者支持色情、吸毒、赌博、迷信等活动；

（十三）违反职业道德、社会公德；

（十四）从事或者参与营利性活动，在企业或者其他营利性组织中兼任职务；

（十五）旷工或者因公外出、请假期满无正当理由逾期不归；

（十六）违反纪律的其他行为。

第五十四条 公务员执行公务时，认为上级的决定或者命令有错误的，可以向上级提出改正或者撤销该决定或者命令的意见；上级不改变该决定或者命令，或者要求立即执行的，公务员应当执行该决定或者命令，执行的后果由上级负责，公务员不承担责任；但是，公务员执行明显违法的决定或者命令的，应当依法承担相应的责任。

第五十五条 公务员因违法违纪应当承担纪律责任的，依照本法给予处分；违纪行为情节轻微，经批评教育后改正的，可以免予处分。

第五十六条 处分分为：警告、记过、记大过、降级、撤职、开除。

第五十七条 对公务员的处分，应当事实清楚、证据确凿、定性准确、处理恰当、程序合法、手续完备。

公务员违纪的，应当由处分决定机关决定对公务员违纪的情况进行调查，并将调查认定的事实及拟给予处分的依据告知公务员本人。公务员有权进行陈述和申辩。

处分决定机关认为对公务员应当给予处分的，应当在规定的期限内，按照管理权限和规定的程序作出处分决定。处分决定应当以书面形式通知公务员本人。

第五十八条 公务员在受处分期间不得晋升职务和级别，其中受记过、记大过、降级、撤职处分的，不得晋升工资档次。

受处分的期间为：警告，六个月；记过，十二个月；记大过，十八个月；降级、撤职，二十四个月。

受撤职处分的，按照规定降低级别。

第五十九条 公务员受开除以外的处分，在受处分期间有悔改表现，并且没有再发生违纪行为的，处分期满后，由处分决定机关解除处分并以书面形式通知本人。

解除处分后，晋升工资档次、级别和职务不再受原处分的影响。但是，解除降级、撤职处分的，不视为恢复原级别、原职务。

第十章 培 训

第六十条 机关根据公务员工作职责的要求和提高公务员素质的需要，对公务员进行分级分类培训。

国家建立专门的公务员培训机构。机关根据需要也可以委托其他培训机构承担公务员培训任务。

第六十一条 机关对新录用人员应当在试用期内进行初任培训；对晋升领导职务的公务员应当在任职前或者任职后一年内进行任职培训；对从事专项工作的公务员应当进行专门业务培训；对全体公务员应当进行更新知识、提高工作能力的在职培训，其中对担任专业技术职务的公务员，应当按照专业技术人员继续教育的要求，进行专业技术培训。

国家有计划地加强对后备领导人员的培训。

第六十二条 公务员的培训实行登记管理。

公务员参加培训的时间由公务员主管部门按照本法第六十一条规定的培训要求予以确定。

公务员培训情况、学习成绩作为公务员考核的内容和任职、晋升的依据之一。

第十一章　交流与回避

第六十三条　国家实行公务员交流制度。

公务员可以在公务员队伍内部交流，也可以与国有企业事业单位、人民团体和群众团体中从事公务的人员交流。

交流的方式包括调任、转任和挂职锻炼。

第六十四条　国有企业事业单位、人民团体和群众团体中从事公务的人员可以调入机关担任领导职务或者副调研员以上及其他相当职务层次的非领导职务。调任人选应当具备本法第十一条规定的条件和拟任职位所要求的资格条件，并不得有本法第二十四条规定的情形。调任机关应当根据上述规定，对调任人选进行严格考察，并按照管理权限审批，必要时可以对调任人选进行考试。

第六十五条　公务员在不同职位之间转任应当具备拟任职位所要求的资格条件，在规定的编制限额和职数内进行。

对省部级正职以下的领导成员应当有计划、有重点地实行跨地区、跨部门转任。

对担任机关内设机构领导职务和工作性质特殊的非领导职务的公务员，应当有计划地在本机关内转任。

第六十六条　根据培养锻炼公务员的需要，可以选派公务员到下级机关或者上级机关、其他地区机关以及国有企业事业单位挂职锻炼。

公务员在挂职锻炼期间，不改变与原机关的人事关系。

第六十七条　公务员应当服从机关的交流决定。

公务员本人申请交流的，按照管理权限审批。

第六十八条　公务员之间有夫妻关系、直系血亲关系、三代以内旁系血亲关系以及近姻亲关系的，不得在同一机关担任双方直接隶属于同一领导人员的职务或者有直接上下级领导关系的职务，也不得在其中一方担任领导职务的机关从事组织、人事、纪检、监察、审计和财务工作。

因地域或者工作性质特殊，需要变通执行任职回避的，由省级以上公务员主管部门规定。

第六十九条 公务员担任乡级机关、县级机关及其有关部门主要领导职务的，应当实行地域回避，法律另有规定的除外。

第七十条 公务员执行公务时，有下列情形之一的，应当回避：

（一）涉及本人利害关系的；

（二）涉及与本人有本法第六十八条第一款所列亲属关系人员的利害关系的；

（三）其他可能影响公正执行公务的。

第七十一条 公务员有应当回避情形的，本人应当申请回避；利害关系人有权申请公务员回避。其他人员可以向机关提供公务员需要回避的情况。

机关根据公务员本人或者利害关系人的申请，经审查后作出是否回避的决定，也可以不经申请直接作出回避决定。

第七十二条 法律对公务员回避另有规定的，从其规定。

第十二章　工资福利保险

第七十三条 公务员实行国家统一的职务与级别相结合的工资制度。

公务员工资制度贯彻按劳分配的原则，体现工作职责、工作能力、工作实绩、资历等因素，保持不同职务、级别之间的合理工资差距。

国家建立公务员工资的正常增长机制。

第七十四条 公务员工资包括基本工资、津贴、补贴和奖金。

公务员按照国家规定享受地区附加津贴、艰苦边远地区津贴、岗位津贴等津贴。

公务员按照国家规定享受住房、医疗等补贴、补助。

公务员在定期考核中被确定为优秀、称职的，按照国家规定享受年终奖金。

公务员工资应当按时足额发放。

第七十五条 公务员的工资水平应当与国民经济发展相协调、与社会进步相适应。

国家实行工资调查制度，定期进行公务员和企业相当人员工资水平的调查比较，并将工资调查比较结果作为调整公务员工资水平的依据。

第七十六条 公务员按照国家规定享受福利待遇。国家根据经济社会发展水平提高公务员的福利待遇。

公务员实行国家规定的工时制度，按照国家规定享受休假。公务员在法定工作日之外加班的，应当给予相应的补休。

第七十七条 国家建立公务员保险制度，保障公务员在退休、患病、工伤、生育、失业等情况下获得帮助和补偿。

公务员因公致残的，享受国家规定的伤残待遇。公务员因公牺牲、因公死亡或者病故的，其亲属享受国家规定的抚恤和优待。

第七十八条 任何机关不得违反国家规定自行更改公务员工资、福利、保险政策，擅自提高或者降低公务员的工资、福利、保险待遇。任何机关不得扣减或者拖欠公务员的工资。

第七十九条 公务员工资、福利、保险、退休金以及录用、培训、奖励、辞退等所需经费，应当列入财政预算，予以保障。

第十三章　辞职辞退

第八十条　公务员辞去公职，应当向任免机关提出书面申请。任免机关应当自接到申请之日起三十日内予以审批，其中对领导成员辞去公职的申请，应当自接到申请之日起九十日内予以审批。

第八十一条　公务员有下列情形之一的，不得辞去公职：

（一）未满国家规定的最低服务年限的；

（二）在涉及国家秘密等特殊职位任职或者离开上述职位不满国家规定的脱密期限的；

（三）重要公务尚未处理完毕，且须由本人继续处理的；

（四）正在接受审计、纪律审查，或者涉嫌犯罪，司法程序尚未终结的；

（五）法律、行政法规规定的其他不得辞去公职的情形。

第八十二条　担任领导职务的公务员，因工作变动依照法律规定需要辞去现任职务的，应当履行辞职手续。

担任领导职务的公务员，因个人或者其他原因，可以自愿提出辞去领导职务。

领导成员因工作严重失误、失职造成重大损失或者恶劣社会影响的，或者对重大事故负有领导责任的，应当引咎辞去领导职务。

领导成员应当引咎辞职或者因其他原因不再适合担任现任领导职务，本人不提出辞职的，应当责令其辞去领导职务。

第八十三条　公务员有下列情形之一的，予以辞退：

（一）在年度考核中，连续两年被确定为不称职的；

（二）不胜任现职工作，又不接受其他安排的；

（三）因所在机关调整、撤销、合并或者缩减编制员额需要调整工作，本人拒绝合理安排的；

（四）不履行公务员义务，不遵守公务员纪律，经教育仍无转变，不适合继续在机关工作，又不宜给予开除处分的；

（五）旷工或者因公外出、请假期满无正当理由逾期不归连续超过十五天，或者一年内累计超过三十天的。

第八十四条　对有下列情形之一的公务员，不得辞退：

（一）因公致残，被确认丧失或者部分丧失工作能力的；

（二）患病或者负伤，在规定的医疗期内的；

（三）女性公务员在孕期、产假、哺乳期内的；

（四）法律、行政法规规定的其他不得辞退的情形。

第八十五条　辞退公务员，按照管理权限决定。辞退决定应当以书面形式通知被辞退的公务员。

被辞退的公务员，可以领取辞退费或者根据国家有关规定享受失业保险。

第八十六条　公务员辞职或者被辞退，离职前应当办理公务交接手续，必要时按照规定接受审计。

第十四章　退　休

第八十七条　公务员达到国家规定的退休年龄或者完全丧失工作能力的，应当退休。

第八十八条　公务员符合下列条件之一的，本人自愿提出申请，经任免机关批准，可以提前退休：

（一）工作年限满三十年的；

（二）距国家规定的退休年龄不足五年，且工作年限满二十年的；

（三）符合国家规定的可以提前退休的其他情形的。

第八十九条　公务员退休后，享受国家规定的退休金和其他待遇，国家为其生活和健康提供必要的服务和帮助，鼓励发挥个人专长，参与社会发展。

第十五章　申诉控告

第九十条　公务员对涉及本人的下列人事处理不服的，可以自知道该人事处理之日起三十日内向原处理机关申请复核；对复核结果不服的，可以自接到复核决定之日起十五日内，按照规定向同级公务员主管部门或者作出该人事处理的机关的上一级机关提出申诉；也可以不经复核，自知道该人事处理之日起三十日内直接提出申诉：

（一）处分；
（二）辞退或者取消录用；
（三）降职；
（四）定期考核定为不称职；
（五）免职；
（六）申请辞职、提前退休未予批准；
（七）未按规定确定或者扣减工资、福利、保险待遇；
（八）法律、法规规定可以申诉的其他情形。

对省级以下机关作出的申诉处理决定不服的，可以向作出处理决定的上一级机关提出再申诉。

行政机关公务员对处分不服向行政监察机关申诉的，按照《中华人民共和国行政监察法》的规定办理。

第九十一条　原处理机关应当自接到复核申请书后的三十日内作出复核决定。受理公务员申诉的机关应当自受理之日起六十日内作出处理决定；案情复杂的，可以适当延长，但是延长时间不得超过三十日。

复核、申诉期间不停止人事处理的执行。

第九十二条 公务员申诉的受理机关审查认定人事处理有错误的,原处理机关应当及时予以纠正。

第九十三条 公务员认为机关及其领导人员侵犯其合法权益的,可以依法向上级机关或者有关的专门机关提出控告。受理控告的机关应当按照规定及时处理。

第九十四条 公务员提出申诉、控告,不得捏造事实,诬告、陷害他人。

第十六章 职位聘任

第九十五条 机关根据工作需要,经省级以上公务员主管部门批准,可以对专业性较强的职位和辅助性职位实行聘任制。

前款所列职位涉及国家秘密的,不实行聘任制。

第九十六条 机关聘任公务员可以参照公务员考试录用的程序进行公开招聘,也可以从符合条件的人员中直接选聘。

机关聘任公务员应当在规定的编制限额和工资经费限额内进行。

第九十七条 机关聘任公务员,应当按照平等自愿、协商一致的原则,签订书面的聘任合同,确定机关与所聘公务员双方的权利、义务。聘任合同经双方协商一致可以变更或者解除。

聘任合同的签订、变更或者解除,应当报同级公务员主管部门备案。

第九十八条 聘任合同应当具备合同期限、职位及其职责要求,工资、福利、保险待遇,违约责任等条款。

聘任合同期限为一年至五年。聘任合同可以约定试用期,试用期为一个月至六个月。

聘任制公务员按照国家规定实行协议工资制,具体办法由中央公务员主管部门规定。

第九十九条 机关依据本法和聘任合同对所聘公务员进行管理。

第一百条 国家建立人事争议仲裁制度。

人事争议仲裁应当根据合法、公正、及时处理的原则，依法维护争议双方的合法权益。

人事争议仲裁委员会根据需要设立。人事争议仲裁委员会由公务员主管部门的代表、聘用机关的代表、聘任制公务员的代表以及法律专家组成。

聘任制公务员与所在机关之间因履行聘任合同发生争议的，可以自争议发生之日起六十日内向人事争议仲裁委员会申请仲裁。当事人对仲裁裁决不服的，可以自接到仲裁裁决书之日起十五日内向人民法院提起诉讼。仲裁裁决生效后，一方当事人不履行的，另一方当事人可以申请人民法院执行。

第十七章　法律责任

第一百零一条 对有下列违反本法规定情形的，由县级以上领导机关或者公务员主管部门按照管理权限，区别不同情况，分别予以责令纠正或者宣布无效；对负有责任的领导人员和直接责任人员，根据情节轻重，给予批评教育或者处分；构成犯罪的，依法追究刑事责任：

（一）不按编制限额、职数或者任职资格条件进行公务员录用、调任、转任、聘任和晋升的；

（二）不按规定条件进行公务员奖惩、回避和办理退休的；

（三）不按规定程序进行公务员录用、调任、转任、聘任、晋升、竞争上岗、公开选拔以及考核、奖惩的；

（四）违反国家规定，更改公务员工资、福利、保险待遇标准的；

（五）在录用、竞争上岗、公开选拔中发生泄露试题、违反考场纪律以及其他严重影响公开、公正的；

（六）不按规定受理和处理公务员申诉、控告的；

（七）违反本法规定的其他情形的。

第一百零二条　公务员辞去公职或者退休的，原系领导成员的公务员在离职三年内，其他公务员在离职两年内，不得到与原工作业务直接相关的企业或者其他营利性组织任职，不得从事与原工作业务直接相关的营利性活动。

公务员辞去公职或者退休后有违反前款规定行为的，由其原所在机关的同级公务员主管部门责令限期改正；逾期不改正的，由县级以上工商行政管理部门没收该人员从业期间的违法所得，责令接收单位将该人员予以清退，并根据情节轻重，对接收单位处以被处罚人员违法所得一倍以上五倍以下的罚款。

第一百零三条　机关因错误的具体人事处理对公务员造成名誉损害的，应当赔礼道歉、恢复名誉、消除影响；造成经济损失的，应当依法给予赔偿。

第一百零四条　公务员主管部门的工作人员，违反本法规定，滥用职权、玩忽职守、徇私舞弊，构成犯罪的，依法追究刑事责任；尚不构成犯罪的，给予处分。

第十八章　附　　则

第一百零五条　本法所称领导成员，是指机关的领导人员，不包括机关内设机构担任领导职务的人员。

第一百零六条　法律、法规授权的具有公共事务管理职能的事业单位中除工勤人员以外的工作人员，经批准参照本法进行管理。

第一百零七条　本法自2006年1月1日起施行。全国人民代表大会常务委员会 1957 年 10 月 23 日批准、国务院 1957 年 10 月 26 日公布的《国务院关于国家行政机关工作人员的奖惩暂行规定》、1993 年 8 月 14 日国务院公布的《国家公务员暂行条例》同时废止。

中华人民共和国城乡规划法

(2007 年 10 月 28 日第十届全国人民代表大会常务委员会第三十次会议通过)

第一章 总 则

第一条 为了加强城乡规划管理,协调城乡空间布局,改善人居环境,促进城乡经济社会全面协调可持续发展,制定本法。

第二条 制定和实施城乡规划,在规划区内进行建设活动,必须遵守本法。

本法所称城乡规划,包括城镇体系规划、城市规划、镇规划、乡规划和村庄规划。城市规划、镇规划分为总体规划和详细规划。详细规划分为控制性详细规划和修建性详细规划。

本法所称规划区,是指城市、镇和村庄的建成区以及因城乡建设和发展需要,必须实行规划控制的区域。规划区的具体范围由有关人民政府在组织编制的城市总体规划、镇总体规划、乡规划和村庄规划中,根据城乡经济社会发展水平和统筹城乡发展的需要划定。

第三条 城市和镇应当依照本法制定城市规划和镇规划。城市、镇规划区内的建设活动应当符合规划要求。

县级以上地方人民政府根据本地农村经济社会发展水平,按照因地制宜、切实可行的原则,确定应当制定乡规划、村庄规划的区域。在确定区域内的乡、村庄,应当依照本法制定规划,规划区内的乡、村庄建设应当符合规划要求。

县级以上地方人民政府鼓励、指导前款规定以外的区域的乡、村庄制定和实施乡规划、村庄规划。

第四条 制定和实施城乡规划,应当遵循城乡统筹、合理布局、节约土地、集约发展和先规划后建设的原则,改善生态环境,促进资源、能源节约和综合利用,保护耕地等自然资源和历史文化遗产,保持地方特色、民族特色和传统风貌,防止污染和其他公害,并符合区域人口发展、国防建设、防灾减灾和公共卫生、公共安全的需要。

在规划区内进行建设活动,应当遵守土地管理、自然资源和环境保护等法律、法规的规定。

县级以上地方人民政府应当根据当地经济社会发展的实际,在城市总体规划、镇总体规划中合理确定城市、镇的发展规模、步骤和建设标准。

第五条 城市总体规划、镇总体规划以及乡规划和村庄规划的编制,应当依据国民经济和社会发展规划,并与土地利用总体规划相衔接。

第六条 各级人民政府应当将城乡规划的编制和管理经费纳入本级财政预算。

第七条 经依法批准的城乡规划,是城乡建设和规划管理的依据,未经法定程序不得修改。

第八条 城乡规划组织编制机关应当及时公布经依法批准的城乡规划。但是,法律、行政法规规定不得公开的内容除外。

第九条 任何单位和个人都应当遵守经依法批准并公布的城乡规划,服从规划管理,并有权就涉及其利害关系的建设活动是否符合规划的要求向城乡规划主管部门查询。

任何单位和个人都有权向城乡规划主管部门或者其他有关部

门举报或者控告违反城乡规划的行为。城乡规划主管部门或者其他有关部门对举报或者控告，应当及时受理并组织核查、处理。

第十条 国家鼓励采用先进的科学技术，增强城乡规划的科学性，提高城乡规划实施及监督管理的效能。

第十一条 国务院城乡规划主管部门负责全国的城乡规划管理工作。

县级以上地方人民政府城乡规划主管部门负责本行政区域内的城乡规划管理工作。

第二章 城乡规划的制定

第十二条 国务院城乡规划主管部门会同国务院有关部门组织编制全国城镇体系规划，用于指导省域城镇体系规划、城市总体规划的编制。

全国城镇体系规划由国务院城乡规划主管部门报国务院审批。

第十三条 省、自治区人民政府组织编制省域城镇体系规划，报国务院审批。

省域城镇体系规划的内容应当包括：城镇空间布局和规模控制，重大基础设施的布局，为保护生态环境、资源等需要严格控制的区域。

第十四条 城市人民政府组织编制城市总体规划。

直辖市的城市总体规划由直辖市人民政府报国务院审批。省、自治区人民政府所在地的城市以及国务院确定的城市的总体规划，由省、自治区人民政府审查同意后，报国务院审批。其他城市的总体规划，由城市人民政府报省、自治区人民政府审批。

第十五条 县人民政府组织编制县人民政府所在地镇的总体规划，报上一级人民政府审批。其他镇的总体规划由镇人民政府组织编制，报上一级人民政府审批。

第十六条 省、自治区人民政府组织编制的省域城镇体系规划，城市、县人民政府组织编制的总体规划，在报上一级人民政府审批前，应当先经本级人民代表大会常务委员会审议，常务委员会组成人员的审议意见交由本级人民政府研究处理。

镇人民政府组织编制的镇总体规划，在报上一级人民政府审批前，应当先经镇人民代表大会审议，代表的审议意见交由本级人民政府研究处理。

规划的组织编制机关报送审批省域城镇体系规划、城市总体规划或者镇总体规划，应当将本级人民代表大会常务委员会组成人员或者镇人民代表大会代表的审议意见和根据审议意见修改规划的情况一并报送。

第十七条 城市总体规划、镇总体规划的内容应当包括：城市、镇的发展布局，功能分区，用地布局，综合交通体系，禁止、限制和适宜建设的地域范围，各类专项规划等。

规划区范围、规划区内建设用地规模、基础设施和公共服务设施用地、水源地和水系、基本农田和绿化用地、环境保护、自然与历史文化遗产保护以及防灾减灾等内容，应当作为城市总体规划、镇总体规划的强制性内容。

城市总体规划、镇总体规划的规划期限一般为二十年。城市总体规划还应当对城市更长远的发展作出预测性安排。

第十八条 乡规划、村庄规划应当从农村实际出发，尊重村民意愿，体现地方和农村特色。

乡规划、村庄规划的内容应当包括：规划区范围、住宅、道路、供水、排水、供电、垃圾收集、畜禽养殖场所等农村生产、生活服务设施、公益事业等各项建设的用地布局、建设要求，以及对耕地等自然资源和历史文化遗产保护、防灾减灾等的具体安排。乡规划还应当包括本行政区域内的村庄发展布局。

第十九条 城市人民政府城乡规划主管部门根据城市总体规划的要求,组织编制城市的控制性详细规划,经本级人民政府批准后,报本级人民代表大会常务委员会和上一级人民政府备案。

第二十条 镇人民政府根据镇总体规划的要求,组织编制镇的控制性详细规划,报上一级人民政府审批。县人民政府所在地镇的控制性详细规划,由县人民政府城乡规划主管部门根据镇总体规划的要求组织编制,经县人民政府批准后,报本级人民代表大会常务委员会和上一级人民政府备案。

第二十一条 城市、县人民政府城乡规划主管部门和镇人民政府可以组织编制重要地块的修建性详细规划。修建性详细规划应当符合控制性详细规划。

第二十二条 乡、镇人民政府组织编制乡规划、村庄规划,报上一级人民政府审批。村庄规划在报送审批前,应当经村民会议或者村民代表会议讨论同意。

第二十三条 首都的总体规划、详细规划应当统筹考虑中央国家机关用地布局和空间安排的需要。

第二十四条 城乡规划组织编制机关应当委托具有相应资质等级的单位承担城乡规划的具体编制工作。

从事城乡规划编制工作应当具备下列条件,并经国务院城乡规划主管部门或者省、自治区、直辖市人民政府城乡规划主管部门依法审查合格,取得相应等级的资质证书后,方可在资质等级许可的范围内从事城乡规划编制工作:

(一)有法人资格;

(二)有规定数量的经国务院城乡规划主管部门注册的规划师;

(三)有规定数量的相关专业技术人员;

(四)有相应的技术装备;

(五)有健全的技术、质量、财务管理制度。

规划师执业资格管理办法，由国务院城乡规划主管部门会同国务院人事行政部门制定。

编制城乡规划必须遵守国家有关标准。

第二十五条 编制城乡规划，应当具备国家规定的勘察、测绘、气象、地震、水文、环境等基础资料。

县级以上地方人民政府有关主管部门应当根据编制城乡规划的需要，及时提供有关基础资料。

第二十六条 城乡规划报送审批前，组织编制机关应当依法将城乡规划草案予以公告，并采取论证会、听证会或者其他方式征求专家和公众的意见。公告的时间不得少于三十日。

组织编制机关应当充分考虑专家和公众的意见，并在报送审批的材料中附具意见采纳情况及理由。

第二十七条 省域城镇体系规划、城市总体规划、镇总体规划批准前，审批机关应当组织专家和有关部门进行审查。

第三章 城乡规划的实施

第二十八条 地方各级人民政府应当根据当地经济社会发展水平，量力而行，尊重群众意愿，有计划、分步骤地组织实施城乡规划。

第二十九条 城市的建设和发展，应当优先安排基础设施以及公共服务设施的建设，妥善处理新区开发与旧区改建的关系，统筹兼顾进城务工人员生活和周边农村经济社会发展、村民生产与生活的需要。

镇的建设和发展，应当结合农村经济社会发展和产业结构调整，优先安排供水、排水、供电、供气、道路、通信、广播电视等基础设施和学校、卫生院、文化站、幼儿园、福利院等公共服务设施的建设，为周边农村提供服务。

乡、村庄的建设和发展，应当因地制宜、节约用地，发挥村民自治组织的作用，引导村民合理进行建设，改善农村生产、生活条件。

第三十条 城市新区的开发和建设，应当合理确定建设规模和时序，充分利用现有市政基础设施和公共服务设施，严格保护自然资源和生态环境，体现地方特色。

在城市总体规划、镇总体规划确定的建设用地范围以外，不得设立各类开发区和城市新区。

第三十一条 旧城区的改建，应当保护历史文化遗产和传统风貌，合理确定拆迁和建设规模，有计划地对危房集中、基础设施落后等地段进行改建。

历史文化名城、名镇、名村的保护以及受保护建筑物的维护和使用，应当遵守有关法律、行政法规和国务院的规定。

第三十二条 城乡建设和发展，应当依法保护和合理利用风景名胜资源，统筹安排风景名胜区及周边乡、镇、村庄的建设。

风景名胜区的规划、建设和管理，应当遵守有关法律、行政法规和国务院的规定。

第三十三条 城市地下空间的开发和利用，应当与经济和技术发展水平相适应，遵循统筹安排、综合开发、合理利用的原则，充分考虑防灾减灾、人民防空和通信等需要，并符合城市规划，履行规划审批手续。

第三十四条 城市、县、镇人民政府应当根据城市总体规划、镇总体规划、土地利用总体规划和年度计划以及国民经济和社会发展规划，制定近期建设规划，报总体规划审批机关备案。

近期建设规划应当以重要基础设施、公共服务设施和中低收入居民住房建设以及生态环境保护为重点内容，明确近期建设的时序、发展方向和空间布局。近期建设规划的规划期限为五年。

第三十五条 城乡规划确定的铁路、公路、港口、机场、道路、绿地、输配电设施及输电线路走廊、通信设施、广播电视设施、管道设施、河道、水库、水源地、自然保护区、防汛通道、消防通道、核电站、垃圾填埋场及焚烧厂、污水处理厂和公共服务设施的用地以及其他需要依法保护的用地，禁止擅自改变用途。

  第三十六条 按照国家规定需要有关部门批准或者核准的建设项目，以划拨方式提供国有土地使用权的，建设单位在报送有关部门批准或者核准前，应当向城乡规划主管部门申请核发选址意见书。

  前款规定以外的建设项目不需要申请选址意见书。

  第三十七条 在城市、镇规划区内以划拨方式提供国有土地使用权的建设项目，经有关部门批准、核准、备案后，建设单位应当向城市、县人民政府城乡规划主管部门提出建设用地规划许可申请，由城市、县人民政府城乡规划主管部门依据控制性详细规划核定建设用地的位置、面积、允许建设的范围，核发建设用地规划许可证。

  建设单位在取得建设用地规划许可证后，方可向县级以上地方人民政府土地主管部门申请用地，经县级以上人民政府审批后，由土地主管部门划拨土地。

  第三十八条 在城市、镇规划区内以出让方式提供国有土地使用权的，在国有土地使用权出让前，城市、县人民政府城乡规划主管部门应当依据控制性详细规划，提出出让地块的位置、使用性质、开发强度等规划条件，作为国有土地使用权出让合同的组成部分。未确定规划条件的地块，不得出让国有土地使用权。

  以出让方式取得国有土地使用权的建设项目，在签订国有土地使用权出让合同后，建设单位应当持建设项目的批准、核准、备案文件和国有土地使用权出让合同，向城市、县人民政府城乡规划主管部门领取建设用地规划许可证。

城市、县人民政府城乡规划主管部门不得在建设用地规划许可证中，擅自改变作为国有土地使用权出让合同组成部分的规划条件。

第三十九条 规划条件未纳入国有土地使用权出让合同的，该国有土地使用权出让合同无效；对未取得建设用地规划许可证的建设单位批准用地的，由县级以上人民政府撤销有关批准文件；占用土地的，应当及时退回；给当事人造成损失的，应当依法给予赔偿。

第四十条 在城市、镇规划区内进行建筑物、构筑物、道路、管线和其他工程建设的，建设单位或者个人应当向城市、县人民政府城乡规划主管部门或者省、自治区、直辖市人民政府确定的镇人民政府申请办理建设工程规划许可证。

申请办理建设工程规划许可证，应当提交使用土地的有关证明文件、建设工程设计方案等材料。需要建设单位编制修建性详细规划的建设项目，还应当提交修建性详细规划。对符合控制性详细规划和规划条件的，由城市、县人民政府城乡规划主管部门或者省、自治区、直辖市人民政府确定的镇人民政府核发建设工程规划许可证。

城市、县人民政府城乡规划主管部门或者省、自治区、直辖市人民政府确定的镇人民政府应当依法将经审定的修建性详细规划、建设工程设计方案的总平面图予以公布。

第四十一条 在乡、村庄规划区内进行乡镇企业、乡村公共设施和公益事业建设的，建设单位或者个人应当向乡、镇人民政府提出申请，由乡、镇人民政府报城市、县人民政府城乡规划主管部门核发乡村建设规划许可证。

在乡、村庄规划区内使用原有宅基地进行农村村民住宅建设的规划管理办法，由省、自治区、直辖市制定。

在乡、村庄规划区内进行乡镇企业、乡村公共设施和公益事业建设以及农村村民住宅建设，不得占用农用地；确需占用农用地的，应当依照《中华人民共和国土地管理法》有关规定办理农用地转用审批手续后，由城市、县人民政府城乡规划主管部门核发乡村建设规划许可证。

建设单位或者个人在取得乡村建设规划许可证后，方可办理用地审批手续。

第四十二条　城乡规划主管部门不得在城乡规划确定的建设用地范围以外作出规划许可。

第四十三条　建设单位应当按照规划条件进行建设；确需变更的，必须向城市、县人民政府城乡规划主管部门提出申请。变更内容不符合控制性详细规划的，城乡规划主管部门不得批准。城市、县人民政府城乡规划主管部门应当及时将依法变更后的规划条件通报同级土地主管部门并公示。

建设单位应当及时将依法变更后的规划条件报有关人民政府土地主管部门备案。

第四十四条　在城市、镇规划区内进行临时建设的，应当经城市、县人民政府城乡规划主管部门批准。临时建设影响近期建设规划或者控制性详细规划的实施以及交通、市容、安全等的，不得批准。

临时建设应当在批准的使用期限内自行拆除。

临时建设和临时用地规划管理的具体办法，由省、自治区、直辖市人民政府制定。

第四十五条　县级以上地方人民政府城乡规划主管部门按照国务院规定对建设工程是否符合规划条件予以核实。未经核实或者经核实不符合规划条件的，建设单位不得组织竣工验收。

建设单位应当在竣工验收后六个月内向城乡规划主管部门报送有关竣工验收资料。

第四章 城乡规划的修改

第四十六条 省域城镇体系规划、城市总体规划、镇总体规划的组织编制机关，应当组织有关部门和专家定期对规划实施情况进行评估，并采取论证会、听证会或者其他方式征求公众意见。组织编制机关应当向本级人民代表大会常务委员会、镇人民代表大会和原审批机关提出评估报告并附具征求意见的情况。

第四十七条 有下列情形之一的，组织编制机关方可按照规定的权限和程序修改省域城镇体系规划、城市总体规划、镇总体规划：

（一）上级人民政府制定的城乡规划发生变更，提出修改规划要求的；

（二）行政区划调整确需修改规划的；

（三）因国务院批准重大建设工程确需修改规划的；

（四）经评估确需修改规划的；

（五）城乡规划的审批机关认为应当修改规划的其他情形。

修改省域城镇体系规划、城市总体规划、镇总体规划前，组织编制机关应当对原规划的实施情况进行总结，并向原审批机关报告；修改涉及城市总体规划、镇总体规划强制性内容的，应当先向原审批机关提出专题报告，经同意后，方可编制修改方案。

修改后的省域城镇体系规划、城市总体规划、镇总体规划，应当依照本法第十三条、第十四条、第十五条和第十六条规定的审批程序报批。

第四十八条 修改控制性详细规划的，组织编制机关应当对修改的必要性进行论证，征求规划地段内利害关系人的意见，并向原审批机关提出专题报告，经原审批机关同意后，方可编制修改方案。修改后的控制性详细规划，应当依照本法第十九条、第二十条规定的审批程序报批。控制性详细规划修改涉及城市总体规划、镇总体规划的强制性内容的,应当先修改总体规划。

修改乡规划、村庄规划的,应当依照本法第二十二条规定的审批程序报批。

第四十九条 城市、县、镇人民政府修改近期建设规划的,应当将修改后的近期建设规划报总体规划审批机关备案。

第五十条 在选址意见书、建设用地规划许可证、建设工程规划许可证或者乡村建设规划许可证发放后,因依法修改城乡规划给被许可人合法权益造成损失的,应当依法给予补偿。

经依法审定的修建性详细规划、建设工程设计方案的总平面图不得随意修改;确需修改的,城乡规划主管部门应当采取听证会等形式,听取利害关系人的意见;因修改给利害关系人合法权益造成损失的,应当依法给予补偿。

第五章 监督检查

第五十一条 县级以上人民政府及其城乡规划主管部门应当加强对城乡规划编制、审批、实施、修改的监督检查。

第五十二条 地方各级人民政府应当向本级人民代表大会常务委员会或者乡、镇人民代表大会报告城乡规划的实施情况,并接受监督。

第五十三条 县级以上人民政府城乡规划主管部门对城乡规划的实施情况进行监督检查,有权采取以下措施:

(一)要求有关单位和人员提供与监督事项有关的文件、资料,并进行复制;

(二)要求有关单位和人员就监督事项涉及的问题作出解释和说明,并根据需要进入现场进行勘测;

(三)责令有关单位和人员停止违反有关城乡规划的法律、

法规的行为。

城乡规划主管部门的工作人员履行前款规定的监督检查职责，应当出示执法证件。被监督检查的单位和人员应当予以配合，不得妨碍和阻挠依法进行的监督检查活动。

第五十四条 监督检查情况和处理结果应当依法公开，供公众查阅和监督。

第五十五条 城乡规划主管部门在查处违反本法规定的行为时，发现国家机关工作人员依法应当给予行政处分的，应当向其任免机关或者监察机关提出处分建议。

第五十六条 依照本法规定应当给予行政处罚，而有关城乡规划主管部门不给予行政处罚的，上级人民政府城乡规划主管部门有权责令其作出行政处罚决定或者建议有关人民政府责令其给予行政处罚。

第五十七条 城乡规划主管部门违反本法规定作出行政许可的，上级人民政府城乡规划主管部门有权责令其撤销或者直接撤销该行政许可。因撤销行政许可给当事人合法权益造成损失的，应当依法给予赔偿。

第六章 法律责任

第五十八条 对依法应当编制城乡规划而未组织编制，或者未按法定程序编制、审批、修改城乡规划的，由上级人民政府责令改正，通报批评；对有关人民政府负责人和其他直接责任人员依法给予处分。

第五十九条 城乡规划组织编制机关委托不具有相应资质等级的单位编制城乡规划的，由上级人民政府责令改正，通报批评；对有关人民政府负责人和其他直接责任人员依法给予处分。

第六十条 镇人民政府或者县级以上人民政府城乡规划主管

部门有下列行为之一的,由本级人民政府、上级人民政府城乡规划主管部门或者监察机关依据职权责令改正,通报批评;对直接负责的主管人员和其他直接责任人员依法给予处分:

(一)未依法组织编制城市的控制性详细规划、县人民政府所在地镇的控制性详细规划的;

(二)超越职权或者对不符合法定条件的申请人核发选址意见书、建设用地规划许可证、建设工程规划许可证、乡村建设规划许可证的;

(三)对符合法定条件的申请人未在法定期限内核发选址意见书、建设用地规划许可证、建设工程规划许可证、乡村建设规划许可证的;

(四)未依法对经审定的修建性详细规划、建设工程设计方案的总平面图予以公布的;

(五)同意修改修建性详细规划、建设工程设计方案的总平面图前未采取听证会等形式听取利害关系人的意见的;

(六)发现未依法取得规划许可或者违反规划许可的规定在规划区内进行建设的行为,而不予查处或者接到举报后不依法处理的。

第六十一条 县级以上人民政府有关部门有下列行为之一的,由本级人民政府或者上级人民政府有关部门责令改正,通报批评;对直接负责的主管人员和其他直接责任人员依法给予处分:

(一)对未依法取得选址意见书的建设项目核发建设项目批准文件的;

(二)未依法在国有土地使用权出让合同中确定规划条件或者改变国有土地使用权出让合同中依法确定的规划条件的;

(三)对未依法取得建设用地规划许可证的建设单位划拨国有土地使用权的。

第六十二条　城乡规划编制单位有下列行为之一的,由所在地城市、县人民政府城乡规划主管部门责令限期改正,处合同约定的规划编制费一倍以上二倍以下的罚款;情节严重的,责令停业整顿,由原发证机关降低资质等级或者吊销资质证书;造成损失的,依法承担赔偿责任:

(一)超越资质等级许可的范围承揽城乡规划编制工作的;

(二)违反国家有关标准编制城乡规划的。

未依法取得资质证书承揽城乡规划编制工作的,由县级以上地方人民政府城乡规划主管部门责令停止违法行为,依照前款规定处以罚款;造成损失的,依法承担赔偿责任。

以欺骗手段取得资质证书承揽城乡规划编制工作的,由原发证机关吊销资质证书,依照本条第一款规定处以罚款;造成损失的,依法承担赔偿责任。

第六十三条　城乡规划编制单位取得资质证书后,不再符合相应的资质条件的,由原发证机关责令限期改正;逾期不改正的,降低资质等级或者吊销资质证书。

第六十四条　未取得建设工程规划许可证或者未按照建设工程规划许可证的规定进行建设的,由县级以上地方人民政府城乡规划主管部门责令停止建设;尚可采取改正措施消除对规划实施的影响的,限期改正,处建设工程造价百分之五以上百分之十以下的罚款;无法采取改正措施消除影响的,限期拆除,不能拆除的,没收实物或者违法收入,可以并处建设工程造价百分之十以下的罚款。

第六十五条　在乡、村庄规划区内未依法取得乡村建设规划许可证或者未按照乡村建设规划许可证的规定进行建设的,由乡、镇人民政府责令停止建设、限期改正;逾期不改正的,可以拆除。

第六十六条　建设单位或者个人有下列行为之一的,由所在地城市、县人民政府城乡规划主管部门责令限期拆除，可以并处临时建设工程造价一倍以下的罚款：

（一）未经批准进行临时建设的；

（二）未按照批准内容进行临时建设的；

（三）临时建筑物、构筑物超过批准期限不拆除的。

第六十七条　建设单位未在建设工程竣工验收后六个月内向城乡规划主管部门报送有关竣工验收资料的，由所在地城市、县人民政府城乡规划主管部门责令限期补报；逾期不补报的，处一万元以上五万元以下的罚款。

第六十八条　城乡规划主管部门作出责令停止建设或者限期拆除的决定后，当事人不停止建设或者逾期不拆除的，建设工程所在地县级以上地方人民政府可以责成有关部门采取查封施工现场、强制拆除等措施。

第六十九条　违反本法规定，构成犯罪的，依法追究刑事责任。

第七章　附　　则

第七十条　本法自 2008 年 1 月 1 日起施行。《中华人民共和国城市规划法》同时废止。

行政机关公务员处分条例
（中华人民共和国国务院令第 495 号）

第一章　总　　则

第一条　为了严肃行政机关纪律，规范行政机关公务员的行为，保证行政机关及其公务员依法履行职责，根据《中华人民共和国公务员法》和《中华人民共和国行政监察法》，制定本条例。

第二条 行政机关公务员违反法律、法规、规章以及行政机关的决定和命令，应当承担纪律责任的，依照本条例给予处分。

法律、其他行政法规、国务院决定对行政机关公务员处分有规定的，依照该法律、行政法规、国务院决定的规定执行；法律、其他行政法规、国务院决定对行政机关公务员应当受到处分的违法违纪行为做了规定，但是未对处分幅度做规定的，适用本条例第三章与其最相类似的条款有关处分幅度的规定。

地方性法规、部门规章、地方政府规章可以补充规定本条例第三章未作规定的应当给予处分的违法违纪行为以及相应的处分幅度。除国务院监察机关、国务院人事部门外，国务院其他部门制定处分规章，应当与国务院监察机关、国务院人事部门联合制定。

除法律、法规、规章以及国务院决定外，行政机关不得以其他形式设定行政机关公务员处分事项。

第三条 行政机关公务员依法履行职务的行为受法律保护，非因法定事由，非经法定程序，不受处分。

第四条 给予行政机关公务员处分，应当坚持公正、公平和教育与惩处相结合的原则。

给予行政机关公务员处分，应当与其违法违纪行为的性质、情节、危害程度相适应。

给予行政机关公务员处分，应当事实清楚、证据确凿、定性准确、处理恰当、程序合法、手续完备。

第五条 行政机关公务员违法违纪涉嫌犯罪的，应当移送司法机关依法追究刑事责任。

第二章 处分的种类和适用

第六条 行政机关公务员处分的种类为:
(一) 警告;
(二) 记过;
(三) 记大过;
(四) 降级;
(五) 撤职;
(六) 开除。

第七条 行政机关公务员受处分的期间为:
(一) 警告,6个月;
(二) 记过,12个月;
(三) 记大过,18个月;
(四) 降级、撤职,24个月。

第八条 行政机关公务员在受处分期间不得晋升职务和级别,其中,受记过、记大过、降级、撤职处分的,不得晋升工资档次;受撤职处分的,应当按照规定降低级别。

第九条 行政机关公务员受开除处分的,自处分决定生效之日起,解除其与单位的人事关系,不得再担任公务员职务。

行政机关公务员受开除以外的处分,在受处分期间有悔改表现,并且没有再发生违法违纪行为的,处分期满后,应当解除处分。解除处分后,晋升工资档次、级别和职务不再受原处分的影响。但是,解除降级、撤职处分的,不视为恢复原级别、原职务。

第十条 行政机关公务员同时有两种以上需要给予处分的行为的,应当分别确定其处分。应当给予的处分种类不同的,执行其中最重的处分;应当给予撤职以下多个相同种类处分的,执行该处分,并在一个处分期以上、多个处分期之和以下,决定处分期。

行政机关公务员在受处分期间受到新的处分的,其处分期为原处分期尚未执行的期限与新处分期限之和。

处分期最长不得超过 48 个月。

第十一条 行政机关公务员 2 人以上共同违法违纪,需要给予处分的,根据各自应当承担的纪律责任,分别给予处分。

第十二条 有下列情形之一的,应当从重处分:

(一)在 2 人以上的共同违法违纪行为中起主要作用的;

(二)隐匿、伪造、销毁证据的;

(三)串供或者阻止他人揭发检举、提供证据材料的;

(四)包庇同案人员的;

(五)法律、法规、规章规定的其他从重情节。

第十三条 有下列情形之一的,应当从轻处分:

(一)主动交代违法违纪行为的;

(二)主动采取措施,有效避免或者挽回损失的;

(三)检举他人重大违法违纪行为,情况属实的。

第十四条 行政机关公务员主动交代违法违纪行为,并主动采取措施有效避免或者挽回损失的,应当减轻处分。

行政机关公务员违纪行为情节轻微,经过批评教育后改正的,可以免予处分。

第十五条 行政机关公务员有本条例第十二条、第十三条规定情形之一的,应当在本条例第三章规定的处分幅度以内从重或者从轻给予处分。

行政机关公务员有本条例第十四条第一款规定情形的,应当在本条例第三章规定的处分幅度以外,减轻一个处分的档次给予处分。应当给予警告处分,又有减轻处分的情形的,免予处分。

第十六条 行政机关经人民法院、监察机关、行政复议机关或者上级行政机关依法认定有行政违法行为或者其他违法违纪行为，需要追究纪律责任的，对负有责任的领导人员和直接责任人员给予处分。

第十七条　违法违纪的行政机关公务员在行政机关对其作出处分决定前，已经依法被判处刑罚、罢免、免职或者已经辞去领导职务，依法应当给予处分的，由行政机关根据其违法违纪事实，给予处分。

行政机关公务员依法被判处刑罚的，给予开除处分。

第三章　违法违纪行为及其适用的处分

第十八条　有下列行为之一的，给予记大过处分；情节较重的，给予降级或者撤职处分；情节严重的，给予开除处分：

（一）散布有损国家声誉的言论，组织或者参加旨在反对国家的集会、游行、示威等活动的；

（二）组织或者参加非法组织，组织或者参加罢工的；

（三）违反国家的民族宗教政策，造成不良后果的；

（四）以暴力、威胁、贿赂、欺骗等手段，破坏选举的；

（五）在对外交往中损害国家荣誉和利益的；

（六）非法出境，或者违反规定滞留境外不归的；

（七）未经批准获取境外永久居留资格，或者取得外国国籍的；

（八）其他违反政治纪律的行为。

有前款第（六）项规定行为的，给予开除处分；有前款第（一）项、第（二）项或者第（三）项规定的行为，属于不明真相被裹挟参加，经批评教育后确有悔改表现的，可以减轻或者免予处分。

第十九条　有下列行为之一的，给予警告、记过或者记大过处分；情节较重的，给予降级或者撤职处分；情节严重的，给予开除处分：

（一）负有领导责任的公务员违反议事规则，个人或者少数人决定重大事项，或者改变集体作出的重大决定的；

（二）拒绝执行上级依法作出的决定、命令的；

（三）拒不执行机关的交流决定的；

（四）拒不执行人民法院对行政案件的判决、裁定或者监察机关、审计机关、行政复议机关作出的决定的；

（五）违反规定应当回避而不回避，影响公正执行公务，造成不良后果的；

（六）离任、辞职或者被辞退时，拒不办理公务交接手续或者拒不接受审计的；

（七）旷工或者因公外出、请假期满无正当理由逾期不归，造成不良影响的；

（八）其他违反组织纪律的行为。

第二十条 有下列行为之一的，给予记过、记大过处分；情节较重的，给予降级或者撤职处分；情节严重的，给予开除处分：

（一）不依法履行职责，致使可以避免的爆炸、火灾、传染病传播流行、严重环境污染、严重人员伤亡等重大事故或者群体性事件发生的；

（二）发生重大事故、灾害、事件或者重大刑事案件、治安案件，不按规定报告、处理的；

（三）对救灾、抢险、防汛、防疫、优抚、扶贫、移民、救济、社会保险、征地补偿等专项款物疏于管理，致使款物被贪污、挪用，或者毁损、灭失的；

（四）其他玩忽职守、贻误工作的行为。

第二十一条 有下列行为之一的，给予警告或者记过处分；

情节较重的，给予记大过或者降级处分；情节严重的，给予撤职处分：

（一）在行政许可工作中违反法定权限、条件和程序设定或者实施行政许可的；

（二）违法设定或者实施行政强制措施的；

（三）违法设定或者实施行政处罚的；

（四）违反法律、法规规定进行行政委托的；

（五）对需要政府、政府部门决定的招标投标、征收征用、城市房屋拆迁、拍卖等事项违反规定办理的。

第二十二条　弄虚作假、误导、欺骗领导和公众，造成不良后果的，给予警告、记过或者记大过处分；情节较重的，给予降级或者撤职处分；情节严重的，给予开除处分。

第二十三条　有贪污、索贿、受贿、行贿、介绍贿赂、挪用公款、利用职务之便为自己或者他人谋取私利、巨额财产来源不明等违反廉政纪律行为的，给予记过或者记大过处分；情节较重的，给予降级或者撤职处分；情节严重的，给予开除处分。

第二十四条　违反财经纪律，挥霍浪费国家资财的，给予警告处分；情节较重的，给予记过或者记大过处分；情节严重的，给予降级或者撤职处分。

第二十五条　有下列行为之一的，给予记过或者记大过处分；情节较重的，给予降级或者撤职处分；情节严重的，给予开除处分：

（一）以殴打、体罚、非法拘禁等方式侵犯公民人身权利的；

（二）压制批评，打击报复，扣压、销毁举报信件，或者向被举报人透露举报情况的；

（三）违反规定向公民、法人或者其他组织摊派或者收取财物的；

（四）妨碍执行公务或者违反规定干预执行公务的；

（五）其他滥用职权，侵害公民、法人或者其他组织合法权益的行为。

第二十六条 泄露国家秘密、工作秘密，或者泄露因履行职责掌握的商业秘密、个人隐私，造成不良后果的，给予警告、记过或者记大过处分；情节较重的，给予降级或者撤职处分；情节严重的，给予开除处分。

第二十七条 从事或者参与营利性活动，在企业或者其他营利性组织中兼任职务的，给予记过或者记大过处分；情节较重的，给予降级或者撤职处分；情节严重的，给予开除处分。

第二十八条 严重违反公务员职业道德，工作作风懈怠、工作态度恶劣，造成不良影响的，给予警告、记过或者记大过处分。

第二十九条 有下列行为之一的，给予警告、记过或者记大过处分；情节较重的，给予降级或者撤职处分；情节严重的，给予开除处分：

（一）拒不承担赡养、抚养、扶养义务的；

（二）虐待、遗弃家庭成员的；

（三）包养情人的；

（四）严重违反社会公德的行为。

有前款第（三）项行为的，给予撤职或者开除处分。

第三十条 参与迷信活动，造成不良影响的，给予警告、记过或者记大过处分；组织迷信活动的，给予降级或者撤职处分，情节严重的，给予开除处分。

第三十一条 吸食、注射毒品或者组织、支持、参与卖淫、嫖娼、色情淫乱活动的，给予撤职或者开除处分。

第三十二条 参与赌博的，给予警告或者记过处分；情节较重的，给予记大过或者降级处分；情节严重的，给予撤职或者开除处分。

为赌博活动提供场所或者其他便利条件的,给予警告、记过或者记大过处分;情节严重的,给予撤职或者开除处分。

在工作时间赌博的,给予记过、记大过或者降级处分;屡教不改的,给予撤职或者开除处分。

挪用公款赌博的,给予撤职或者开除处分。

利用赌博索贿、受贿或者行贿的,依照本条例第二十三条的规定给予处分。

第三十三条 违反规定超计划生育的,给予降级或者撤职处分;情节严重的,给予开除处分。

第四章 处分的权限

第三十四条 对行政机关公务员给予处分,由任免机关或者监察机关(以下统称处分决定机关)按照管理权限决定。

第三十五条 对经全国人民代表大会及其常务委员会决定任命的国务院组成人员给予处分,由国务院决定。其中,拟给予撤职、开除处分的,由国务院向全国人民代表大会提出罢免建议,或者向全国人民代表大会常务委员会提出免职建议。罢免或者免职前,国务院可以决定暂停其履行职务。

第三十六条 对经地方各级人民代表大会及其常务委员会选举或者决定任命的地方各级人民政府领导人员给予处分,由上一级人民政府决定。

拟给予经县级以上地方人民代表大会及其常务委员会选举或者决定任命的县级以上地方人民政府领导人员撤职、开除处分的,应当先由本级人民政府向同级人民代表大会提出罢免建议。其中,拟给予县级以上地方人民政府副职领导人员撤职、开除处分的,也可以向同级人民代表大会常务委员会提出撤销职务的建议。拟给予乡镇人民政府领导人员撤职、开除处分的，应当先由本级人民政府向同级人民代表大会提出罢免建议。罢免或者撤销职务前，上级人民政府可以决定暂停其履行职务；遇有特殊紧急情况，省级以上人民政府认为必要时，也可以对其作出撤职或者开除的处分，同时报告同级人民代表大会常务委员会，并通报下级人民代表大会常务委员会。

第三十七条 对地方各级人民政府工作部门正职领导人员给予处分，由本级人民政府决定。其中，拟给予撤职、开除处分的，由本级人民政府向同级人民代表大会常务委员会提出免职建议。免去职务前，本级人民政府或者上级人民政府可以决定暂停其履行职务。

第三十八条 行政机关公务员违法违纪，已经被立案调查，不宜继续履行职责的，任免机关可以决定暂停其履行职务。

被调查的公务员在违法违纪案件立案调查期间，不得交流、出境、辞去公职或者办理退休手续。

第五章 处分的程序

第三十九条 任免机关对涉嫌违法违纪的行政机关公务员的调查、处理，按照下列程序办理：

（一）经任免机关负责人同意，由任免机关有关部门对需要调查处理的事项进行初步调查；

（二）任免机关有关部门经初步调查认为该公务员涉嫌违法违纪，需要进一步查证的，报任免机关负责人批准后立案；

（三）任免机关有关部门负责对该公务员违法违纪事实做进一步调查，包括收集、查证有关证据材料，听取被调查的公务员所在单位的领导成员、有关工作人员以及所在单位监察机构的意见，向其他有关单位和人员了解情况，并形成书面调查材料，向任免机关负责人报告；

（四）任免机关有关部门将调查认定的事实及拟给予处分的依据告知被调查的公务员本人，听取其陈述和申辩，并对其所提出的事实、理由和证据进行复核，记录在案。被调查的公务员提出的事实、理由和证据成立的，应予采信；

（五）经任免机关领导成员集体讨论，作出对该公务员给予处分、免予处分或者撤销案件的决定；

（六）任免机关应当将处分决定以书面形式通知受处分的公务员本人，并在一定范围内宣布；

（七）任免机关有关部门应当将处分决定归入受处分的公务员本人档案，同时汇集有关材料形成该处分案件的工作档案。

受处分的行政机关公务员处分期满解除处分的程序，参照前款第（五）项、第（六）项和第（七）项的规定办理。

任免机关应当按照管理权限，及时将处分决定或者解除处分决定报公务员主管部门备案。

第四十条 监察机关对违法违纪的行政机关公务员的调查、处理，依照《中华人民共和国行政监察法》规定的程序办理。

第四十一条 对行政机关公务员违法违纪案件进行调查，应当由2名以上办案人员进行；接受调查的单位和个人应当如实提供情况。

严禁以暴力、威胁、引诱、欺骗等非法方式收集证据；非法收集的证据不得作为定案的依据。

第四十二条 参与行政机关公务员违法违纪案件调查、处理的人员有下列情形之一的，应当提出回避申请；被调查的公务员以及与案件有利害关系的公民、法人或者其他组织有权要求其回避：

（一）与被调查的公务员是近亲属关系的；

（二）与被调查的案件有利害关系的；

（三）与被调查的公务员有其他关系，可能影响案件公正处理的。

第四十三条 处分决定机关负责人的回避，由处分决定机关的上一级行政机关负责人决定；其他违法违纪案件调查、处理人员的回避，由处分决定机关负责人决定。

处分决定机关或者处分决定机关的上一级行政机关，发现违法违纪案件调查、处理人员有应当回避的情形，可以直接决定该人员回避。

第四十四条 给予行政机关公务员处分，应当自批准立案之日起6个月内作出决定；案情复杂或者遇有其他特殊情形的，办案期限可以延长，但是最长不得超过12个月。

第四十五条 处分决定应当包括下列内容：

（一）被处分人员的姓名、职务、级别、工作单位等基本情况；

（二）经查证的违法违纪事实；

（三）处分的种类和依据；

（四）不服处分决定的申诉途径和期限；

（五）处分决定机关的名称、印章和作出决定的日期。

解除处分决定除包括前款第（一）项、第（二）项和第（五）项规定的内容外，还应当包括原处分的种类和解除处分的依据，以及受处分的行政机关公务员在受处分期间的表现情况。

第四十六条 处分决定、解除处分决定自作出之日起生效。

第四十七条 行政机关公务员受到开除处分后，有新工作单位的，其本人档案转由新工作单位管理；没有新工作单位的，其本人档案转由其户籍所在地人事部门所属的人才服务机构管理。

第六章　不服处分的申诉

第四十八条　受到处分的行政机关公务员对处分决定不服的，依照《中华人民共和国公务员法》和《中华人民共和国行政监察法》的有关规定，可以申请复核或者申诉。

复核、申诉期间不停止处分的执行。

行政机关公务员不因提出复核、申诉而被加重处分。

第四十九条　有下列情形之一的，受理公务员复核、申诉的机关应当撤销处分决定，重新作出决定或者责令原处分决定机关重新作出决定：

（一）处分所依据的违法违纪事实证据不足的；

（二）违反法定程序，影响案件公正处理的；

（三）作出处分决定超越职权或者滥用职权的。

第五十条　有下列情形之一的，受理公务员复核、申诉的机关应当变更处分决定，或者责令原处分决定机关变更处分决定：

（一）适用法律、法规、规章或者国务院决定错误的；

（二）对违法违纪行为的情节认定有误的；

（三）处分不当的。

第五十一条　行政机关公务员的处分决定被变更，需要调整该公务员的职务、级别或者工资档次的，应当按照规定予以调整；行政机关公务员的处分决定被撤销的，应当恢复该公务员的级别、工资档次，按照原职务安排相应的职务，并在适当范围内为其恢复名誉。

被撤销处分或者被减轻处分的行政机关公务员工资福利受到损失的，应当予以补偿。

第七章 附 则

第五十二条 有违法违纪行为应当受到处分的行政机关公务员,在处分决定机关作出处分决定前已经退休的,不再给予处分;但是,依法应当给予降级、撤职、开除处分的,应当按照规定相应降低或者取消其享受的待遇。

第五十三条 行政机关公务员违法违纪取得的财物和用于违法违纪的财物,除依法应当由其他机关没收、追缴或者责令退赔的,由处分决定机关没收、追缴或者责令退赔。违法违纪取得的财物应当退还原所有人或者原持有人的,退还原所有人或者原持有人;属于国家财产以及不应当退还或者无法退还原所有人或者原持有人的,上缴国库。

第五十四条 对法律、法规授权的具有公共事务管理职能的事业单位中经批准参照《中华人民共和国公务员法》管理的工作人员给予处分,参照本条例的有关规定办理。

第五十五条 本条例自 2007 年 6 月 1 日起施行。1988 年 9 月 13 日国务院发布的《国家行政机关工作人员贪污贿赂行政处分暂行规定》同时废止。

村庄和集镇规划建设管理条例

(中华人民共和国国务院令第 116 号)

第一章 总 则

第一条 为加强村庄、集镇的规划建设管理,改善村庄、集镇的生产、生活环境,促进农村经济和社会发展,制定本条例。

第二条　制定和实施村庄、集镇规划，在村庄、集镇规划区内进行居民住宅、乡（镇）村企业、乡（镇）村公共设施和公益事业等的建设，必须遵守本条例。但是，国家征用集体所有的土地进行的建设除外。

在城市规划区内的村庄、集镇规划的制定和实施，依照城市规划法及其实施条例执行。

第三条　本条例所称村庄，是指农村村民居住和从事各种生产的聚居点。

本条例所称集镇，是指乡、民族乡人民政府所在地和经县级人民政府确认由集市发展而成的作为农村一定区域经济、文化和生活服务中心的非建制镇。

本条例所称村庄、集镇规划区，是指村庄、集镇建成区和因村庄、集镇建设及发展需要实行规划控制的区域。村庄、集镇规划区的具体范围，在村庄、集镇总体规划中划定。

第四条　村庄、集镇规划建设管理，应当坚持合理布局、节约用地的原则，全面规划，正确引导，依靠群众，自力更生，因地制宜，量力而行，逐步建设，实现经济效益、社会效益和环境效益的统一。

第五条　地处洪涝、地震、台风、滑坡等自然灾害易发地区的村庄和集镇，应当按照国家和地方的有关规定，在村庄、集镇总体规划中制定防灾措施。

第六条　国务院建设行政主管部门主管全国的村庄、集镇规划建设管理工作。

县级以上地方人民政府建设行政主管部门主管本行政区域的村庄、集镇规划建设管理工作。

乡级人民政府负责本行政区域的村庄、集镇规划建设管理工作。

第七条　国家鼓励村庄、集镇规划建设管理的科学研究，推广先进技术，提倡在村庄和集镇建设中，结合当地特点，采用新工艺、新材料、新结构。

第二章 村庄和集镇规划的制定

第八条 村庄、集镇规划由乡级人民政府负责组织编制，并监督实施。

第九条 村庄、集镇规划的编制，应当遵循下列原则：

（一）根据国民经济和社会发展计划，结合当地经济发展的现状和要求，以及自然环境、资源条件和历史情况等，统筹兼顾，综合部署村庄和集镇的各项建设；

（二）处理好近期建设与远景发展、改造与新建的关系，使村庄、集镇的性质和建设的规模、速度和标准，同经济发展和农民生活水平相适应；

（三）合理用地，节约用地，各项建设应当相对集中，充分利用原有建设用地，新建、扩建工程及住宅应当尽量不占用耕地和林地；

（四）有利生产，方便生活，合理安排住宅、乡（镇）村企业、乡（镇）村公共设施和公益事业等的建设布局，促进农村各项事业协调发展，并适当留有发展余地；

（五）保护和改善生态环境，防治污染和其他公害，加强绿化和村容镇貌、环境卫生建设。

第十条 村庄、集镇规划的编制，应当以县域规划、农业区划、土地利用总体规划为依据，并同有关部门的专业规划相协调。

县级人民政府组织编制的县域规划，应当包括村庄、集镇建设体系规划。

第十一条 编制村庄、集镇规划，一般分为村庄、集镇总体规划和村庄、集镇建设规划两个阶段进行。

第十二条 村庄、集镇总体规划，是乡级行政区域内村庄和集镇布点规划及相应的各项建设的整体部署。

村庄、集镇总体规划的主要内容包括：乡级行政区域的村庄、集镇布点，村庄和集镇的位置、性质、规模和发展方向，村庄和集镇的交通、供水、供电、商业、绿化等生产和生活服务设施的配置。

第十三条 村庄、集镇建设规划，应当在村庄、集镇总体规划指导下，具体安排村庄、集镇的各项建设。

集镇建设规划的主要内容包括：住宅、乡（镇）村企业、乡（镇）村公共设施、公益事业等各项建设的用地布局、用地规划，有关的技术经济指标，近期建设工程以及重点地段建设具体安排。

村庄建设规划的主要内容，可以根据本地区经济发展水平，参照集镇建设规划的编制内容，主要对住宅和供水、供电、道路、绿化、环境卫生以及生产配套设施作出具体安排。

第十四条 村庄、集镇总体规划和集镇建设规划，须经乡级人民代表大会审查同意，由乡级人民政府报县级人民政府批准。

村庄建设规划，须经村民会议讨论同意，由乡级人民政府报县级人民政府批准。

第十五条 根据社会经济发展需要，依照本条例第十四条的规定，经乡级人民代表大会或者村民会议同意，乡级人民政府可以对村庄、集镇规划进行局部调整，并报县级人民政府备案。涉及村庄、集镇的性质、规模、发展方向和总体布局重大变更的，依照本条例第十四条规定的程序办理。

第十六条 村庄、集镇规划期限，由省、自治区，直辖市人民政府根据本地区实际情况规定。

第十七条 村庄、集镇规划经批准后，由乡级人民政府公布。

第三章 村庄和集镇规划的实施

第十八条 农村村民在村庄、集镇规划区内建住宅的,应当先向村集体经济组织或者村民委员会提出建房申请,经村民会议讨论通过后,按照下列审批程序办理:

(一)需要使用耕地的,经乡级人民政府审核、县级人民政府建设行政主管部门审查同意并出具选址意见书后,方可依照《土地管理法》向县级人民政府土地管理部门申请用地,经县级人民政府批准后,由县级人民政府土地管理部门划拨土地;

(二)使用原有宅基地、村内空闲地和其他土地的,由乡级人民政府根据村庄、集镇规划和土地利用规划批准。

城镇非农业户口居民在村庄、集镇规划区内需要使用集体所有的土地建住宅的,应当经其所在单位或者居民委员会同意后,依照前款第(一)项规定的审批程序办理。

回原籍村庄、集镇落户的职工、退伍军人和离休、退休干部以及回乡定居的华侨、港澳台同胞,在村庄、集镇规划区需要使用集体所有的土地建住宅的,依照本条第一款第(一)项规定的审批程序办理。

第十九条 兴建乡(镇)村企业,必须持县级以上地方人民政府批准的设计任务书或者其他批准文件,向县级人民政府建设行政主管部门申请选址定点,县级人民政府建设行政主管部门审查同意并出具选址意见书后,建设单位方可依法向县级人民政府土地管理部门申请用地,经县级以上人民政府批准后,由土地管理部门划拨土地。

第二十条 乡(镇)村公共设施、公益事业建设,须经乡级人民政府审核、县级人民政府建设行政主管部门审查同意并出具选址意见书后,建设单位方可依法向县级人民政府土地管理部门申请用地，经县级以上人民政府批准后，由土地管理部门划拨土地。

第四章 村庄和集镇建设的设计、施工管理

第二十一条 在村庄、集镇规划区内，凡建筑跨度、跨径或者高度超出规定范围的乡（镇）村企业、乡（镇）村公共设施和公益事业的建筑工程，以及二层（含二层）以上的住宅，必须由取得相应的设计资质证书的单位进行设计，或者选用通用设计、标准设计。

跨度、跨径和高度的限定，由省、自治区、直辖市人民政府或者其授权的部门规定。

第二十二条 建筑设计应当贯彻适用、经济、安全和美观的原则，符合国家和地方有关节约资源、抗御灾害的规定，保持地方特色和民族风格，并注意与周围环境相协调。

农村居民住宅设计应当符合紧凑、合理、卫生和安全的要求。

第二十三条 承担村庄、集镇规划区内建筑工程施工任务的单位，必须具有相应的施工资质等级证书或者资质审查证明，并按照规定的经营范围承担施工任务。

在村庄、集镇规划区内从事建筑施工的个体工匠，除承担房屋修缮外，须按有关规定办理施工资质审批手续。

第二十四条 施工单位应当按照设计图纸施工。任何单位和个人不得擅自修改设计图纸；确需修改的，须经历设计单位同意，并出具变更设计通知单或者图纸。

第二十五条 施工单位应当确保施工质量，按照有关的技术规定施工，不得使用不符合工程质量要求的建筑材料和建筑构件。

第二十六条　乡（镇）村企业、乡（镇）村公共设施、公益事业等建设，在开工前，建设单位和个人应当向县级以上人民政府建设主管部门提出开工申请，经县级以上人民政府建设行政主管部门对设计、施工条件予以审查批准后，方可开工。

农村居民住宅建设开工的审批程序，由省、自治区、直辖市人民政府规定。

第二十七条　县级人民政府建设行政主管部门，应当对村庄、集镇建设的施工质量进行监督检查。村庄、集镇的建设工程竣工后，应当按照国家的有关规定，经有关部门竣工验收合格后，方可交付使用。

第五章　房屋、公共设施、村容镇貌和环境卫生管理

第二十八条　县级以上人民政府建设行政主管部门，应当加强对村庄、集镇房屋的产权、产籍的管理，依法保护房屋所有人对房屋的所有权。具体办法由国务院建设行政主管部门制定。

第二十九条　任何单位和个人都应当遵守国家和地方有关村庄、集镇的房屋、公共设施的管理规定，保证房屋的使用安全和公共设施的正常使用，不得破坏或者损毁村庄、集镇的道路、桥梁、供水、排水、供电、邮电、绿化等设施。

第三十条　从集镇收取的城市维护建设税，应当用于集镇公共设施的维护和建设，不得挪作他用。

第三十一条　乡级人民政府应当采取措施，保护村庄、集镇饮用水源；有条件的地方，可以集中供水，使水质逐步达到国家规定的生活饮用水卫生标准。

第三十二条　未经乡级人民政府批准，任何单位和个人不得擅自在村庄、集镇规划区内的街道、广场、市场和车站等场所修建临时建筑物、构筑物和其他设施。

第三十三条 任何单位和个人都应当维护村容镇貌和环境卫生，妥善处理粪堆、垃圾堆、柴草堆，养护树木花草，美化环境。

第三十四条 任何单位和个人都有义务保护村庄、集镇内的文物古迹、古树名木和风景名胜、军事设施、防汛设施，以及国家邮电、通信、输变电、输油管道等设施，不得损坏。

第三十五条 乡级人民政府应当按照国家有关规定，对村庄、集镇建设中形成的具有保存价值的文件、图纸、资料等及时整理归档。

第六章 罚 则

第三十六条 在村庄、集镇规划区内，未按规划审批程序批准而取得建设用地批准文件，占用土地的，批准文件无效，占用的土地由乡级以上人民政府责令退回。

第三十七条 在村庄、集镇规划区内，未按规划审批程序批准或者违反规划的规定进行建设，严重影响村庄、集镇规划的，由县级人民政府建设行政主管部门责令停止建设，限期拆除或者没收违法建筑物、构筑物和其他设施；影响村庄、集镇规划，尚可采取改正措施的，由县级人民政府建设行政主管部门责令限期改正，处以罚款。

农村居民未经批准或者违反规划的规定建住宅的，乡级人民政府可以依照前款规定处罚。

第三十八条 有下列行为之一的，由县级人民政府建设行政主管部门责令停止设计或者施工、限期改正，并可处以罚款：

（一）未取得设计资质证书，承担建筑跨度、跨径和高度超出规定范围的工程以及二层以上住宅的设计任务或者未按设计资质证书规定的经营范围，承担设计任务的；

（二）未取得施工资质等级证书或者资质审查证书或者未按规定的经营范围，承担施工任务的；

（三）不按有关技术规定施工或者使用不符合工程质量要求的建筑材料和建筑构件的；

（四）未按设计图纸施工或者擅自修改设计图纸的。

取得设计或者施工资质证书的勘察设计、施工单位，为无证单位提供资质证书，超过规定的经营范围，承担设计、施工任务或者设计、施工的质量不符合要求，情节严重的，由原发证机关吊销设计或者施工的资质证书。

第三十九条 有下列行为之一的，由乡级人民政府责令停止侵害，可以处以罚款；造成损失的，并应当赔偿：

（一）损坏村庄和集镇的房屋、公共设施的；

（二）乱堆粪便、垃圾、柴草，破坏村容镇貌和环境卫生的。

第四十条 擅自在村庄、集镇规划区内的街道、广场、市场和车站等场所修建临时建筑物、构筑物和其他设施的，由乡级人民政府责令限期拆除，并可处以罚款。

第四十一条 损坏村庄，集镇内的文物古迹、古树名木和风景名胜、军事设施、防汛设施，以及国家邮电、通信、输变电、输油管道等设施的，依照有关法律、法规的规定处罚。

第四十二条 违反本条例，构成违反治安管理行为的，依照治安管理处罚条例的规定处罚；构成犯罪的，依法追究刑事责任。

第四十三条 村庄、集镇建设管理人员玩忽职守、滥用职权、徇私舞弊的，由所在单位或者上级主管部门给予行政处分；构成犯罪的，依法追究刑事责任。

第四十四条 当事人对行政处罚决定不服的，可以自接到处罚决定通知之日起十五日内，向作出处罚决定机关的上一级机关申请复议；对复议决定不服的，可以自接到复议决定之日起十五日内，向人民法院提起诉讼。当事人也可以自接到处罚决定通知之日起十五日内，直接向人民法院起诉。当事人逾期不申请复议，也不向人民法院提起诉讼，又不履行处罚决定的，作出处罚决定的机关可以申请人民法院强制执行或者依法强制执行。

第七章 附　　则

　　第四十五条　未设镇建制的国营农场场部、国营林场场部及其基层居民点的规划建设管理，分别由国营农场、国营林场主管部门负责，参照本条例执行。
　　第四十六条　省、自治区、直辖市人民政府可以根据本条例制定实施办法。
　　第四十七条　本条例由国务院建设行政主管部门负责解释。
　　第四十八条　本条例自1993年11月1日起施行。

风景名胜区条例

（中华人民共和国国务院令第474号）

第一章 总　　则

　　第一条　为了加强对风景名胜区的管理，有效保护和合理利用风景名胜资源，制定本条例。
　　第二条　风景名胜区的设立、规划、保护、利用和管理，适用本条例。
　　本条例所称风景名胜区，是指具有观赏、文化或者科学价值，自然景观、人文景观比较集中，环境优美，可供人们游览或者进行科学、文化活动的区域。

第三条 国家对风景名胜区实行科学规划、统一管理、严格保护、永续利用的原则。

第四条 风景名胜区所在地县级以上地方人民政府设置的风景名胜区管理机构,负责风景名胜区的保护、利用和统一管理工作。

第五条 国务院建设主管部门负责全国风景名胜区的监督管理工作。国务院其他有关部门按照国务院规定的职责分工,负责风景名胜区的有关监督管理工作。

省、自治区人民政府建设主管部门和直辖市人民政府风景名胜区主管部门,负责本行政区域内风景名胜区的监督管理工作。省、自治区、直辖市人民政府其他有关部门按照规定的职责分工,负责风景名胜区的有关监督管理工作。

第六条 任何单位和个人都有保护风景名胜资源的义务,并有权制止、检举破坏风景名胜资源的行为。

第二章 设 立

第七条 设立风景名胜区,应当有利于保护和合理利用风景名胜资源。

新设立的风景名胜区与自然保护区不得重合或者交叉;已设立的风景名胜区与自然保护区重合或者交叉的,风景名胜区规划与自然保护区规划应当相协调。

第八条 风景名胜区划分为国家级风景名胜区和省级风景名胜区。

自然景观和人文景观能够反映重要自然变化过程和重大历史文化发展过程,基本处于自然状态或者保持历史原貌,具有国家代表性的,可以申请设立国家级风景名胜区;具有区域代表性的，可以申请设立省级风景名胜区。

第九条 申请设立风景名胜区应当提交包含下列内容的有关材料：

（一）风景名胜资源的基本状况；

（二）拟设立风景名胜区的范围以及核心景区的范围；

（三）拟设立风景名胜区的性质和保护目标；

（四）拟设立风景名胜区的游览条件；

（五）与拟设立风景名胜区内的土地、森林等自然资源和房屋等财产的所有权人、使用权人协商的内容和结果。

第十条 设立国家级风景名胜区，由省、自治区、直辖市人民政府提出申请，国务院建设主管部门会同国务院环境保护主管部门、林业主管部门、文物主管部门等有关部门组织论证，提出审查意见，报国务院批准公布。

设立省级风景名胜区，由县级人民政府提出申请，省、自治区人民政府建设主管部门或者直辖市人民政府风景名胜区主管部门，会同其他有关部门组织论证，提出审查意见，报省、自治区、直辖市人民政府批准公布。

第十一条 风景名胜区内的土地、森林等自然资源和房屋等财产的所有权人、使用权人的合法权益受法律保护。

申请设立风景名胜区的人民政府应当在报请审批前，与风景名胜区内的土地、森林等自然资源和房屋等财产的所有权人、使用权人充分协商。

因设立风景名胜区对风景名胜区内的土地、森林等自然资源和房屋等财产的所有权人、使用权人造成损失的，应当依法给予补偿。

第三章 规　　划

第十二条　风景名胜区规划分为总体规划和详细规划。

第十三条　风景名胜区总体规划的编制，应当体现人与自然和谐相处、区域协调发展和经济社会全面进步的要求，坚持保护优先、开发服从保护的原则，突出风景名胜资源的自然特性、文化内涵和地方特色。

风景名胜区总体规划应当包括下列内容：

（一）风景资源评价；

（二）生态资源保护措施、重大建设项目布局、开发利用强度；

（三）风景名胜区的功能结构和空间布局；

（四）禁止开发和限制开发的范围；

（五）风景名胜区的游客容量；

（六）有关专项规划。

第十四条　风景名胜区应当自设立之日起2年内编制完成总体规划。总体规划的规划期一般为20年。

第十五条　风景名胜区详细规划应当根据核心景区和其他景区的不同要求编制，确定基础设施、旅游设施、文化设施等建设项目的选址、布局与规模，并明确建设用地范围和规划设计条件。

风景名胜区详细规划，应当符合风景名胜区总体规划。

第十六条　国家级风景名胜区规划由省、自治区人民政府建设主管部门或者直辖市人民政府风景名胜区主管部门组织编制。

省级风景名胜区规划由县级人民政府组织编制。

第十七条　编制风景名胜区规划，应当采用招标等公平竞争的方式选择具有相应资质等级的单位承担。

风景名胜区规划应当按照经审定的风景名胜区范围、性质和保护目标,依照国家有关法律、法规和技术规范编制。

第十八条 编制风景名胜区规划,应当广泛征求有关部门、公众和专家的意见;必要时,应当进行听证。

风景名胜区规划报送审批的材料应当包括社会各界的意见以及意见采纳的情况和未予采纳的理由。

第十九条 国家级风景名胜区的总体规划,由省、自治区、直辖市人民政府审查后,报国务院审批。

国家级风景名胜区的详细规划,由省、自治区人民政府建设主管部门或者直辖市人民政府风景名胜区主管部门报国务院建设主管部门审批。

第二十条 省级风景名胜区的总体规划,由省、自治区、直辖市人民政府审批,报国务院建设主管部门备案。

省级风景名胜区的详细规划,由省、自治区人民政府建设主管部门或者直辖市人民政府风景名胜区主管部门审批。

第二十一条 风景名胜区规划经批准后,应当向社会公布,任何组织和个人有权查阅。

风景名胜区内的单位和个人应当遵守经批准的风景名胜区规划,服从规划管理。

风景名胜区规划未经批准的,不得在风景名胜区内进行各类建设活动。

第二十二条 经批准的风景名胜区规划不得擅自修改。确需对风景名胜区总体规划中的风景名胜区范围、性质、保护目标、生态资源保护措施、重大建设项目布局、开发利用强度以及风景名胜区的功能结构、空间布局、游客容量进行修改的,应当报原审批机关批准;对其他内容进行修改的,应当报原审批机关备案。

风景名胜区详细规划确需修改的,应当报原审批机关批准。

政府或者政府部门修改风景名胜区规划对公民、法人或者其他组织造成财产损失的，应当依法给予补偿。

第二十三条 风景名胜区总体规划的规划期届满前2年，规划的组织编制机关应当组织专家对规划进行评估，作出是否重新编制规划的决定。在新规划批准前，原规划继续有效。

第四章 保　　护

第二十四条 风景名胜区内的景观和自然环境，应当根据可持续发展的原则，严格保护，不得破坏或者随意改变。

风景名胜区管理机构应当建立健全风景名胜资源保护的各项管理制度。

风景名胜区内的居民和游览者应当保护风景名胜区的景物、水体、林草植被、野生动物和各项设施。

第二十五条 风景名胜区管理机构应当对风景名胜区内的重要景观进行调查、鉴定，并制定相应的保护措施。

第二十六条 在风景名胜区内禁止进行下列活动：

（一）开山、采石、开矿、开荒、修坟立碑等破坏景观、植被和地形地貌的活动；

（二）修建储存爆炸性、易燃性、放射性、毒害性、腐蚀性物品的设施；

（三）在景物或者设施上刻划、涂污；

（四）乱扔垃圾。

第二十七条 禁止违反风景名胜区规划，在风景名胜区内设立各类开发区和在核心景区内建设宾馆、招待所、培训中心、疗养院以及与风景名胜资源保护无关的其他建筑物；已经建设的，应当按照风景名胜区规划，逐步迁出。

第二十八条 在风景名胜区内从事本条例第二十六条、第二十七条禁止范围以外的建设活动,应当经风景名胜区管理机构审核后,依照有关法律、法规的规定办理审批手续。

在国家级风景名胜区内修建缆车、索道等重大建设工程,项目的选址方案应当报国务院建设主管部门核准。

第二十九条 在风景名胜区内进行下列活动,应当经风景名胜区管理机构审核后,依照有关法律、法规的规定报有关主管部门批准:

(一)设置、张贴商业广告;

(二)举办大型游乐等活动;

(三)改变水资源、水环境自然状态的活动;

(四)其他影响生态和景观的活动。

第三十条 风景名胜区内的建设项目应当符合风景名胜区规划,并与景观相协调,不得破坏景观、污染环境、妨碍游览。

在风景名胜区内进行建设活动的,建设单位、施工单位应当制定污染防治和水土保持方案,并采取有效措施,保护好周围景物、水体、林草植被、野生动物资源和地形地貌。

第三十一条 国家建立风景名胜区管理信息系统,对风景名胜区规划实施和资源保护情况进行动态监测。

国家级风景名胜区所在地的风景名胜区管理机构应当每年向国务院建设主管部门报送风景名胜区规划实施和土地、森林等自然资源保护的情况;国务院建设主管部门应当将土地、森林等自然资源保护的情况,及时抄送国务院有关部门。

第五章 利用和管理

第三十二条 风景名胜区管理机构应当根据风景名胜区的特点,保护民族民间传统文化,开展健康有益的游览观光和文化娱乐活动,普及历史文化和科学知识。

第三十三条 风景名胜区管理机构应当根据风景名胜区规划,合理利用风景名胜资源,改善交通、服务设施和游览条件。

风景名胜区管理机构应当在风景名胜区内设置风景名胜区标志和路标、安全警示等标牌。

第三十四条 风景名胜区内宗教活动场所的管理,依照国家有关宗教活动场所管理的规定执行。

风景名胜区内涉及自然资源保护、利用、管理和文物保护以及自然保护区管理的,还应当执行国家有关法律、法规的规定。

第三十五条 国务院建设主管部门应当对国家级风景名胜区的规划实施情况、资源保护状况进行监督检查和评估。对发现的问题,应当及时纠正、处理。

第三十六条 风景名胜区管理机构应当建立健全安全保障制度,加强安全管理,保障游览安全,并督促风景名胜区内的经营单位接受有关部门依据法律、法规进行的监督检查。

禁止超过允许容量接纳游客和在没有安全保障的区域开展游览活动。

第三十七条 进入风景名胜区的门票,由风景名胜区管理机构负责出售。门票价格依照有关价格的法律、法规的规定执行。

风景名胜区内的交通、服务等项目,应当由风景名胜区管理机构依照有关法律、法规和风景名胜区规划,采用招标等公平竞争的方式确定经营者。

风景名胜区管理机构应当与经营者签订合同,依法确定各自的权利义务。经营者应当缴纳风景名胜资源有偿使用费。

第三十八条 风景名胜区的门票收入和风景名胜资源有偿使用费,实行收支两条线管理。

风景名胜区的门票收入和风景名胜资源有偿使用费应当专门用于风景名胜资源的保护和管理以及风景名胜区内财产的所有权人、使用权人损失的补偿。具体管理办法,由国务院财政部门、价格主管部门会同国务院建设主管部门等有关部门制定。

第三十九条 风景名胜区管理机构不得从事以营利为目的的经营活动，不得将规划、管理和监督等行政管理职能委托给企业或者个人行使。

风景名胜区管理机构的工作人员，不得在风景名胜区内的企业兼职。

第六章 法律责任

第四十条 违反本条例的规定，有下列行为之一的，由风景名胜区管理机构责令停止违法行为、恢复原状或者限期拆除，没收违法所得，并处50万元以上100万元以下的罚款：

（一）在风景名胜区内进行开山、采石、开矿等破坏景观、植被、地形地貌的活动的；

（二）在风景名胜区内修建储存爆炸性、易燃性、放射性、毒害性、腐蚀性物品的设施的；

（三）在核心景区内建设宾馆、招待所、培训中心、疗养院以及与风景名胜资源保护无关的其他建筑物的。

县级以上地方人民政府及其有关主管部门批准实施本条第一款规定的行为的，对直接负责的主管人员和其他直接责任人员依法给予降级或者撤职的处分；构成犯罪的，依法追究刑事责任。

第四十一条 违反本条例的规定，在风景名胜区内从事禁止范围以外的建设活动，未经风景名胜区管理机构审核的，由风景名胜区管理机构责令停止建设、限期拆除，对个人处2万元以上5万元以下的罚款，对单位处20万元以上50万元以下的罚款。

第四十二条 违反本条例的规定，在国家级风景名胜区内修建缆车、索道等重大建设工程，项目的选址方案未经国务院建设主管部门核准，县级以上地方人民政府有关部门核发选址意见书的，对直接负责的主管人员和其他直接责任人员依法给予处分；构成犯罪的，依法追究刑事责任。

第四十三条 违反本条例的规定，个人在风景名胜区内进行开荒、修坟立碑等破坏景观、植被、地形地貌的活动的，由风景名胜区管理机构责令停止违法行为、限期恢复原状或者采取其他补救措施，没收违法所得，并处1 000元以上1万元以下的罚款。

第四十四条 违反本条例的规定，在景物、设施上刻划、涂污或者在风景名胜区内乱扔垃圾的，由风景名胜区管理机构责令恢复原状或者采取其他补救措施，处50元的罚款；刻划、涂污或者以其他方式故意损坏国家保护的文物、名胜古迹的，按照治安管理处罚法的有关规定予以处罚；构成犯罪的，依法追究刑事责任。

第四十五条 违反本条例的规定，未经风景名胜区管理机构审核，在风景名胜区内进行下列活动的，由风景名胜区管理机构责令停止违法行为、限期恢复原状或者采取其他补救措施，没收违法所得，并处5万元以上10万元以下的罚款；情节严重的，并处10万元以上20万元以下的罚款：

（一）设置、张贴商业广告的；

（二）举办大型游乐等活动的；

（三）改变水资源、水环境自然状态的活动的；

（四）其他影响生态和景观的活动。

第四十六条 违反本条例的规定，施工单位在施工过程中，对周围景物、水体、林草植被、野生动物资源和地形地貌造成破坏的，由风景名胜区管理机构责令停止违法行为、限期恢复原状或者采取其他补救措施，并处2万元以上10万元以下的罚款；逾期未恢复原状或者采取有效措施的，由风景名胜区管理机构责令停止施工。

第四十七条 违反本条例的规定，国务院建设主管部门、县级以上地方人民政府及其有关主管部门有下列行为之一的，对直接负责的主管人员和其他直接责任人员依法给予处分；构成犯罪的，依法追究刑事责任：

（一）违反风景名胜区规划在风景名胜区内设立各类开发区的；

（二）风景名胜区自设立之日起未在 2 年内编制完成风景名胜区总体规划的；

（三）选择不具有相应资质等级的单位编制风景名胜区规划的；

（四）风景名胜区规划批准前批准在风景名胜区内进行建设活动的；

（五）擅自修改风景名胜区规划的；

（六）不依法履行监督管理职责的其他行为。

第四十八条 违反本条例的规定，风景名胜区管理机构有下列行为之一的，由设立该风景名胜区管理机构的县级以上地方人民政府责令改正；情节严重的，对直接负责的主管人员和其他直接责任人员给予降级或者撤职的处分；构成犯罪的，依法追究刑事责任：

（一）超过允许容量接纳游客或者在没有安全保障的区域开展游览活动的；

（二）未设置风景名胜区标志和路标、安全警示等标牌的；

（三）从事以营利为目的的经营活动的；

（四）将规划、管理和监督等行政管理职能委托给企业或者个人行使的；

（五）允许风景名胜区管理机构的工作人员在风景名胜区内的企业兼职的；

（六）审核同意在风景名胜区内进行不符合风景名胜区规划的建设活动的；

（七）发现违法行为不予查处的。

第四十九条 本条例第四十条第一款、第四十一条、第四十三条、第四十四条、第四十五条、第四十六条规定的违法行为，依照有关法律、行政法规的规定，有关部门已经予以处罚的，风景名胜区管理机构不再处罚。

第五十条 本条例第四十条第一款、第四十一条、第四十三条、第四十四条、第四十五条、第四十六条规定的违法行为，侵害国家、集体或者个人的财产的，有关单位或者个人应当依法承担民事责任。

第五十一条 依照本条例的规定，责令限期拆除在风景名胜区内违法建设的建筑物、构筑物或者其他设施的，有关单位或者个人必须立即停止建设活动，自行拆除；对继续进行建设的，作出责令限期拆除决定的机关有权制止。有关单位或者个人对责令限期拆除决定不服的，可以在接到责令限期拆除决定之日起15日内，向人民法院起诉；期满不起诉又不自行拆除的，由作出责令限期拆除决定的机关依法申请人民法院强制执行，费用由违法者承担。

第七章 附 则

第五十二条 本条例自2006年12月1日起施行。1985年6月7日国务院发布的《风景名胜区管理暂行条例》同时废止。

历史文化名城名镇名村保护条例

（中华人民共和国国务院令第524号）

第一章 总 则

第一条 为了加强历史文化名城、名镇、名村的保护与管理，继承中华民族优秀历史文化遗产，制定本条例。

第二条 历史文化名城、名镇、名村的申报、批准、规划、保护，适用本条例。

第三条 历史文化名城、名镇、名村的保护应当遵循科学规划、严格保护的原则，保持和延续其传统格局和历史风貌，维护历史文化遗产的真实性和完整性，继承和弘扬中华民族优秀传统文化，正确处理经济社会发展和历史文化遗产保护的关系。

第四条 国家对历史文化名城、名镇、名村的保护给予必要的资金支持。

历史文化名城、名镇、名村所在地的县级以上地方人民政府，根据本地实际情况安排保护资金，列入本级财政预算。

国家鼓励企业、事业单位、社会团体和个人参与历史文化名城、名镇、名村的保护。

第五条 国务院建设主管部门会同国务院文物主管部门负责全国历史文化名城、名镇、名村的保护和监督管理工作。

地方各级人民政府负责本行政区域历史文化名城、名镇、名村的保护和监督管理工作。

第六条 县级以上人民政府及其有关部门对在历史文化名城、名镇、名村保护工作中做出突出贡献的单位和个人，按照国家有关规定给予表彰和奖励。

第二章 申报与批准

第七条 具备下列条件的城市、镇、村庄，可以申报历史文化名城、名镇、名村：

（一）保存文物特别丰富；

（二）历史建筑集中成片；

（三）保留着传统格局和历史风貌；

（四）历史上曾经作为政治、经济、文化、交通中心或者军事要地，或者发生过重要历史事件，或者其传统产业、历史上建设的重大工程对本地区的发展产生过重要影响，或者能够集中反映本地区建筑的文化特色、民族特色。

申报历史文化名城的，在所申报的历史文化名城保护范围内还应当有2个以上的历史文化街区。

第八条 申报历史文化名城、名镇、名村，应当提交所申报的历史文化名城、名镇、名村的下列材料：

（一）历史沿革、地方特色和历史文化价值的说明；

（二）传统格局和历史风貌的现状；

（三）保护范围；

（四）不可移动文物、历史建筑、历史文化街区的清单；

（五）保护工作情况、保护目标和保护要求。

第九条 申报历史文化名城，由省、自治区、直辖市人民政府提出申请，经国务院建设主管部门会同国务院文物主管部门组织有关部门、专家进行论证，提出审查意见，报国务院批准公布。

申报历史文化名镇、名村，由所在地县级人民政府提出申请，经省、自治区、直辖市人民政府确定的保护主管部门会同同级文物主管部门组织有关部门、专家进行论证，提出审查意见，报省、自治区、直辖市人民政府批准公布。

第十条 对符合本条例第七条规定的条件而没有申报历史文化名城的城市，国务院建设主管部门会同国务院文物主管部门可以向该城市所在地的省、自治区人民政府提出申报建议；仍不申报的，可以直接向国务院提出确定该城市为历史文化名城的建议。

对符合本条例第七条规定的条件而没有申报历史文化名镇、名村的镇、村庄，省、自治区、直辖市人民政府确定的保护主管部门会同同级文物主管部门可以向该镇、村庄所在地的县级人民政府提出申报建议；仍不申报的，可以直接向省、自治区、直辖市人民政府提出确定该镇、村庄为历史文化名镇、名村的建议。

第十一条 国务院建设主管部门会同国务院文物主管部门可以在已批准公布的历史文化名镇、名村中，严格按照国家有关评价标准，选择具有重大历史、艺术、科学价值的历史文化名镇、名村，经专家论证，确定为中国历史文化名镇、名村。

第十二条 已批准公布的历史文化名城、名镇、名村，因保护不力使其历史文化价值受到严重影响的，批准机关应当将其列入濒危名单，予以公布，并责成所在地城市、县人民政府限期采取补救措施，防止情况继续恶化，并完善保护制度，加强保护工作。

第三章 保护规划

第十三条 历史文化名城批准公布后，历史文化名城人民政府应当组织编制历史文化名城保护规划。

历史文化名镇、名村批准公布后，所在地县级人民政府应当组织编制历史文化名镇、名村保护规划。

保护规划应当自历史文化名城、名镇、名村批准公布之日起1年内编制完成。

第十四条 保护规划应当包括下列内容：
（一）保护原则、保护内容和保护范围；
（二）保护措施、开发强度和建设控制要求；
（三）传统格局和历史风貌保护要求；
（四）历史文化街区、名镇、名村的核心保护范围和建设控制地带；
（五）保护规划分期实施方案。

第十五条　历史文化名城、名镇保护规划的规划期限应当与城市、镇总体规划的规划期限相一致；历史文化名村保护规划的规划期限应当与村庄规划的规划期限相一致。

第十六条　保护规划报送审批前，保护规划的组织编制机关应当广泛征求有关部门、专家和公众的意见；必要时，可以举行听证。

保护规划报送审批文件中应当附具意见采纳情况及理由；经听证的，还应当附具听证笔录。

第十七条　保护规划由省、自治区、直辖市人民政府审批。

保护规划的组织编制机关应当将经依法批准的历史文化名城保护规划和中国历史文化名镇、名村保护规划，报国务院建设主管部门和国务院文物主管部门备案。

第十八条　保护规划的组织编制机关应当及时公布经依法批准的保护规划。

第十九条　经依法批准的保护规划，不得擅自修改；确需修改的，保护规划的组织编制机关应当向原审批机关提出专题报告，经同意后，方可编制修改方案。修改后的保护规划，应当按照原审批程序报送审批。

第二十条　国务院建设主管部门会同国务院文物主管部门应当加强对保护规划实施情况的监督检查。

县级以上地方人民政府应当加强对本行政区域保护规划实施情况的监督检查，并对历史文化名城、名镇、名村保护状况进行评估；对发现的问题，应当及时纠正、处理。

第四章　保护措施

第二十一条　历史文化名城、名镇、名村应当整体保护，保持传统格局、历史风貌和空间尺度，不得改变与其相互依存的自然景观和环境。

第二十二条　历史文化名城、名镇、名村所在地县级以上地方人民政府应当根据当地经济社会发展水平，按照保护规划，控制历史文化名城、名镇、名村的人口数量，改善历史文化名城、名镇、名村的基础设施、公共服务设施和居住环境。

第二十三条　在历史文化名城、名镇、名村保护范围内从事建设活动，应当符合保护规划的要求，不得损害历史文化遗产的真实性和完整性，不得对其传统格局和历史风貌构成破坏性影响。

第二十四条　在历史文化名城、名镇、名村保护范围内禁止进行下列活动：

（一）开山、采石、开矿等破坏传统格局和历史风貌的活动；

（二）占用保护规划确定保留的园林绿地、河湖水系、道路等；

（三）修建生产、储存爆炸性、易燃性、放射性、毒害性、腐蚀性物品的工厂、仓库等；

（四）在历史建筑上刻划、涂污。

第二十五条　在历史文化名城、名镇、名村保护范围内进行下列活动，应当保护其传统格局、历史风貌和历史建筑；制订保护方案，经城市、县人民政府城乡规划主管部门会同同级文物主管部门批准，并依照有关法律、法规的规定办理相关手续：

（一）改变园林绿地、河湖水系等自然状态的活动；

（二）在核心保护范围内进行影视摄制、举办大型群众性活动；

（三）其他影响传统格局、历史风貌或者历史建筑的活动。

第二十六条　历史文化街区、名镇、名村建设控制地带内的新建建筑物、构筑物，应当符合保护规划确定的建设控制要求。

第二十七条 对历史文化街区、名镇、名村核心保护范围内的建筑物、构筑物,应当区分不同情况,采取相应措施,实行分类保护。

历史文化街区、名镇、名村核心保护范围内的历史建筑,应当保持原有的高度、体量、外观形象及色彩等。

第二十八条 在历史文化街区、名镇、名村核心保护范围内,不得进行新建、扩建活动。但是,新建、扩建必要的基础设施和公共服务设施除外。

在历史文化街区、名镇、名村核心保护范围内,新建、扩建必要的基础设施和公共服务设施的,城市、县人民政府城乡规划主管部门核发建设工程规划许可证、乡村建设规划许可证前,应当征求同级文物主管部门的意见。

在历史文化街区、名镇、名村核心保护范围内,拆除历史建筑以外的建筑物、构筑物或者其他设施的,应当经城市、县人民政府城乡规划主管部门会同同级文物主管部门批准。

第二十九条 审批本条例第二十八条规定的建设活动,审批机关应当组织专家论证,并将审批事项予以公示,征求公众意见,告知利害关系人有要求举行听证的权利。公示时间不得少于20日。

利害关系人要求听证的,应当在公示期间提出,审批机关应当在公示期满后及时举行听证。

第三十条 城市、县人民政府应当在历史文化街区、名镇、名村核心保护范围的主要出入口设置标志牌。

任何单位和个人不得擅自设置、移动、涂改或者损毁标志牌。

第三十一条 历史文化街区、名镇、名村核心保护范围内的消防设施、消防通道,应当按照有关的消防技术标准和规范设置。确因历史文化街区、名镇、名村的保护需要,无法按照标准和规范设置的,由城市、县人民政府公安机关消防机构会同同级城乡规划主管部门制订相应的防火安全保障方案。

第三十二条　城市、县人民政府应当对历史建筑设置保护标志,建立历史建筑档案。

历史建筑档案应当包括下列内容:

(一)建筑艺术特征、历史特征、建设年代及稀有程度;

(二)建筑的有关技术资料;

(三)建筑的使用现状和权属变化情况;

(四)建筑的修缮、装饰装修过程中形成的文字、图纸、图片、影像等资料;

(五)建筑的测绘信息记录和相关资料。

第三十三条　历史建筑的所有权人应当按照保护规划的要求,负责历史建筑的维护和修缮。

县级以上地方人民政府可以从保护资金中对历史建筑的维护和修缮给予补助。

历史建筑有损毁危险,所有权人不具备维护和修缮能力的,当地人民政府应当采取措施进行保护。

任何单位或者个人不得损坏或者擅自迁移、拆除历史建筑。

第三十四条　建设工程选址,应当尽可能避开历史建筑;因特殊情况不能避开的,应当尽可能实施原址保护。

对历史建筑实施原址保护的,建设单位应当事先确定保护措施,报城市、县人民政府城乡规划主管部门会同同级文物主管部门批准。

因公共利益需要进行建设活动,对历史建筑无法实施原址保护、必须迁移异地保护或者拆除的,应当由城市、县人民政府城乡规划主管部门会同同级文物主管部门,报省、自治区、直辖市人民政府确定的保护主管部门会同同级文物主管部门批准。

本条规定的历史建筑原址保护、迁移、拆除所需费用,由建设单位列入建设工程预算。

第三十五条 对历史建筑进行外部修缮装饰、添加设施以及改变历史建筑的结构或者使用性质的,应当经城市、县人民政府城乡规划主管部门会同同级文物主管部门批准,并依照有关法律、法规的规定办理相关手续。

第三十六条 在历史文化名城、名镇、名村保护范围内涉及文物保护的,应当执行文物保护法律、法规的规定。

第五章 法律责任

第三十七条 违反本条例规定,国务院建设主管部门、国务院文物主管部门和县级以上地方人民政府及其有关主管部门的工作人员,不履行监督管理职责,发现违法行为不予查处或者有其他滥用职权、玩忽职守、徇私舞弊行为,构成犯罪的,依法追究刑事责任;尚不构成犯罪的,依法给予处分。

第三十八条 违反本条例规定,地方人民政府有下列行为之一的,由上级人民政府责令改正,对直接负责的主管人员和其他直接责任人员,依法给予处分:

(一)未组织编制保护规划的;
(二)未按照法定程序组织编制保护规划的;
(三)擅自修改保护规划的;
(四)未将批准的保护规划予以公布的。

第三十九条 违反本条例规定,省、自治区、直辖市人民政府确定的保护主管部门或者城市、县人民政府城乡规划主管部门,未按照保护规划的要求或者未按照法定程序履行本条例第二十五条、第二十八条、第三十四条、第三十五条规定的审批职责的,由本级人民政府或者上级人民政府有关部门责令改正,通报批评;对直接负责的主管人员和其他直接责任人员,依法给予处分。

第四十条　违反本条例规定，城市、县人民政府因保护不力，导致已批准公布的历史文化名城、名镇、名村被列入濒危名单的，由上级人民政府通报批评；对直接负责的主管人员和其他直接责任人员，依法给予处分。

第四十一条　违反本条例规定，在历史文化名城、名镇、名村保护范围内有下列行为之一的，由城市、县人民政府城乡规划主管部门责令停止违法行为、限期恢复原状或者采取其他补救措施；有违法所得的，没收违法所得；逾期不恢复原状或者不采取其他补救措施的，城乡规划主管部门可以指定有能力的单位代为恢复原状或者采取其他补救措施，所需费用由违法者承担；造成严重后果的，对单位并处50万元以上100万元以下的罚款，对个人并处5万元以上10万元以下的罚款；造成损失的，依法承担赔偿责任：

（一）开山、采石、开矿等破坏传统格局和历史风貌的；

（二）占用保护规划确定保留的园林绿地、河湖水系、道路等的；

（三）修建生产、储存爆炸性、易燃性、放射性、毒害性、腐蚀性物品的工厂、仓库等的。

第四十二条　违反本条例规定，在历史建筑上刻划、涂污的，由城市、县人民政府城乡规划主管部门责令恢复原状或者采取其他补救措施，处50元的罚款。

第四十三条　违反本条例规定，未经城乡规划主管部门会同同级文物主管部门批准，有下列行为之一的，由城市、县人民政府城乡规划主管部门责令停止违法行为、限期恢复原状或者采取其他补救措施；有违法所得的，没收违法所得；逾期不恢复原状或者不采取其他补救措施的，城乡规划主管部门可以指定有能力的单位代为恢复原状或者采取其他补救措施，所需费用由违法者承担；造成严重后果的，对单位并处 5 万元以上 10 万元以下的罚款，对个人并处 1 万元以上 5 万元以下的罚款；造成损失的，依法承担赔偿责任：

（一）改变园林绿地、河湖水系等自然状态的；

（二）进行影视摄制、举办大型群众性活动的；

（三）拆除历史建筑以外的建筑物、构筑物或者其他设施的；

（四）对历史建筑进行外部修缮装饰、添加设施以及改变历史建筑的结构或者使用性质的；

（五）其他影响传统格局、历史风貌或者历史建筑的。

有关单位或者个人经批准进行上述活动，但是在活动过程中对传统格局、历史风貌或者历史建筑构成破坏性影响的，依照本条第一款规定予以处罚。

第四十四条 违反本条例规定，损坏或者擅自迁移、拆除历史建筑的，由城市、县人民政府城乡规划主管部门责令停止违法行为、限期恢复原状或者采取其他补救措施；有违法所得的，没收违法所得；逾期不恢复原状或者不采取其他补救措施的，城乡规划主管部门可以指定有能力的单位代为恢复原状或者采取其他补救措施，所需费用由违法者承担；造成严重后果的，对单位并处 20 万元以上 50 万元以下的罚款，对个人并处 10 万元以上 20 万元以下的罚款；造成损失的，依法承担赔偿责任。

第四十五条 违反本条例规定，擅自设置、移动、涂改或者损毁历史文化街区、名镇、名村标志牌的，由城市、县人民政府城乡规划主管部门责令限期改正；逾期不改正的，对单位处 1 万元以上 5 万元以下的罚款，对个人处 1000 元以上 1 万元以下的罚款。

第四十六条 违反本条例规定，对历史文化名城、名镇、名村中的文物造成损毁的，依照文物保护法律、法规的规定给予处罚；构成犯罪的，依法追究刑事责任。

第六章 附 则

第四十七条 本条例下列用语的含义：
（一）历史建筑，是指经城市、县人民政府确定公布的具有一定保护价值，能够反映历史风貌和地方特色，未公布为文物保护单位，也未登记为不可移动文物的建筑物、构筑物。
（二）历史文化街区，是指经省、自治区、直辖市人民政府核定公布的保存文物特别丰富、历史建筑集中成片、能够较完整和真实地体现传统格局和历史风貌，并具有一定规模的区域。
历史文化街区保护的具体实施办法，由国务院建设主管部门会同国务院文物主管部门制定。
第四十八条 本条例自2008年7月1日起施行。

城市国有土地使用权出让转让规划管理办法
（建设部令第22号，根据住房和城乡建设部令第9号修改）

第一条 为了加强城市国有土地使用权出让、转让的规划管理，保证城市规划实施，科学、合理利用城市土地，根据《中华人民共和国城乡规划法》、《中华人民共和国土地管理法》、《中华人民共和国城镇国有土地使用权出让和转让暂行条例》和《外商投资开发经营成片土地暂行管理办法》等制定本办法。
第二条 在城市规划区内城市国有土地使用权出让、转让必须符合城市规划，有利于城市经济社会的发展，并遵守本办法。
第三条 国务院城市规划行政主管部门负责全国城市国有土地使用权出让、转让规划管理的指导工作。

省、自治区、直辖市人民政府城市规划行政主管部门负责本省、自治区、直辖市行政区域内城市国有土地使用权出让、转让规划管理的指导工作。

直辖市、市和县人民政府城市规划行政主管部门负责城市规划区内城市国有土地使用权出让、转让的规划管理工作。

第四条 城市国有土地使用权出让的投放量应当与城市土地资源、经济社会发展和市场需求相适应。土地使用权出让、转让应当与建设项目相结合。城市规划行政主管部门和有关部门要根据城市规划实施的步骤和要求，编制城市国有土地使用权出让规划和计划，包括地块数量、用地面积、地块位置、出让步骤等，保证城市国有土地使用权的出让有规划、有步骤、有计划地进行。

第五条 出让城市国有土地使用权，出让前应当制定控制性详细规划。

出让的地块，必须具有城市规划行政主管部门提出的规划设计条件及附图。

第六条 规划设计条件应当包括：地块面积，土地使用性质，容积率，建筑密度，建筑高度，停车泊位，主要出入口，绿地比例，须配置的公共设施、工程设施，建筑界线，开发期限以及其他要求。

附图应当包括：地块区位和现状，地块坐标、标高，道路红线坐标、标高，出入口位置，建筑界线以及地块周围地区环境与基础设施条件。

第七条 城市国有土地使用权出让、转让合同必须附具规划设计条件及附图。

规划设计条件及附图，出让方和受让方不得擅自变更。在出让转让过程中确需变更的，必须经城市规划行政主管部门批准。

第八条 城市用地分等定级应当根据城市各地段的现状和规划要求等因素确定。土地出让金的测算应当把出让地块的规划设计条件作为重要依据之一。在城市政府的统一组织下，城市规划行政主管部门应当和有关部门进行城市用地分等定级和土地出让金的测算。

第九条 已取得土地出让合同的，受让方应当持出让合同依法向城市规划行政主管部门申请建设用地规划许可证。在取得建设用地规划许可证后，方可办理土地使用权属证明。

第十条 通过出让获得的土地使用权再转让时，受让方应当遵守原出让合同附具的规划设计条件，并由受让方向城市规划行政主管部门办理登记手续。

受让方如需改变原规划设计条件，应当先经城市规划行政主管部门批准。

第十一条 受让方在符合规划设计条件外为公众提供公共使用空间或设施的，经城市规划行政主管部门批准后，可给予适当提高容积率的补偿。

受让方经城市规划行政主管部门批准变更规划设计条件而获得的收益，应当按规定比例上交城市政府。

第十二条 城市规划行政主管部门有权对城市国有土地使用权出让、转让过程是否符合城市规划进行监督检查。

第十三条 凡持未附具城市规划行政主管部门提供的规划设计条件及附图的出让、转让合同，或擅自变更的，城市规划行政主管部门不予办理建设用地规划许可证。

凡未取得或擅自变更建设用地规划许可证而办理土地使用权属证明的，土地权属证明无效。

第十四条 各级人民政府城市规划行政主管部门，应当对本行政区域内的城市国有土地使用权出让、转让规划管理情况逐项登记，定期汇总。

第十五条 城市规划行政主管部门应当深化城市土地利用规划，加强规划管理工作。城市规划行政主管部门必须提高办事效率，对申领规划设计条件及附图、建设用地规划许可证的应当在规定的期限内完成。

第十六条 各省、自治区、直辖市城市规划行政主管部门可以根据本办法制定实施细则，报当地人民政府批准后执行。

第十七条 本办法由建设部负责解释。

第十八条 本办法自1993年1月1日起施行。

建制镇规划建设管理办法

（建设部令第44号，根据住房和城乡建设部令第9号修改）

第一章 总 则

第一条 为了加强建制镇规划建设管理，根据《城乡规划法》、《城市房地产管理法》等法律、行政法规的规定，制定本办法。

第二条 制定和实施建制镇规划，在建制镇规划区内进行建设和房地产、市政公用设施、镇容环境卫生等管理，必须遵守本办法。

第三条 本办法所称建制镇，是指国家按行政建制设立的镇，不含县城关镇。

本办法所称建制镇规划区，是指镇政府驻地的建成区和因建设及发展需要实行规划控制的区域。建制镇规划区的具体范围，在建制镇总体规划中划定。

第四条 建制镇规划建设要适应农村经济和社会发展的需要，为促进乡镇企业适当集中建设、农村富余劳动力向非农产业转移，加快农村城市化进程服务。

第五条 建制镇建设应当坚持合理布局、节约用地的原则，全面规划、正确引导、依靠群众、自力更生、因地制宜、逐步建设，实现经济效益、社会效益和环境效益的统一。

第六条 地处洪涝、地震、台风、滑坡等自然灾害容易发生地区的建制镇，应当按照国家和地方的有关规定，在建制镇总体规划中制定防灾措施。

第七条 国务院建设行政主管部门主管全国建制镇规划建设管理工作。

县级以上地方人民政府建设行政主管部门主管本行政区域内建制镇规划建设管理工作。

建制镇人民政府的建设行政主管部门负责建制镇的规划建设管理工作。

第八条 建制镇建设行政主管部门主要职责是：

（一）贯彻和执行国家及地方有关法律、行政法规、规章；

（二）负责编制建制镇的规划，并负责组织和监督规划的实施；

（三）负责县级建设行政主管部门授权的建设工程项目的设计管理与施工管理；

（四）负责县级建设行政主管部门授权的房地产管理；

（五）负责建制镇镇容和环境卫生、园林、绿化管理、市政公用设施的维护与管理；

（六）负责建筑市场、建筑队伍和个体工匠的管理；

（七）负责技术服务和技术咨询；

（八）负责建设统计、建设档案管理及法律、法规规定的其他职责。

第二章 规划管理

第九条 在县级以上地方人民政府城市规划行政主管部门指

导下，建制镇规划由建制镇人民政府负责组织编制。

建制镇在设市城市规划区内的，其规划应服从设市城市的总体规划。

编制建制镇规划应当依照《村镇规划标准》进行。

第十条 建制镇的总体规划报县级人民政府审批，详细规划报建制镇人民政府审批。建制镇人民政府在向县级人民政府报请审批建制镇总体规划前，须经建制镇人民代表大会审查同意。

第十一条 任何组织和个人不得擅自改变已经批准的建制镇规划。确需修改时，由建制镇人民政府根据当地经济和社会发展需要进行调整，并报原审批机关审批。

第十二条 建制镇规划区内的土地利用和各项建设必须符合建制镇规划，服从规划管理。

任何单位和个人必须服从建制镇人民政府根据建制镇规划作出的调整用地决定。

第十三条 建制镇规划区内的建设工程项目在报请计划部门批准时，必须附有县级以上建设行政主管部门的选址意见书。

第十四条 在建制镇规划区内进行建设需要申请用地的，必须持建设项目的批准文件，向建制镇建设行政主管部门申请定点，由建制镇建设行政主管部门根据规划核定其用地位置和界限，并提出规划设计条件的意见，报县级人民政府建设行政主管部门审批。县级人民政府建设行政主管部门审核批准的，发给建设用地规划许可证。建设单位和个人在取得建设用地规划许可证后，方可依法申请办理用地批准手续。

第十五条 建设规划用地批准后，任何单位和个人不得随意改变土地使用性质和范围。如需改变土地使用性质和范围，必须重新履行规划审批手续。

第十六条 在建制镇规划区内新建、扩建和改建建筑物、构筑物、道路、管线和其它工程设施，必须持有关批准文件向建制镇建设行政主管部门提出建设工程规划许可证的申请，由建制镇建设行政主管部门对工程项目施工图进行审查，并提出是否发给建设工程规划许可证的意见，报县级人民政府建设行政主管部门审批。县级人民政府建设行政主管部门审核批准的，发给建设工程规划许可证。建设单位和个人在取得建设工程规划许可证件和其他有关批准文件后，方可申请办理开工手续。

第十七条 在建制镇规划区内建临时建筑，必须经建制镇建设行政主管部门批准。临时建筑必须在批准的使用期限内拆除。如国家或集体需要用地，必须在规定期限内拆除。

禁止在批准临时使用的土地上建设永久性建筑物、构筑物和其他设施。

第十八条 建制镇建设行政主管部门有权对建制镇规划区内的建设工程是否符合规划要求进行检查。被检查者应当如实提供情况和资料，检查者有责任为被检查者保守技术秘密和业务秘密。

第三章 设计管理与施工管理

第十九条 在建制镇规划区内，凡建跨度、跨径或者高度超出规定范围的生产建筑、公共建筑、市政公用设施，以及二层以上的住宅（以下简称建设工程），必须由取得相应设计资格证书的单位进行设计，或者选用通用设计、标准设计。

跨度、跨径和高度的限定，由省、自治区、直辖市人民政府建设行政主管部门规定。

第二十条 建制镇规划区内的建设工程的设计，应当符合建制镇规划的要求，与建设工程所在地的周围环境相协调，保持地方特色和民族风格，体现时代特点。

第二十一条 建设工程设计应当贯彻适用、安全、经济、美观的原则,并应当符合国家和地方有关节约土地、能源、材料及抗御灾害的规定。

第二十二条 经过审查批准的设计文件,不得擅自更改。确需更改的,必须征得审批机关的同意。

第二十三条 建制镇规划区内的建设工程开工实行施工许可证制度。建设单位和个人应当根据《建设工程施工现场管理规定》的规定,取得施工许可证,并由建设行政主管部门派专人到现场定位放线或验线后,方可开工。

第二十四条 凡在建制镇规划区内承建工程项目的施工企业,必须持有《施工企业资质等级证书》或者《资质审查证书》,并到当地镇建设管理机构登记后,方可按照规定的经营范围承建工程。严禁无证或者越级承建工程。

在建制镇规划区内从事建筑施工的个体工匠应当到建制镇建设行政主管部门办理登记手续。

第二十五条 施工企业和个体工匠必须保证施工质量,按照有关的技术规定进行施工,使用符合工程质量要求的建筑构件和建筑材料。

第二十六条 县级人民政府建设行政主管部门应当对施工质量进行监督检查,并督促有关部门或建设单位对建设项目进行竣工验收。凡验收不合格的,不得交付使用。

第四章 房地产管理

第二十七条 在建制镇规划区国有土地范围内从事房地产开发、交易,按照《城市房地产管理法》执行。

第二十八条 房屋所有人应当向房屋所在地建制镇建设行政主管部门申请登记,由县级人民政府建设行政主管部门或者其委托的机构核实并颁发房屋所有权证书或者房地产权证书。

房产转让或者变更时，应当向房屋所在地建制镇建设行政主管部门申请变更登记，由县级人民政府建设行政主管部门或者委托的机构核实并换发房屋所有权证书。

第二十九条　房屋所有人申请登记，应当提交房屋土地使用权证和下列证件：

（一）新建、扩建和改建的房屋，提交房屋所在地建设行政主管部门颁发的建设用地规划许可证、建设工程规划许可证；

（二）购买的房屋，提交原房屋所有权证或者房地产权属证书（以下简称房屋所有权证）、买卖合同和契证；

（三）受赠的房屋，提交原房屋所有权证、赠与书和契证；

（四）交换的房屋，提交双方的房屋所有权证、双方签订的交换协议书和契证；

（五）继承的房屋，提交原房屋所有权证、遗产继承证件和契证；

（六）分家析产分割的房屋，提交原房屋所有权证，分家析产单和契证。

第三十条　房产转让时，房屋的所有权和该房屋占用范围内的土地使用权同时转让。

第三十一条　房屋租赁，出租人和承租人应当签订书面租赁合同，约定租赁期限、租赁用途、租赁价格、修缮责任、双方的权利和义务等条款，并向建制镇建设行政主管部门登记备案。

第三十二条　建制镇规划区内的房屋因建制镇建设需要拆迁时，建设单位应当给予房屋所有人合理补偿，并对房屋使用人予以妥善安置。

被征用拆迁房屋的所有人或者使用人应当服从建制镇建设的需要，按期搬迁，不得借故拖延。

第五章　市政公用设施、环境卫生管理

第三十三条　从建制镇收取的城市维护建设税，必须用于建制镇市政公用设施的维护和建设，任何单位不得截留、挪用。

第三十四条　建制镇的市政公用设施应当逐步实行有偿使用制度。建制镇人民政府可以根据本地区经济发展情况，制定市政公用设施有偿使用办法。

第三十五条　建制镇人民政府可以根据谁投资谁受益的原则，组织有关单位和个人投资兴建市政公用设施。

国家依法保护投资人的合法权益。

第三十六条　任何单位和个人都应当遵守国家和地方有关建制镇市政公用设施的管理规定，合理使用市政公用设施。

严禁损毁建制镇规划区内的市政公用设施和集贸市场。

第三十七条　任何单位和个人都应当遵守国家有关风景名胜、文物保护的法规，不得损坏、擅自占用建制镇内园林绿地、绿化设施和树木花草，破坏文物古迹和风景名胜。

第三十八条　建制镇建设行政主管部门应当加强建制镇镇内容和环境卫生管理，保持建制镇容貌整齐，环境清洁卫生。

第六章　罚　　则

第三十九条　在建制镇规划区内，未取得建设用地规划许可证而取得建设用地批准文件，占用土地的，批准文件无效，占用的土地由县级以上人民政府责令退回。

第四十条　在建制镇规划区内，未取得建设工程规划许可证件或者违反建设工程规划许可证的规定进行建设，严重影响建制镇规划的，由县级人民政府建设行政主管部门责令停止建设，限

期拆除或者没收违法建筑物、构筑物及其他设施；虽影响建制镇规划，但尚可采取改正措施的，由县级人民政府建设行政主管部门责令限期改正，可以并处罚款。

第四十一条 有下列行为之一的，由县级人民政府建设行政主管部门责令停止设计或者施工、限期改正，可以并处罚款；情节严重的，提请原发证机关吊销设计或者施工的资格证书；

（一）未取得相应的设计资质证书，承担建筑跨度、跨径和高度超出规定范围的工程以及二层以上住宅的设计任务的；

（二）未取得施工《资质等级证书》或者《资质审查证书》，或者未按规定的经营范围承担施工任务的；

（三）未取得施工许可证而擅自开工的；

（四）未按设计图纸施工或者擅自修改设计图纸的；

（五）不按有关技术规定施工或者使用不符合工程质量要求的建筑材料和建筑构配件的。

第四十二条 损坏房屋、市政公用设施的，由建制镇人民政府建设行政主管部门责令停止侵害、恢复原状、赔偿损失，可以并处以罚款。

第四十三条 擅自在建制镇规划区内修建临时建筑物、构筑物和其他设施的，或者在批准临时使用的土地上建设永久性建筑物、构筑物和其他设施的，由建制镇人民政府建设行政主管部门责令限期拆除，可以并处罚款。

第四十四条 破坏建制镇镇容和环境卫生的，由建制镇人民政府建设行政主管部门依据《城市市容和环境卫生管理条例》的规定进行处罚。

第四十五条 占用、损坏建制镇园林绿地、绿化设施和树木花草的，由建制镇人民政府建设行政主管部门依据《城市绿化条例》的规定进行处罚。

第四十六条 损坏建制镇规划区内的文物古迹、古树名木和风景名胜的，依照有关法律、法规的规定处罚。

第四十七条 违反本办法，构成违反治安管理的行为，依照《治安管理处罚法》的规定处罚；构成犯罪的，依法追究刑事责任。

第四十八条 建制镇建设行政主管部门应当执行有关城建监察的规定，确定执法人员，对建制镇规划、市政公用设施、园林绿化和环境卫生、风景名胜的实施情况进行执法检查。

第七章 附 则

第四十九条 省、自治区、直辖市人民政府建设行政主管部门可以根据办法制定实施细则。

第五十条 本办法由国务院建设行政主管部门负责解释。

第五十一条 本办法自 1995 年 7 月 1 日起施行。

城市地下空间开发利用管理规定

(1997 年 10 月 27 日建设部令第 58 号发布，2001 年 11 月 20 日根据《建设部关于修改〈城市地下空间开发利用管理规定〉的决定》修正)

第一章 总 则

第一条 为了加强对城市地下空间开发利用的管理，合理开发城市地下空间资源，适应城市现代化和城市可持续发展建设的需要，依据《中华人民共和国城乡规划法》及有关法律、法规，制定本规定。

第二条 编制城市地下空间规划，对城市规划区范围内的地下空间进行开发利用，必须遵守本规定。

本规定所称的城市地下空间，是指城市规划区内地表以下的空间。

第三条　城市地下空间的开发利用应贯彻统一规划、综合开发、合理利用、依法管理的原则，坚持社会效益、经济效益和环境效益相结合，考虑防灾和人民防空等需要。

第四条　国务院建设行政主管部门负责全国城市地下空间的开发利用管理工作。

省、自治区人民政府建设行政主管部门负责本行政区域内城市地下空间的开发利用管理工作。

直辖市、市、县人民政府建设行政主管部门和城市规划行政主管部门按照职责分工，负责本行政区域内城市地下空间的开发利用管理工作。

第二章　城市地下空间的规划

第五条　城市地下空间规划是城市规划的重要组成部分。各级人民政府在组织编制城市总体规划时，应根据城市发展的需要，编制城市地下空间开发利用规划。

各级人民政府在编制城市详细规划时，应当依据城市地下空间开发利用规划对城市地下空间开发利用作出具体规定。

第六条　城市地下空间开发利用规划的主要内容包括：地下空间现状及发展预测，地下空间开发战略，开发层次、内容、期限，规模与布局，以及地下空间开发实施步骤等。

第七条　城市地下空间的规划编制应注意保护和改善城市的生态环境，科学预测城市发展的需要，坚持因地制宜，远近兼顾，全面规划，分步实施，使城市地下空间的开发利用同国家和地方的经济技术发展水平相适应。城市地下空间规划应实行竖向分层立体综合开发，横向相关空间互相连通，地面建筑与地下工程协调配合。

第八条 编制城市地下空间规划必备的城市勘察、测量、水文、地质等资料应当符合国家有关规定。承担编制任务的单位，应当符合国家规定的资质要求。

第九条 城市地下空间规划作为城市规划的组成部分，依据《中华人民共和国城乡规划法》的规定进行审批和调整。

城市地下空间建设规划由城市人民政府城市规划行政主管部门负责审查后，报城市人民政府批准。

城市地下空间规划需要变更的，须经原批准机关审批。

第三章　城市地下空间的工程建设

第十条 城市地下空间的工程建设必须符合城市地下空间规划，服从规划管理。

第十一条 附着地面建筑进行地下工程建设，应随地面建筑一并向城市规划行政主管部门申请办理选址意见书、建设用地规划许可证、建设工程规划许可证。

第十二条 独立开发的地下交通、商业、仓储、能源、通讯、管线、人防工程等设施，应持有关批准文件、技术资料，依据《中华人民共和国城乡规划法》的有关规定，向城市规划行政主管部门申请办理选址意见书、建设用地规划许可证、建设工程规划许可证。

第十三条 建设单位或者个人在取得建设工程规划许可证和其他有关批准文件后，方可向建设行政主管部门申请办理建设工程施工许可证。

第十四条 地下工程建设应符合国家有关规定、标准和规范。

第十五条 地下工程的勘察设计，应由具备相应资质的勘察设计单位承担。

第十六条 地下工程设计应满足地下空间对环境、安全和设施运行、维护等方面的使用要求，使用功能与出入口设计应与地面建设相协调。

第十七条 地下工程的设计文件应当按照国家有关规定进行设计审查。

第十八条 地下工程的施工应由具备相应资质的施工单位承担，确保工程质量。

第十九条 地下工程必须按照设计图纸进行施工。施工单位认为有必要改变设计方案的，应由原设计单位进行修改，建设单位应重新办理审批手续。

第二十条 地下工程的施工，应尽量避免因施工干扰城市正常的交通和生活秩序，不得破坏现有建筑物，对临时损坏的地表地貌应及时恢复。

第二十一条 地下工程施工应当推行工程监理制度。

第二十二条 地下工程的专用设备、器材的定型、生产应当执行国家统一标准。

第二十三条 地下工程竣工后，建设单位应当组织设计、施工、工程监理等有关单位进行竣工验收，经验收合格的方可交付使用。

建设单位应当自竣工验收合格之日起 15 日内，将建设工程竣工验收报告和规划、公安消防、环保等部门出具的认可文件或者准许使用文件报建设行政主管部门或者其他有关部门备案，并及时向建设行政主管部门或者其他有关部门移交建设项目档案。

第四章　城市地下空间的工程管理

第二十四条　城市地下工程由开发利用的建设单位或者使用单位进行管理，并接受建设行政主管部门的监督检查。

第二十五条　地下工程应本着"谁投资、谁所有、谁受益、谁维护"的原则，允许建设单位对其投资开发建设的地下工程自营或者依法进行转让、租赁。

第二十六条　建设单位或者使用单位应加强地下空间开发利用工程的使用管理，做好工程的维护管理和设施维修、更新，并建立健全维护管理制度和工程维修档案，确保工程、设备处于良好状态。

第二十七条　建设单位或者使用单位应当建立健全地下工程的使用安全责任制度，采取可行的措施，防范发生火灾、水灾、爆炸及危害人身健康的各种污染。

第二十八条　建设单位或者使用单位在使用或者装饰装修中不得擅自改变地下工程的结构设计，需改变原结构设计的，应当由具备相应资质的设计单位设计，并按照规定重新办理审批手续。

第二十九条　平战结合的地下工程，平时由建设或者使用单位进行管理，并应保证战时能迅速提供有关部门和单位使用。

第五章　罚　　则

第三十条　进行城市地下空间的开发建设，违反城市地下空间的规划及法定实施管理程序规定的，由县级以上人民政府城市规划行政主管部门依法处罚。

第三十一条　有下列行为之一的，县级以上人民政府建设行政主管部门根据有关法律、法规处罚。

（一）未领取建设工程施工许可证擅自开工，进行地下工程建设的；

（二）设计文件未按照规定进行设计审查，擅自施工的；

（三）不按照工程设计图纸进行施工的；

（四）在使用或者装饰装修中擅自改变地下工程结构设计的；

（五）地下工程的专用设备、器材的定型、生产未执行国家统一标准的。

第三十二条 在城市地下空间的开发利用管理工作中，建设行政主管部门和城市规划行政主管部门工作人员玩忽职守、滥用职权、徇私舞弊，依法给予行政处分；构成犯罪的，依法追究刑事责任。

第六章 附　　则

第三十三条 省、自治区人民政府建设行政主管部门、直辖市人民政府建设行政主管部门和城市规划行政主管部门可根据本规定制定实施办法。

第三十四条 本规定由国务院建设行政主管部门负责解释。

第三十五条 本规定自1997年12月1日起施行。

城市绿线管理办法

（建设部令第112号）

第一条 为建立并严格实行城市绿线管理制度，加强城市生态环境建设，创造良好的人居环境，促进城市可持续发展，根据

《中华人民共和国城乡规划法》、《城市绿化条例》等法律法规，制定本办法。

第二条 本办法所称城市绿线，是指城市各类绿地范围的控制线。

本办法所称城市，是指国家按行政建制设立的直辖市、市、镇。

第三条 城市绿线的划定和监督管理，适用本办法。

第四条 国务院建设行政主管部门负责全国城市绿线管理工作。

省、自治区人民政府建设行政主管部门负责本行政区域内的城市绿线管理工作。

城市人民政府规划、园林绿化行政主管部门，按照职责分工负责城市绿线的监督和管理工作。

第五条 城市规划、园林绿化等行政主管部门应当密切合作，组织编制城市绿地系统规划。

城市绿地系统规划是城市总体规划的组成部分，应当确定城市绿化目标和布局，规定城市各类绿地的控制原则，按照规定标准确定绿化用地面积，分层次合理布局公共绿地，确定防护绿地、大型公共绿地等的绿线。

第六条 控制性详细规划应当提出不同类型用地的界线、规定绿化率控制指标和绿化用地界线的具体坐标。

第七条 修建性详细规划应当根据控制性详细规划，明确绿地布局，提出绿化配置的原则或者方案，划定绿地界线。

第八条 城市绿线的审批、调整，按照《中华人民共和国城乡规划法》、《城市绿化条例》的规定进行。

第九条 批准的城市绿线要向社会公布，接受公众监督。

任何单位和个人都有保护城市绿地、服从城市绿线管理的义务，有监督城市绿线管理、对违反城市绿线管理行为进行检举的权利。

第十条 城市绿线范围内的公共绿地、防护绿地、生产绿地、居住区绿地、单位附属绿地、道路绿地、风景林地等，必须按照《城市用地分类与规划建设用地标准》、《公园设计规范》等标准，进行绿地建设。

第十一条 城市绿线内的用地，不得改作他用，不得违反法律法规、强制性标准以及批准的规划进行开发建设。

有关部门不得违反规定，批准在城市绿线范围内进行建设。

因建设或者其他特殊情况，需要临时占用城市绿线内用地的，必须依法办理相关审批手续。

在城市绿线范围内，不符合规划要求的建筑物、构筑物及其他设施应当限期迁出。

第十二条 任何单位和个人不得在城市绿地范围内进行拦河截溪、取土采石、设置垃圾堆场、排放污水以及其他对生态环境构成破坏的活动。

近期不进行绿化建设的规划绿地范围内的建设活动，应当进行生态环境影响分析，并按照《中华人民共和国城乡规划法》的规定，予以严格控制。

第十三条 居住区绿化、单位绿化及各类建设项目的配套绿化都要达到《城市绿化规划建设指标的规定》的标准。

各类建设工程要与其配套的绿化工程同步设计，同步施工，同步验收。达不到规定标准的，不得投入使用。

第十四条 城市人民政府规划、园林绿化行政主管部门按照职责分工，对城市绿线的控制和实施情况进行检查，并向同级人民政府和上级行政主管部门报告。

第十五条 省、自治区人民政府建设行政主管部门应当定期对本行政区域内城市绿线的管理情况进行监督检查，对违法行为，及时纠正。

第十六条　违反本办法规定，擅自改变城市绿线内土地用途、占用或者破坏城市绿地的，由城市规划、园林绿化行政主管部门，按照《中华人民共和国城乡规划法》、《城市绿化条例》的有关规定处罚。

第十七条　违反本办法规定，在城市绿地范围内进行拦河截溪、取土采石、设置垃圾堆场、排放污水以及其他对城市生态环境造成破坏活动的，由城市园林绿化行政主管部门责令改正，并处一万元以上三万元以下的罚款。

第十八条　违反本办法规定，在已经划定的城市绿线范围内违反规定审批建设项目的，对有关责任人员由有关机关给予行政处分；构成犯罪的，依法追究刑事责任。

第十九条　城镇体系规划所确定的，城市规划区外防护绿地、绿化隔离带等的绿线划定、监督和管理，参照本办法执行。

第二十条　本办法自二〇〇二年十一月一日起施行。

外商投资城市规划服务企业管理规定
（建设部、对外贸易经济合作部令第116号）

第一条　为进一步扩大对外开放，规范外国公司、企业和其他经济组织或者个人投资城市规划服务企业，加强对外商投资城市规划服务企业从事城市规划服务活动的管理，根据《中华人民共和国外资企业法》、《中华人民共和国中外合资经营企业法》、《中华人民共和国中外合作经营企业法》、《中华人民共和国城乡规划法》，制定本规定。

第二条　在中华人民共和国境内设立外商投资城市规划服务企业，申请《外商投资企业城市规划服务资格证书》，实施对外商投资城市规划服务企业监督管理，适用本规定。

第三条 本规定所称外商投资城市规划服务企业,是指在中华人民共和国依法设立,从事城市规划服务的中外合资、中外合作经营企业以及外资企业。

本规定所称城市规划服务,是指从事除城市总体规划以外的城市规划的编制、咨询活动。

第四条 外国公司、企业和其他经济组织或者个人在中国从事城市规划服务,必须依法设立中外合资、中外合作或者外资企业,取得《外商投资企业城市规划服务资格证书》。

未取得《外商投资企业城市规划服务资格证书》的,不得从事城市规划服务。

第五条 国务院对外贸易经济行政主管部门负责外商投资城市规划服务企业设立的管理工作;国务院建设行政主管部门负责外商投资城市规划服务企业资格的管理工作。

省、自治区、直辖市人民政府对外贸易经济行政主管部门负责本行政区域内外商投资城市规划服务企业设立的初审工作;县级以上地方人民政府城市规划行政主管部门负责对本行政区域内的外商投资城市规划服务企业从事城市规划服务活动的监督管理。

第六条 设立外商投资城市规划服务企业,除具备中国有关外商投资企业法律法规规定的条件外,还必须具备以下条件:

(一)外方是在其所在国家或者地区从事城市规划服务的企业或者专业技术人员;

(二)具有城市规划、建筑、道路交通、园林绿化以及相关工程等方面的专业技术人员20人以上,其中外籍专业技术人员占全部专业技术人员的比例不低于25%,城市规划、建筑、道路交通、园林绿化专业的外籍专业技术人员分别不少于1人;

(三)有符合国家规定的技术装备和固定的工作场所。

第七条 申请设立外商投资城市规划服务企业的,应当依法向国家工商行政管理总局或者国家工商行政管理总局授权的地方工商行政管理局，申请拟设立外商投资企业名称的核准。

第八条 申请人在取得拟设立外商投资企业名称核准后，向拟设立企业所在地省、自治区、直辖市人民政府对外贸易经济行政主管部门，提出设立外商投资城市规划服务企业申请，并提交下列材料：

（一）投资方法定代表人签署的外商投资企业设立申请书；

（二）投资方编制或者认可的可行性研究报告、项目建议书及企业设立方案（包括专业人员配备、技术装备计划和工作场所面积等）；

（三）投资方法定代表人签署的外商投资企业合同和章程（其中外资企业只需提供章程）；

（四）企业名称预先核准通知书；

（五）投资方法人登记注册证明、投资方银行资信证明；

（六）投资方拟派出的董事长、董事会成员、经理、工程技术负责人等任职文件及证明文件；

（七）经注册会计师或者会计师事务所审计的投资方最近三年的资产负债表和损益表；

（八）外方投资者所在国家或者地区从事城市规划服务的企业注册登记证明、银行资信证明；

（九）外方投资者所在国家或者地区政府主管部门或者行业协会、学会、公证机构出具的从事城市规划服务经历及业绩的证明。

第九条 省、自治区、直辖市人民政府对外贸易经济行政主管部门，在受理申请之日起30日内完成初审；初审同意后，报国务院对外贸易经济行政主管部门。

第十条 国务院对外贸易经济行政主管部门，在接到经初审的申请材料之日起10日内，将申请材料送国务院建设行政主管部门征求意见。国务院建设行政主管部门收到申请材料之日起30日内提出意见。国务院对外贸易经济行政主管部门在收到国务院建设行政主管部门书面意见之日起30日内作出批准或者不批准的决定。予以批准的，发给外商投资企业批准证书；不予批准的，书面说明理由。

第十一条　申请人在取得外商投资企业批准证书后，依法办理企业工商注册登记，领取营业执照。

第十二条　申请人在取得企业法人营业执照后，向国务院建设行政主管部门申请《外商投资企业城市规划服务资格证书》。

第十三条　申请《外商投资企业城市规划服务资格证书》应当提供下列材料：

（一）《外商投资企业城市规划服务资格证书》申请表；

（二）外商投资企业批准证书；

（三）企业法人营业执照；

（四）经劳动人事部门备案的专业技术人员聘用合同和专业技术资格证明材料；

（五）企业技术装备材料。

第十四条　外商投资城市规划服务企业应当在取得《外商投资企业城市规划服务资格证书》后30日内，向其注册所在市、县城市规划行政主管部门备案。

第十五条　外商投资城市规划服务企业承揽注册所在地以外城市规划服务任务的，应当向任务所在市、县城市规划行政主管部门备案。

第十六条　申请人提交的材料应当使用中文，证明文件是外文的，必须提供中文译本。

第十七条　外商投资城市规划服务企业从事城市规划服务，必须遵守中国有关城市规划的法律法规、技术标准和规范。

第十八条　外商投资城市规划服务企业聘用的外国技术人员

每人每年在中国境内累计居留时间不少于6个月。

第十九条 国务院建设行政主管部门对取得《外商投资企业城市规划服务资格证书》的外商投资城市规划服务企业，每年进行一次年检。对不符合资格条件的，收回其《外商投资企业城市规划服务资格证书》。

第二十条 已取得《城市规划编制单位资质证书》的中方单位，改组、改制成立中外合资、中外合作城市规划服务企业的，应当交回《城市规划编制单位资质证书》。

第二十一条 外商投资城市规划服务企业停业、撤销、终止时，应当交回《外商投资企业城市规划服务资格证书》。

第二十二条 严禁将城市规划服务任务委托给未取得《外商投资企业城市规划服务资格证书》的外商投资企业。

严禁将有关城市总体规划的服务任务委托给外商投资企业。

第二十三条 未取得《外商投资企业城市规划服务资格证书》承揽城市规划服务任务的，由县级以上地方人民政府城市规划行政主管部门责令停止违法活动，处1万元以上3万元以下的罚款。对其成果，有关部门不得批准。

第二十四条 外商投资城市规划服务企业违反本规定从事城市总体规划编制服务的，由县级以上地方人民政府城市规划行政主管部门责令改正；情节严重的，由发证机关收回《外商投资企业城市规划服务资格证书》。

外商投资城市规划服务企业弄虚作假，骗取《外商投资企业城市规划服务资格证书》的，由发证机关收回资格证书。

发证机关收回资格证书后，应当将有关情况通报注册登记机关。被收回资格证书的企业，应当向注册登记机关申请注销登记；不办理注销登记的，由注册登记机关依法处理。

第二十五条 违反本规定，将城市规划服务任务委托给未取得《外商投资企业城市规划服务资格证书》外商投资企业的，或者将总体规划服务任务委托给外商投资城市规划服务企业的，由上级机关予以纠正，依法追究有关责任人的行政责任；构成犯罪的，依法追究刑事责任。

第二十六条 本规定由国务院建设行政主管部门、国务院对外贸易经济行政主管部门按照各自的职责负责解释。

第二十七条 香港特别行政区、澳门特别行政区和台湾地区的投资者在大陆投资兴办城市规划服务企业的，参照本规定执行。

第二十八条 本规定自2003年5月1日起施行。

城市抗震防灾规划管理规定

（建设部令第117号，根据住房和城乡建设部令第9号修改）

第一条 为了提高城市的综合抗震防灾能力，减轻地震灾害，根据《中华人民共和国城乡规划法》、《中华人民共和国防震减灾法》等有关法律、法规，制定本规定。

第二条 在抗震设防区的城市，编制与实施城市抗震防灾规划，必须遵守本规定。

本规定所称抗震设防区，是指地震基本烈度六度及六度以上地区（地震动峰值加速度$\geq 0.05g$的地区）。

第三条 城市抗震防灾规划是城市总体规划中的专业规划。在抗震设防区的城市，编制城市总体规划时必须包括城市抗震防灾规划。城市抗震防灾规划的规划范围应当与城市总体规划相一致，并与城市总体规划同步实施。

城市总体规划与防震减灾规划应当相互协调。

第四条 城市抗震规划的编制要贯彻"预防为主，防、抗、避、救相结合"的方针，结合实际、因地制宜、突出重点。

第五条 国务院建设行政主管部门负责全国的城市抗震防灾规划综合管理工作。

省、自治区人民政府建设行政主管部门负责本行政区域内的城市抗震防灾规划的管理工作。

直辖市、市、县人民政府城乡规划行政主管部门会同有关部门组织编制本行政区域内的城市抗震防灾规划,并监督实施。

第六条 编制城市抗震防灾规划应当对城市抗震防灾有关的城市建设、地震地质、工程地质、水文地质、地形地貌、土层分布及地震活动性等情况进行深入调查研究,取得准确的基础资料。

有关单位应当依法为编制城市抗震防灾规划提供必需的资料。

第七条 编制和实施城市抗震防灾规划应当符合有关的标准和技术规范,应当采用先进技术方法和手段。

第八条 城市抗震防灾规划编制应当达到下列基本目标:

(一)当遭受多遇地震时,城市一般功能正常;

(二)当遭受相当于抗震设防烈度的地震时,城市一般功能及生命线系统基本正常,重要工矿企业能正常或者很快恢复生产;

(三)当遭受罕遇地震时,城市功能不瘫痪,要害系统和生命线工程不遭受严重破坏,不发生严重的次生灾害。

第九条 城市抗震防灾规划应当包括下列内容:

(一)地震的危害程度估计,城市抗震防灾现状、易损性分析和防灾能力评价,不同强度地震下的震害预测等。

(二)城市抗震防灾规划目标、抗震设防标准。

(三)建设用地评价与要求:

1. 城市抗震环境综合评价,包括发震断裂、地震场地破坏效应的评价等;

2. 抗震设防区划，包括场地适宜性分区和危险地段、不利地段的确定，提出用地布局要求；

3. 各类用地上工程设施建设的抗震性能要求。

（四）抗震防灾措施：

1. 市、区级避震通道及避震疏散场地（如绿地、广场等）和避难中心的设置与人员疏散的措施；

2. 城市基础设施的规划建设要求：城市交通、通讯、给排水、燃气、电力、热力等生命线系统，及消防、供油网络、医疗等重要设施的规划布局要求；

3. 防止地震次生灾害要求：对地震可能引起水灾、火灾、爆炸、放射性辐射、有毒物质扩散或者蔓延等次生灾害的防灾对策；

4. 重要建（构）筑物、超高建（构）筑物、人员密集的教育、文化、体育等设施的布局、间距和外部通道要求；

5. 其他措施。

第十条 城市抗震防灾规划中的抗震设防标准、建设用地评价与要求、抗震防灾措施应当列为城市总体规划的强制性内容，作为编制城市详细规划的依据。

第十一条 城市抗震防灾规划应当按照城市规模、重要性和抗震防灾的要求，分为甲、乙、丙三种模式：

（一）位于地震基本烈度七度及七度以上地区（地震动峰值加速度≥0.10g的地区）的大城市应当按照甲类模式编制；

（二）中等城市和位于地震基本烈度六度地区（地震动峰值加速度等于0.05g的地区）的大城市按照乙类模式编制；

（三）其他在抗震设防区的城市按照丙类模式编制。

甲、乙、丙类模式抗震防灾规划的编制深度应当按照有关的技术规定执行。规划成果应当包括文本、说明、有关图纸和软件。

第十二条 抗震防灾规划应当由省、自治区建设行政主管部门或者直辖市城乡规划行政主管部门组织专家评审，进行技术审查。专家评审委员会的组成应当包括规划、勘察、抗震等方面的专家和省级地震主管部门的专家。甲、乙类模式抗震防灾规划评审时应当有三名以上建设部全国城市抗震防灾规划审查委员会成员参加。全国城市抗震防灾规划审查委员会委员由国务院建设行政主管部门聘任。

第十三条 经过技术审查的抗震防灾规划应当作为城市总体规划的组成部分，按照法定程序审批。

第十四条 批准后抗震防灾规划应当公布。

第十五条 城市抗震防灾规划应当根据城市发展和科学技术水平等各种因素的变化，与城市总体规划同步修订。对城市抗震防灾规划进行局部修订，涉及修改总体规划强制性内容的，应当按照原规划的审批要求评审和报批。

第十六条 抗震设防区城市的各项建设必须符合城市抗震防灾规划的要求。

第十七条 在城市抗震防灾规划所确定的危险地段不得进行新的开发建设，已建的应当限期拆除或者停止使用。

第十八条 重大建设工程和各类生命线工程的选址与建设应当避开不利地段，并采取有效的抗震措施。

第十九条 地震时可能发生严重次生灾害的工程不得建在城市人口稠密地区，已建的应当逐步迁出；正在使用的，迁出前应当采取必要的抗震防灾措施。

第二十条 任何单位和个人不得在抗震防灾规划确定的避震疏散场地和避震通道上搭建临时性建（构）筑物或者堆放物资。

重要建（构）筑物、超高建（构）筑物、人员密集的教育、文化、体育等设施的外部通道及间距应当满足抗震防灾的原则要求。

第二十一条 直辖市、市、县人民政府城乡规划行政主管部门应当建立举报投诉制度，接受社会和舆论的监督。

第二十二条 省、自治区人民政府建设行政主管部门应当定期对本行政区域内的城市抗震防灾规划的实施情况进行监督检查。

第二十三条 任何单位和个人从事建设活动违反城市抗震防灾规划的，按照《中华人民共和国城乡规划法》等有关法律、法规和规章的有关规定处罚。

第二十四条 本规定自 2003 年 11 月 1 日起施行。本规定颁布前，城市抗震防灾规划管理规定与本规定不一致的，以本规定为准。

城市紫线管理办法

（建设部令第 119 号，根据住房和城乡建设部令第 9 号修改）

第一条 为了加强对城市历史文化街区和历史建筑的保护，根据《中华人民共和国城乡规划法》、《中华人民共和国文物保护法》和国务院有关规定，制定本办法。

第二条 本办法所称城市紫线，是指国家历史文化名城内的历史文化街区和省、自治区、直辖市人民政府公布的历史文化街区的保护范围界线，以及历史文化街区外经县级以上人民政府公布保护的历史建筑的保护范围界线。本办法所称紫线管理是划定城市紫线和对城市紫线范围内的建设活动实施监督、管理。

第三条 在编制城市规划时应当划定保护历史文化街区和历史建筑的紫线。国家历史文化名城的城市紫线由城市人民政府在组织编制历史文化名城保护规划时划定。其他城市的城市紫线由城市人民政府在组织编制城市总体规划时划定。

第四条 国务院建设行政主管部门负责全国城市紫线管理

工作。

省、自治区人民政府建设行政主管部门负责本行政区域内的城市紫线管理工作。

市、县人民政府城乡规划行政主管部门负责本行政区域内的城市紫线管理工作。

第五条 任何单位和个人都有权了解历史文化街区和历史建筑的紫线范围及其保护规划，对规划的制定和实施管理提出意见，对破坏保护规划的行为进行检举。

第六条 划定保护历史文化街区和历史建筑的紫线应当遵循下列原则：

（一）历史文化街区的保护范围应当包括历史建筑物、构筑物和其风貌环境所组成的核心地段，以及为确保该地段的风貌、特色完整性而必须进行建设控制的地区。

（二）历史建筑的保护范围应当包括历史建筑本身和必要的风貌协调区。

（三）控制范围清晰，附有明确的地理座标及相应的界址地形图。

城市紫线范围内文物保护单位保护范围的划定，依据国家有关文物保护的法律、法规。

第七条 编制历史文化名城和历史文化街区保护规划，应当包括征求公众意见的程序。审查历史文化名城和历史文化街区保护规划，应当组织专家进行充分论证，并作为法定审批程序的组成部分。

市、县人民政府批准保护规划前，必须报经上一级人民政府主管部门审查同意。

第八条 历史文化名城和历史文化街区保护规划一经批准，原则上不得调整。因改善和加强保护工作的需要，确需调整的，由所在城市人民政府提出专题报告，经省、自治区、直辖市人民政府城乡规划行政主管部门审查同意后，方可组织编制调整方案。

调整后的保护规划在审批前，应当将规划方案公示，并组织专家论证。审批后应当报历史文化名城批准机关备案，其中国家历史文化名城报国务院建设行政主管部门备案。

第九条　市、县人民政府应当在批准历史文化街区保护规划后的一个月内，将保护规划报省、自治区人民政府建设行政主管部门备案。其中国家历史文化名城内的历史文化街区保护规划还应当报国务院建设行政主管部门备案。

第十条　历史文化名城、历史文化街区和历史建筑保护规划一经批准，有关市、县人民政府城乡规划行政主管部门必须向社会公布，接受公众监督。

第十一条　历史文化街区和历史建筑已经破坏，不再具有保护价值的，有关市、县人民政府应当向所在省、自治区、直辖市人民政府提出专题报告，经批准后方可撤销相关的城市紫线。

撤销国家历史文化名城中的城市紫线，应当经国务院建设行政主管部门批准。

第十二条　历史文化街区内的各项建设必须坚持保护真实的历史文化遗存，维护街区传统格局和风貌，改善基础设施、提高环境质量的原则。历史建筑的维修和整治必须保持原有外形和风貌，保护范围内的各项建设不得影响历史建筑风貌的展示。

市、县人民政府应当依据保护规划，对历史文化街区进行整治和更新，以改善人居环境为前提，加强基础设施、公共设施的改造和建设。

第十三条　在城市紫线范围内禁止进行下列活动：

（一）违反保护规划的大面积拆除、开发；

（二）对历史文化街区传统格局和风貌构成影响的大面积改建；

（三）损坏或者拆毁保护规划确定保护的建筑物、构筑物和其他设施；

（四）修建破坏历史文化街区传统风貌的建筑物、构筑物和其他设施；

（五）占用或者破坏保护规划确定保留的园林绿地、河湖水系、道路和古树名木等；

（六）其他对历史文化街区和历史建筑的保护构成破坏性影响的活动。

第十四条 在城市紫线范围内确定各类建设项目，必须先由市、县人民政府城乡规划行政主管部门依据保护规划进行审查，组织专家论证并进行公示后核发选址意见书。

第十五条 在城市紫线范围内进行新建或者改建各类建筑物、构筑物和其他设施，对规划确定保护的建筑物、构筑物和其他设施进行修缮和维修以及改变建筑物、构筑物的使用性质，应当依照相关法律、法规的规定，办理相关手续后方可进行。

第十六条 城市紫线范围内各类建设的规划审批，实行备案制度。

省、自治区、直辖市人民政府公布的历史文化街区，报省、自治区人民政府建设行政主管部门或者直辖市人民政府城乡规划行政主管部门备案。其中国家历史文化名城内的历史文化街区报国务院建设行政主管部门备案。

第十七条 在城市紫线范围内进行建设活动，涉及文物保护单位的，应当符合国家有关文物保护的法律、法规的规定。

第十八条 省、自治区建设行政主管部门和直辖市城乡规划行政主管部门，应当定期对保护规划执行情况进行检查监督，并向国务院建设行政主管部门提出报告。

对于监督中发现的擅自调整和改变城市紫线，擅自调整和违反保护规划的行政行为，或者由于人为原因，导致历史文化街区和历史建筑遭受局部破坏的，监督机关可以提出纠正决定，督促执行。

第十九条 国务院建设行政主管部门，省、自治区人民政府建设行政主管部门和直辖市人民政府城乡规划行政主管部门根据需要可以向有关城市派出规划监督员，对城市紫线的执行情况进行监督。

规划监督员行使下述职能：

（一）参与保护规划的专家论证，就保护规划方案的科学合理性向派出机关报告；

（二）参与城市紫线范围内建设项目立项的专家论证，了解公示情况，可以对建设项目的可行性提出意见，并向派出机关报告；

（三）对城市紫线范围内各项建设审批的可行性提出意见，并向派出机关报告；

（四）接受公众的投诉，进行调查，向有关行政主管部门提出处理建议，并向派出机关报告。

第二十条 违反本办法规定，未经市、县人民政府城乡规划行政主管部门批准，在城市紫线范围内进行建设活动的，由市、县人民政府城乡规划行政主管部门按照《城市规划法》等法律、法规的规定处罚。

第二十一条 违反本办法规定，擅自在城市紫线范围内审批建设项目和批准建设的，对有关责任人员给予行政处分；构成犯罪的，依法追究刑事责任。

第二十二条 本办法自2004年2月1日起施行。

《外商投资城市规划服务企业管理规定》的补充规定

(建设部、商务部令第 123 号)

为了促进内地与香港、澳门经贸关系的发展,鼓励香港服务提供者和澳门服务提供者在内地设立城市规划服务企业,根据国务院批准的《内地与香港关于建立更紧密经贸关系的安排》和《内地与澳门关于建立更紧密经贸关系的安排》,现就《外商投资城市规划服务企业管理规定》(建设部、对外贸易经济合作部令第 116 号)做如下补充规定:

一、自 2004 年 1 月 1 日起,允许香港服务提供者和澳门服务提供者在内地以独资形式设立城市规划服务企业。

二、香港服务提供者和澳门服务提供者在内地设立城市规划服务企业的其它规定,依照《外商投资城市规划服务企业管理规定》执行。

三、本规定中的香港服务提供者和澳门服务提供者应分别符合《内地与香港关于建立更紧密经贸关系的安排》和《内地与澳门关于建立更紧密经贸关系的安排》中关于"服务提供者"定义及相关规定的要求。

四、本补充规定由建设部和商务部按照各自职责负责解释。

五、本补充规定自 2004 年 1 月 1 日起实施。

城市黄线管理办法

（建设部令第 144 号，根据住房和城乡建设部令第 9 号修改）

第一条 为了加强城市基础设施用地管理，保障城市基础设施的正常、高效运转，保证城市经济、社会健康发展，根据《中华人民共和国城乡规划法》，制定本办法。

第二条 城市黄线的划定和规划管理，适用本办法。

本办法所称城市黄线，是指对城市发展全局有影响的、城市规划中确定的、必须控制的城市基础设施用地的控制界线。

本办法所称城市基础设施包括：

（一）城市公共汽车首末站、出租汽车停车场、大型公共停车场；城市轨道交通线、站、场、车辆段、保养维修基地；城市水运码头；机场；城市交通综合换乘枢纽；城市交通广场等城市公共交通设施。

（二）取水工程设施（取水点、取水构筑物及一级泵站）和水处理工程设施等城市供水设施。

（三）排水设施；污水处理设施；垃圾转运站、垃圾码头、垃圾堆肥厂、垃圾焚烧厂、卫生填埋场（厂）；环境卫生车辆停车场和修造厂；环境质量监测站等城市环境卫生设施。

（四）城市气源和燃气储配站等城市供燃气设施。

（五）城市热源、区域性热力站、热力线走廊等城市供热设施。

（六）城市发电厂、区域变电所（站）、市区变电所（站）、高压线走廊等城市供电设施。

（七）邮政局、邮政通信枢纽、邮政支局；电信局、电信支局；卫星接收站、微波站；广播电台、电视台等城市通信设施。

（八）消防指挥调度中心、消防站等城市消防设施。

（九）防洪堤墙、排洪沟与截洪沟、防洪闸等城市防洪设施。

（十）避震疏散场地、气象预警中心等城市抗震防灾设施。

（十一）其他对城市发展全局有影响的城市基础设施。

第三条 国务院建设主管部门负责全国城市黄线管理工作。

县级以上地方人民政府建设主管部门（城乡规划主管部门）负责本行政区域内城市黄线的规划管理工作。

第四条 任何单位和个人都有保护城市基础设施用地、服从城市黄线管理的义务，有监督城市黄线管理、对违反城市黄线管理的行为进行检举的权利。

第五条 城市黄线应当在在制定城市总体规划和详细规划时划定。

直辖市、市、县人民政府建设主管部门（城乡规划主管部门）应当根据不同规划阶段的规划深度要求，负责组织划定城市黄线的具体工作。

第六条 城市黄线的划定，应当遵循以下原则：

（一）与同阶段城市规划内容及深度保持一致；

（二）控制范围界定清晰；

（三）符合国家有关技术标准、规范。

第七条 编制城市总体规划，应当根据规划内容和深度要求，合理布置城市基础设施，确定城市基础设施的用地位置和范围，划定其用地控制界线。

第八条 编制控制性详细规划，应当依据城市总体规划，落实城市总体规划确定的城市基础设施的用地位置和面积，划定城市基础设施用地界线，规定城市黄线范围内的控制指标和要求，并明确城市黄线的地理坐标。

修建性详细规划应当依据控制性详细规划，按不同项目具体落实城市基础设施用地界线，提出城市基础设施用地配置原则或者方案，并标明城市黄线的地理坐标和相应的界址地形图。

第九条　城市黄线应当作为城市规划的强制性内容，与城市规划一并报批。城市黄线上报审批前，应当进行技术经济论证，并征求有关部门意见。

第十条　城市黄线经批准后，应当与城市规划一并由直辖市、市、县人民政府予以公布；但法律、法规规定不得公开的除外。

第十一条　城市黄线一经批准，不得擅自调整。

因城市发展和城市功能、布局变化等，需要调整城市黄线的，应当组织专家论证，依法调整城市规划，并相应调整城市黄线。调整后的城市黄线，应当随调整后的城市规划一并报批。

调整后的城市黄线应当在报批前进行公示，但法律、法规规定不得公开的除外。

第十二条　在城市黄线内进行建设活动，应当贯彻安全、高效、经济的方针，处理好近远期关系，根据城市发展的实际需要，分期有序实施。

第十三条　在城市黄线范围内禁止进行下列活动：

（一）违反城市规划要求，进行建筑物、构筑物及其他设施的建设；

（二）违反国家有关技术标准和规范进行建设；

（三）未经批准，改装、迁移或拆毁原有城市基础设施；

（四）其他损坏城市基础设施或影响城市基础设施安全和正常运转的行为。

第十四条　在城市黄线内进行建设，应当符合经批准的城市规划。

在城市黄线内新建、改建、扩建各类建筑物、构筑物、道路、管线和其他工程设施，应当依法向建设主管部门（城乡规划主管部门）申请办理城市规划许可，并依据有关法律、法规办理相关手续。

迁移、拆除城市黄线内城市基础设施的，应当依据有关法律、法规办理相关手续。

第十五条　因建设或其他特殊情况需要临时占用城市黄线内土地的，应当依法办理相关审批手续。

第十六条　县级以上地方人民政府建设主管部门（城乡规划主管部门）应当定期对城市黄线管理情况进行监督检查。

第十七条　违反本办法规定，有下列行为之一的，依据《中华人民共和国城乡规划法》等法律、法规予以处罚：

（一）未经直辖市、市、县人民政府建设主管部门（城乡规划主管部门）批准在城市黄线范围内进行建设活动的；

（二）擅自改变城市黄线内土地用途的；

（三）未按规划许可的要求进行建设的。

第十八条　县级以上地方人民政府建设主管部门（城乡规划主管部门）违反本办法规定，批准在城市黄线范围内进行建设的，对有关责任人员依法给予处分；构成犯罪的，依法追究刑事责任。

第十九条　本办法自 2006 年 3 月 1 日起施行。

城市蓝线管理办法

（建设部令第 145 号，根据住房和城乡建设部令第 9 号修改）

第一条　为了加强对城市水系的保护与管理，保障城市供水、防洪防涝和通航安全，改善城市人居生态环境，提升城市功能，促进城市健康、协调和可持续发展，根据《中华人民共和国城乡规划法》、《中华人民共和国水法》，制定本办法。

第二条　本办法所称城市蓝线，是指城市规划确定的江、河、湖、库、渠和湿地等城市地表水体保护和控制的地域界线。

城市蓝线的划定和管理，应当遵守本办法。

第三条　国务院建设主管部门负责全国城市蓝线管理工作。

县级以上地方人民政府建设主管部门（城乡规划主管部门）负责本行政区域内的城市蓝线管理工作。

第四条　任何单位和个人都有服从城市蓝线管理的义务，有监督城市蓝线管理、对违反城市蓝线管理行为进行检举的权利。

第五条　编制各类城市规划，应当划定城市蓝线。

城市蓝线由直辖市、市、县人民政府在组织编制各类城市规划时划定。

城市蓝线应当与城市规划一并报批。

第六条　划定城市蓝线，应当遵循以下原则：

（一）统筹考虑城市水系的整体性、协调性、安全性和功能性，改善城市生态和人居环境，保障城市水系安全；

（二）与同阶段城市规划的深度保持一致；

（三）控制范围界定清晰；

（四）符合法律、法规的规定和国家有关技术标准、规范的要求。

第七条　在城市总体规划阶段，应当确定城市规划区范围内需要保护和控制的主要地表水体，划定城市蓝线，并明确城市蓝线保护和控制的要求。

第八条　在控制性详细规划阶段，应当依据城市总体规划划定的城市蓝线，规定城市蓝线范围内的保护要求和控制指标，并附有明确的城市蓝线坐标和相应的界址地形图。

第九条　城市蓝线一经批准，不得擅自调整。

因城市发展和城市布局结构变化等原因，确实需要调整城市蓝线的，应当依法调整城市规划，并相应调整城市蓝线。调整后的城市蓝线，应当随调整后的城市规划一并报批。

调整后的城市蓝线应当在报批前进行公示，但法律、法规规定不得公开的除外。

第十条 在城市蓝线内禁止进行下列活动：
（一）违反城市蓝线保护和控制要求的建设活动；
（二）擅自填埋、占用城市蓝线内水域；
（三）影响水系安全的爆破、采石、取土；
（四）擅自建设各类排污设施；
（五）其它对城市水系保护构成破坏的活动。

第十一条 在城市蓝线内进行各项建设，必须符合经批准的城市规划。

在城市蓝线内新建、改建、扩建各类建筑物、构筑物、道路、管线和其他工程设施，应当依法向建设主管部门（城乡规划主管部门）申请办理城市规划许可，并依照有关法律、法规办理相关手续。

第十二条 需要临时占用城市蓝线内的用地或水域的，应当报经直辖市、市、县人民政府建设主管部门（城乡规划主管部门）同意，并依法办理相关审批手续；临时占用后，应当限期恢复。

第十三条 县级以上地方人民政府建设主管部门（城乡规划主管部门）应当定期对城市蓝线管理情况进行监督检查。

第十四条 违反本办法规定，在城市蓝线范围内进行各类建设活动的，按照《中华人民共和国城乡规划法》等有关法律、法规的规定处罚。

第十五条 县级以上地方人民政府建设主管部门（城乡规划主管部门）违反本办法规定，批准在城市蓝线范围内进行建设的，对有关责任人员依法给予处分；构成犯罪的，依法追究刑事责任。

第十六条 本办法自 2006 年 3 月 1 日起施行。

城市规划编制办法

（建设部令第 146 号）

第一章 总 则

第一条 为了规范城市规划编制工作，提高城市规划的科学性和严肃性，根据国家有关法律法规的规定，制定本办法。

第二条 按国家行政建制设立的市，组织编制城市规划，应当遵守本办法。

第三条 城市规划是政府调控城市空间资源、指导城乡发展与建设、维护社会公平、保障公共安全和公众利益的重要公共政策之一。

第四条 编制城市规划，应当以科学发展观为指导，以构建社会主义和谐社会为基本目标，坚持五个统筹，坚持中国特色的城镇化道路，坚持节约和集约利用资源，保护生态环境，保护人文资源，尊重历史文化，坚持因地制宜确定城市发展目标与战略，促进城市全面协调可持续发展。

第五条 编制城市规划，应当考虑人民群众需要，改善人居环境，方便群众生活，充分关注中低收入人群，扶助弱势群体，维护社会稳定和公共安全。

第六条 编制城市规划，应当坚持政府组织、专家领衔、部门合作、公众参与、科学决策的原则。

第七条 城市规划分为总体规划和详细规划两个阶段。大、中城市根据需要，可以依法在总体规划的基础上组织编制分区规划。

城市详细规划分为控制性详细规划和修建性详细规划。

第八条 国务院建设主管部门组织编制的全国城镇体系规划和省、自治区人民政府组织编制的省域城镇体系规划，应当作为城市总体规划编制的依据。

第九条 编制城市规划，应当遵守国家有关标准和技术规范，采用符合国家有关规定的基础资料。

第十条 承担城市规划编制的单位，应当取得城市规划编制资质证书，并在资质等级许可的范围内从事城市规划编制工作。

第二章 城市规划编制组织

第十一条 城市人民政府负责组织编制城市总体规划和城市分区规划。具体工作由城市人民政府建设主管部门（城乡规划主管部门）承担。

城市人民政府应当依据城市总体规划，结合国民经济和社会发展规划以及土地利用总体规划，组织制定近期建设规划。

控制性详细规划由城市人民政府建设主管部门（城乡规划主管部门）依据已经批准的城市总体规划或者城市分区规划组织编制。

修建性详细规划可以由有关单位依据控制性详细规划及建设主管部门（城乡规划主管部门）提出的规划条件，委托城市规划编制单位编制。

第十二条 城市人民政府提出编制城市总体规划前，应当对现行城市总体规划以及各专项规划的实施情况进行总结，对基础设施的支撑能力和建设条件做出评价；针对存在问题和出现的新情况，从土地、水、能源和环境等城市长期的发展保障出发，依据全国城镇体系规划和省域城镇体系规划，着眼区域统筹和城乡统筹，对城市的定位、发展目标、城市功能和空间布局等战略问题进行前瞻性研究，作为城市总体规划编制的工作基础。

第十三条　城市总体规划应当按照以下程序组织编制：

（一）按照本办法第十二条规定组织前期研究，在此基础上，按规定提出进行编制工作的报告，经同意后方可组织编制。其中，组织编制直辖市、省会城市、国务院指定市的城市总体规划的，应当向国务院建设主管部门提出报告；组织编制其他市的城市总体规划的，应当向省、自治区建设主管部门提出报告。

（二）组织编制城市总体规划纲要，按规定提请审查。其中，组织编制直辖市、省会城市、国务院指定市的城市总体规划的，应当报请国务院建设主管部门组织审查；组织编制其他市的城市总体规划的，应当报请省、自治区建设主管部门组织审查。

（三）依据国务院建设主管部门或者省、自治区建设主管部门提出的审查意见，组织编制城市总体规划成果，按法定程序报请审查和批准。

第十四条　在城市总体规划的编制中，对于涉及资源与环境保护、区域统筹与城乡统筹、城市发展目标与空间布局、城市历史文化遗产保护等重大专题，应当在城市人民政府组织下，由相关领域的专家领衔进行研究。

第十五条　在城市总体规划的编制中，应当在城市人民政府组织下，充分吸取政府有关部门和军事机关的意见。

对于政府有关部门和军事机关提出意见的采纳结果，应当作为城市总体规划报送审批材料的专题组成部分。

组织编制城市详细规划，应当充分听取政府有关部门的意见，保证有关专业规划的空间落实。

第十六条　在城市总体规划报送审批前，城市人民政府应当依法采取有效措施，充分征求社会公众的意见。

在城市详细规划的编制中，应当采取公示、征询等方式，充分听取规划涉及的单位、公众的意见。对有关意见采纳结果应当公布。

第十七条 城市总体规划调整，应当按规定向规划审批机关提出调整报告，经认定后依照法律规定组织调整。

城市详细规划调整，应当取得规划批准机关的同意。规划调整方案，应当向社会公开，听取有关单位和公众的意见，并将有关意见的采纳结果公示。

第三章 城市规划编制要求

第十八条 编制城市规划，要妥善处理城乡关系，引导城镇化健康发展，体现布局合理、资源节约、环境友好的原则，保护自然与文化资源、体现城市特色，考虑城市安全和国防建设需要。

第十九条 编制城市规划，对涉及城市发展长期保障的资源利用和环境保护、区域协调发展、风景名胜资源管理、自然与文化遗产保护、公共安全和公众利益等方面的内容，应当确定为必须严格执行的强制性内容。

第二十条 城市总体规划包括市域城镇体系规划和中心城区规划。

编制城市总体规划，应当先组织编制总体规划纲要，研究确定总体规划中的重大问题，作为编制规划成果的依据。

第二十一条 编制城市总体规划，应当以全国城镇体系规划、省域城镇体系规划以及其它上层次法定规划为依据，从区域经济社会发展的角度研究城市定位和发展战略，按照人口与产业、就业岗位的协调发展要求，控制人口规模、提高人口素质，按照有效配置公共资源、改善人居环境的要求，充分发挥中心城市的区域辐射和带动作用，合理确定城乡空间布局，促进区域经济社会全面、协调和可持续发展。

第二十二条　编制城市近期建设规划，应当依据已经依法批准的城市总体规划，明确近期内实施城市总体规划的重点和发展时序，确定城市近期发展方向、规模、空间布局、重要基础设施和公共服务设施选址安排，提出自然遗产与历史文化遗产的保护、城市生态环境建设与治理的措施。

第二十三条　编制城市分区规划，应当依据已经依法批准的城市总体规划，对城市土地利用、人口分布和公共服务设施、基础设施的配置做出进一步的安排，对控制性详细规划的编制提出指导性要求。

第二十四条　编制城市控制性详细规划，应当依据已经依法批准的城市总体规划或分区规划，考虑相关专项规划的要求，对具体地块的土地利用和建设提出控制指标，作为建设主管部门（城乡规划主管部门）作出建设项目规划许可的依据。

编制城市修建性详细规划，应当依据已经依法批准的控制性详细规划，对所在地块的建设提出具体的安排和设计。

第二十五条　历史文化名城的城市总体规划，应当包括专门的历史文化名城保护规划。

历史文化街区应当编制专门的保护性详细规划。

第二十六条　城市规划成果的表达应当清晰、规范，成果文件、图件与附件中说明、专题研究、分析图纸等表达应有区分。

城市规划成果文件应当以书面和电子文件两种方式表达。

第二十七条　城市规划编制单位应当严格依据法律、法规的规定编制城市规划，提交的规划成果应当符合本办法和国家有关标准。

第四章 城市规划编制内容

第一节 城市总体规划

第二十八条 城市总体规划的期限一般为二十年，同时可以对城市远景发展的空间布局提出设想。

确定城市总体规划具体期限，应当符合国家有关政策的要求。

第二十九条 总体规划纲要应当包括下列内容：

（一）市域城镇体系规划纲要，内容包括：提出市域城乡统筹发展战略；确定生态环境、土地和水资源、能源、自然和历史文化遗产保护等方面的综合目标和保护要求，提出空间管制原则；预测市域总人口及城镇化水平，确定各城镇人口规模、职能分工、空间布局方案和建设标准；原则确定市域交通发展策略。

（二）提出城市规划区范围。

（三）分析城市职能、提出城市性质和发展目标。

（四）提出禁建区、限建区、适建区范围。

（五）预测城市人口规模。

（六）研究中心城区空间增长边界，提出建设用地规模和建设用地范围。

（七）提出交通发展战略及主要对外交通设施布局原则。

（八）提出重大基础设施和公共服务设施的发展目标。

（九）提出建立综合防灾体系的原则和建设方针。

第三十条 市域城镇体系规划应当包括下列内容：

（一）提出市域城乡统筹的发展战略。其中位于人口、经济、建设高度聚集的城镇密集地区的中心城市，应当根据需要，提出与相邻行政区域在空间发展布局、重大基础设施和公共服务设施建设、生态环境保护、城乡统筹发展等方面进行协调的建议。

（二）确定生态环境、土地和水资源、能源、自然和历史文化遗产等方面的保护与利用的综合目标和要求，提出空间管制原则和措施。

（三）预测市域总人口及城镇化水平，确定各城镇人口规模、职能分工、空间布局和建设标准。

（四）提出重点城镇的发展定位、用地规模和建设用地控制范围。

（五）确定市域交通发展策略；原则确定市域交通、通讯、能源、供水、排水、防洪、垃圾处理等重大基础设施，重要社会服务设施，危险品生产储存设施的布局。

（六）根据城市建设、发展和资源管理的需要划定城市规划区。城市规划区的范围应当位于城市的行政管辖范围内。

（七）提出实施规划的措施和有关建议。

第三十一条 中心城区规划应当包括下列内容：

（一）分析确定城市性质、职能和发展目标。

（二）预测城市人口规模。

（三）划定禁建区、限建区、适建区和已建区，并制定空间管制措施。

（四）确定村镇发展与控制的原则和措施；确定需要发展、限制发展和不再保留的村庄，提出村镇建设控制标准。

（五）安排建设用地、农业用地、生态用地和其它用地。

（六）研究中心城区空间增长边界，确定建设用地规模，划定建设用地范围。

（七）确定建设用地的空间布局，提出土地使用强度管制区划和相应的控制指标（建筑密度、建筑高度、容积率、人口容量等）。

（八）确定市级和区级中心的位置和规模，提出主要的公共服务设施的布局。

（九）确定交通发展战略和城市公共交通的总体布局，落实公交优先政策，确定主要对外交通设施和主要道路交通设施布局。

（十）确定绿地系统的发展目标及总体布局，划定各种功能绿地的保护范围（绿线），划定河湖水面的保护范围（蓝线），确定岸线使用原则。

（十一）确定历史文化保护及地方传统特色保护的内容和要求，划定历史文化街区、历史建筑保护范围（紫线），确定各级文物保护单位的范围；研究确定特色风貌保护重点区域及保护措施。

（十二）研究住房需求，确定住房政策、建设标准和居住用地布局；重点确定经济适用房、普通商品住房等满足中低收入人群住房需求的居住用地布局及标准。

（十三）确定电信、供水、排水、供电、燃气、供热、环卫发展目标及重大设施总体布局。

（十四）确定生态环境保护与建设目标，提出污染控制与治理措施。

（十五）确定综合防灾与公共安全保障体系，提出防洪、消防、人防、抗震、地质灾害防护等规划原则和建设方针。

（十六）划定旧区范围，确定旧区有机更新的原则和方法，提出改善旧区生产、生活环境的标准和要求。

（十七）提出地下空间开发利用的原则和建设方针。

（十八）确定空间发展时序，提出规划实施步骤、措施和政策建议。

第三十二条 城市总体规划的强制性内容包括：

（一）城市规划区范围。

（二）市域内应当控制开发的地域。包括：基本农田保护区、风景名胜区、湿地、水源保护区等生态敏感区，地下矿产资源分布地区。

（三）城市建设用地。包括：规划期限内城市建设用地的发展规模，土地使用强度管制区划和相应的控制指标（建设用地面积、容积率、人口容量等）；城市各类绿地的具体布局；城市地下空间开发布局。

（四）城市基础设施和公共服务设施。包括：城市干道系统网络、城市轨道交通网络、交通枢纽布局；城市水源地及其保护区范围和其他重大市政基础设施；文化、教育、卫生、体育等方面主要公共服务设施的布局。

（五）城市历史文化遗产保护。包括：历史文化保护的具体控制指标和规定；历史文化街区、历史建筑、重要地下文物埋藏区的具体位置和界线。

（六）生态环境保护与建设目标，污染控制与治理措施。

（七）城市防灾工程。包括：城市防洪标准、防洪堤走向；城市抗震与消防疏散通道；城市人防设施布局；地质灾害防护规定。

第三十三条 总体规划纲要成果包括纲要文本、说明、相应的图纸和研究报告。

城市总体规划的成果应当包括规划文本、图纸及附件（说明、研究报告和基础资料等）。在规划文本中应当明确表述规划的强制性内容。

第三十四条 城市总体规划应当明确综合交通、环境保护、商业网点、医疗卫生、绿地系统、河湖水系、历史文化名城保护、地下空间、基础设施、综合防灾等专项规划的原则。

编制各类专项规划，应当依据城市总体规划。

第二节 城市近期建设规划

第三十五条 近期建设规划的期限原则上应当与城市国民经

济和社会发展规划的年限一致,并不得违背城市总体规划的强制性内容。

近期建设规划到期时,应当依据城市总体规划组织编制新的近期建设规划。

第三十六条 近期建设规划的内容应当包括:

(一)确定近期人口和建设用地规模,确定近期建设用地范围和布局。

(二)确定近期交通发展策略,确定主要对外交通设施和主要道路交通设施布局;

(三)确定各项基础设施、公共服务和公益设施的建设规模和选址。

(四)确定近期居住用地安排和布局;

(五)确定历史文化名城、历史文化街区、风景名胜区等的保护措施,城市河湖水系、绿化、环境等保护、整治和建设措施。

(六)确定控制和引导城市近期发展的原则和措施。

第三十七条 近期建设规划的成果应当包括规划文本、图纸,以及包括相应说明的附件。在规划文本中应当明确表达规划的强制性内容。

第三节 城市分区规划

第三十八条 编制分区规划,应当综合考虑城市总体规划确定的城市布局、片区特征、河流道路等自然和人工界限,结合城市行政区划,划定分区的范围界限。

第三十九条 分区规划应当包括下列内容:

(一)确定分区的空间布局、功能分区、土地使用性质和居住人口分布。

(二)确定绿地系统、河湖水面、供电高压线走廊、对外交通设施用地界线和风景名胜区、文物古迹、历史文化街区的保护范围，提出空间形态的保护要求。

（三）确定市、区、居住区级公共服务设施的分布、用地范围和控制原则。

（四）确定主要市政公用设施的位置、控制范围和工程干管的线路位置、管径，进行管线综合。

（五）确定城市干道的红线位置、断面、控制点座标和标高，确定支路的走向、宽度，确定主要交叉口、广场、公交站场、交通枢纽等交通设施的位置和规模，确定轨道交通线路走向及控制范围，确定主要停车场规模与布局。

第四十条 分区规划的成果应当包括规划文本、图件，以及包括相应说明的附件。

第四节 详细规划

第四十一条 控制性详细规划应当包括下列内容：

（一）确定规划范围内不同性质用地的界线，确定各类用地内适建，不适建或者有条件地允许建设的建筑类型。

（二）确定各地块建筑高度、建筑密度、容积率、绿地率等控制指标；确定公共设施配套要求、交通出入口方位、停车泊位、建筑后退红线距离等要求。

（三）提出各地块的建筑体量、体型、色彩等城市设计指导原则。

（四）根据交通需求分析，确定地块出入口位置、停车泊位、公共交通场站用地范围和站点位置、步行交通以及其它交通设施。规定各级道路的红线、断面、交叉口形式及渠化措施、控制点坐标和标高。

（五）根据规划建设容量，确定市政工程管线位置、管径和工程设施的用地界线，进行管线综合。确定地下空间开发利用具体要求。

（六）制定相应的土地使用与建筑管理规定。

第四十二条 控制性详细规划确定的各地块的主要用途、建筑密度、建筑高度、容积率、绿地率、基础设施和公共服务设施配套规定应当作为强制性内容。

第四十三条 修建性详细规划应当包括下列内容：

（一）建设条件分析及综合技术经济论证。

（二）建筑、道路和绿地等的空间布局和景观规划设计，布置总平面图。

（三）对住宅、医院、学校和托幼等建筑进行日照分析。

（四）根据交通影响分析，提出交通组织方案和设计。

（五）市政工程管线规划设计和管线综合。

（六）竖向规划设计。

（七）估算工程量、拆迁量和总造价，分析投资效益。

第四十四条 控制性详细规划成果应当包括规划文本、图件和附件。图件由图纸和图则两部分组成，规划说明、基础资料和研究报告收入附件。

修建性详细规划成果应当包括规划说明书、图纸。

第五章 附 则

第四十五条 县人民政府所在地镇的城市规划编制，参照本办法执行。

第四十六条 对城市规划文本、图纸、说明、基础资料等的具体内容、深度要求和规格等，由国务院建设主管部门另行规定。

第四十七条 本办法自 2006 年 4 月 1 日起施行。1991 年 9 月 3 日建设部颁布的《城市规划编制办法》同时废止。

省域城镇体系规划编制审批办法

（住房和城乡建设部令第3号）

第一章 总 则

第一条 为了规范省域城镇体系规划编制和审批工作，提高规划的科学性，根据《中华人民共和国城乡规划法》，制定本办法。

第二条 省域城镇体系规划的编制和审批，适用本办法。

第三条 省域城镇体系规划是省、自治区人民政府实施城乡规划管理，合理配置省域空间资源，优化城乡空间布局，统筹基础设施和公共设施建设的基本依据，是落实全国城镇体系规划，引导本省、自治区城镇化和城镇发展，指导下层次规划编制的公共政策。

第四条 编制省域城镇体系规划，应当以科学发展观为指导，坚持城乡统筹规划，促进区域协调发展；坚持因地制宜，分类指导；坚持走有中国特色的城镇化道路，节约集约利用资源、能源，保护自然人文资源和生态环境。

第五条 编制省域城镇体系规划，应当遵守国家有关法律、行政法规，并与有关规划相协调。

第六条 省域城镇体系规划的编制和管理经费应当纳入省级财政预算。

第七条 经依法批准的省域城镇体系规划应当及时向社会公布，但法律、行政法规规定不得公开的内容除外。

第二章　省域城镇体系规划的制定和修改

第八条　省、自治区人民政府负责组织编制省域城镇体系规划。省、自治区人民政府城乡规划主管部门负责省域城镇体系规划组织编制的具体工作。

第九条　省、自治区人民政府城乡规划主管部门应当委托具有城乡规划甲级资质证书的单位承担省域城镇体系规划的具体编制工作。

第十条　省域城镇体系规划编制工作一般分为编制省域城镇体系规划纲要（以下简称规划纲要）和编制省域城镇体系规划成果（以下简称规划成果）两个阶段。

第十一条　编制规划纲要的目的是综合评价省、自治区城镇化发展条件及对城乡空间布局的基本要求，分析研究省域相关规划和重大项目布局对城乡空间的影响，明确规划编制的原则和重点，研究提出城镇化目标和拟采取的对策和措施，为编制规划成果提供基础。

编制规划纲要时，应当对影响本省、自治区城镇化和城镇发展的重大问题进行专题研究。

第十二条　省、自治区人民政府城乡规划主管部门应当对规划纲要和规划成果进行充分论证，并征求同级人民政府有关部门和下一级人民政府的意见。

第十三条　国务院城乡规划主管部门应当加强对省域城镇体系规划编制工作的指导。

在规划纲要编制和规划成果编制阶段，国务院城乡规划主管部门应当分别组织对规划纲要和规划成果进行审查，并出具审查意见。

第十四条　省、自治区人民政府城乡规划主管部门向国务院城乡规划主管部门提交审查规划纲要和规划成果时，应当附专题研究报告、规划协调论证的说明和对各方面意见的采纳情况。

第十五条 省域城镇体系规划由省、自治区人民政府报国务院审批。

第十六条 省域城镇体系规划报送审批前，省、自治区人民政府应当将规划成果予以公告，并征求专家和公众的意见。公告时间不得少于三十日。

第十七条 省、自治区人民政府在省域城镇体系规划报国务院审批前，应当将规划成果提请省、自治区人民代表大会常务委员会审议。

第十八条 上报国务院的规划成果应当附具省域城镇体系规划说明书、规划编制工作的说明、征求意见和意见采纳的情况、人大常务委员会组成人员的审议意见和根据审议意见修改规划的情况等。

第十九条 省域城镇体系规划成果应当包括规划文本、图纸，以书面和电子文件两种形式表达。

规划成果的表达应当清晰、规范，符合城乡规划有关的技术标准和技术规范。

第二十条 修改省域城镇体系规划，应当符合《中华人民共和国城乡规划法》的相关规定。

修改省域城镇体系规划向国务院报告前，省、自治区人民政府城乡规划主管部门应当结合对省域城镇体系规划实施情况的评估，提出规划修改的必要性、修改规划的基本思路和重点，经省、自治区人民政府同意后，向国务院城乡规划主管部门报告。

第二十一条 修改省域城镇体系规划，应当符合本办法规定的省域城镇体系规划的编制审批程序。

第二十二条 根据实施省域城镇体系规划的需要，省、自治区人民政府城乡规划主管部门可以依据经批准的省域城镇体系规划，会同有关部门组织编制省域范围内的区域性专项规划和跨下一级行政单元的规划，落实省域城镇体系规划的要求。

第二十三条　省域范围内的区域性专项规划和跨下一级行政单元的规划，报省、自治区人民政府审批。

第三章　省域城镇体系规划的内容和成果要求

第二十四条　规划纲要应当包括下列内容：

（一）分析评价现行省域城镇体系规划实施情况，明确规划编制原则、重点和应当解决的主要问题。

（二）按照全国城镇体系规划的要求，提出本省、自治区在国家城镇化与区域协调发展中的地位和作用。

（三）综合评价土地资源、水资源、能源、生态环境承载能力等城镇发展支撑条件和制约因素，提出城镇化进程中重要资源、能源合理利用与保护、生态环境保护和防灾减灾的要求。

（四）综合分析经济社会发展目标和产业发展趋势、城乡人口流动和人口分布趋势、省域内城镇化和城镇发展的区域差异等影响本省、自治区城镇发展的主要因素，提出城镇化的目标、任务及要求。

（五）按照城乡区域全面协调可持续发展的要求，综合考虑经济社会发展与人口资源环境条件，提出优化城乡空间格局的规划要求，包括省域城乡空间布局，城乡居民点体系和优化农村居民点布局的要求；提出省域综合交通和重大市政基础设施、公共设施布局的建议；提出需要从省域层面重点协调、引导的地区，以及需要与相邻省（自治区、直辖市）共同协调解决的重大基础设施布局等相关问题。

（六）按照保护资源、生态环境和优化省域城乡空间布局的综合要求，研究提出适宜建设区、限制建设区、禁止建设区的划定原则和划定依据，明确限制建设区、禁止建设区的基本类型。

第二十五条 规划成果应当包括下列内容：

（一）明确全省、自治区城乡统筹发展的总体要求。包括城镇化目标和战略，城镇化发展质量目标及相关指标，城镇化途径和相应的城镇协调发展政策和策略；城乡统筹发展目标、城乡结构变化趋势和规划策略；根据省、自治区内的区域差异提出分类指导的城镇化政策。

（二）明确资源利用与资源生态环境保护的目标、要求和措施。包括土地资源、水资源、能源等的合理利用与保护，历史文化遗产的保护，地域传统文化特色的体现，生态环境保护。

（三）明确省域城乡空间和规模控制要求。包括中心城市等级体系和空间布局；需要从省域层面重点协调、引导地区的定位及协调、引导措施；优化农村居民点布局的目标、原则和规划要求。

（四）明确与城乡空间布局相协调的区域综合交通体系。包括省域综合交通发展目标、策略及综合交通设施与城乡空间布局协调的原则，省域综合交通网络和重要交通设施布局，综合交通枢纽城市及其规划要求。

（五）明确城乡基础设施支撑体系。包括统筹城乡的区域重大基础设施和公共设施布局原则和规划要求，中心镇基础设施和基本公共设施的配置要求；农村居民点建设和环境综合整治的总体要求；综合防灾与重大公共安全保障体系的规划要求等。

（六）明确空间开发管制要求。包括限制建设区、禁止建设区的区位和范围，提出管制要求和实现空间管制的措施，为省域内各市（县）在城市总体规划中划定"四线"等规划控制线提供依据。

（七）明确对下层次城乡规划编制的要求。结合本省、自治区的实际情况，综合提出对各地区在城镇协调发展、城乡空间布局、资源生态环境保护、交通和基础设施布局、空间开发管制等方面的规划要求。

（八）明确规划实施的政策措施。包括城乡统筹和城镇协调发展的政策；需要进一步深化落实的规划内容；规划实施的制度保障，规划实施的方法。

省、自治区人民政府城乡规划主管部门根据本省、自治区实际，可以在省域城镇体系规划中提出与相邻省、自治区、直辖市的协调事项，近期行动计划等规划内容。必要时可以将本省、自治区分成若干区，深化和细化规划要求。

第二十六条 限制建设区、禁止建设区的管制要求，重要资源和生态环境保护目标，省域内区域性重大基础设施布局等，应当作为省域城镇体系规划的强制性内容。

第二十七条 省域城镇体系规划的规划期限一般为二十年，还可以对资源生态环境保护和城乡空间布局等重大问题作出更长远的预测性安排。

第四章 附 则

第二十八条 省域范围内的区域性专项规划和跨下一级行政单元规划内容和编制审批的具体要求，由各地参照本办法确定。

第二十九条 本办法自 2010 年 7 月 1 日起施行。1994 年 8 月 15 日建设部发布的《城镇体系规划编制审批办法》（建设部令第 36 号）同时废止。

城市、镇控制性详细规划编制审批办法

(住房和城乡建设部令第7号)

第一章 总 则

第一条 为了规范城市、镇控制性详细规划编制和审批工作,根据《中华人民共和国城乡规划法》,制定本办法。

第二条 控制性详细规划的编制和审批,适用本办法。

第三条 控制性详细规划是城乡规划主管部门作出规划行政许可、实施规划管理的依据。

国有土地使用权的划拨、出让应当符合控制性详细规划。

第四条 控制性详细规划的编制和管理经费应当按照《中华人民共和国城乡规划法》第六条的规定执行。

第五条 任何单位和个人都应当遵守经依法批准并公布的控制性详细规划,服从规划管理,并有权就涉及其利害关系的建设活动是否符合控制性详细规划的要求向城乡规划主管部门查询。

任何单位和个人都有权向城乡规划主管部门或者其他有关部门举报或者控告违反控制性详细规划的行为。

第二章 城市、镇控制性详细规划的编制

第六条 城市、县人民政府城乡规划主管部门组织编制城市、县人民政府所在地镇的控制性详细规划;其他镇的控制性详细规划由镇人民政府组织编制。

第七条 城市、县人民政府城乡规划主管部门、镇人民政府

（以下统称控制性详细规划组织编制机关）应当委托具备相应资质等级的规划编制单位承担控制性详细规划的具体编制工作。

第八条 编制控制性详细规划，应当综合考虑当地资源条件、环境状况、历史文化遗产、公共安全以及土地权属等因素，满足城市地下空间利用的需要，妥善处理近期与长远、局部与整体、发展与保护的关系。

第九条 编制控制性详细规划，应当依据经批准的城市、镇总体规划，遵守国家有关标准和技术规范，采用符合国家有关规定的基础资料。

第十条 控制性详细规划应当包括下列基本内容：

（一）土地使用性质及其兼容性等用地功能控制要求；

（二）容积率、建筑高度、建筑密度、绿地率等用地指标；

（三）基础设施、公共服务设施、公共安全设施的用地规模、范围及具体控制要求，地下管线控制要求；

（四）基础设施用地的控制界线（黄线）、各类绿地范围的控制线（绿线）、历史文化街区和历史建筑的保护范围界线（紫线）、地表水体保护和控制的地域界线（蓝线）等"四线"及控制要求。

第十一条 编制大城市和特大城市的控制性详细规划，可以根据本地实际情况，结合城市空间布局、规划管理要求，以及社区边界、城乡建设要求等，将建设地区划分为若干规划控制单元，组织编制单元规划。

镇控制性详细规划可以根据实际情况，适当调整或者减少控制要求和指标。规模较小的建制镇的控制性详细规划，可以与镇总体规划编制相结合，提出规划控制要求和指标。

第十二条 控制性详细规划草案编制完成后，控制性详细规划组织编制机关应当依法将控制性详细规划草案予以公告，并采取论证会、听证会或者其他方式征求专家和公众的意见。

公告的时间不得少于30日。公告的时间、地点及公众提交意见的期限、方式，应当在政府信息网站以及当地主要新闻媒体上公布。

第十三条　控制性详细规划组织编制机关应当制订控制性详细规划编制工作计划，分期、分批地编制控制性详细规划。

中心区、旧城改造地区、近期建设地区，以及拟进行土地储备或者土地出让的地区，应当优先编制控制性详细规划。

第十四条　控制性详细规划编制成果由文本、图表、说明书以及各种必要的技术研究资料构成。文本和图表的内容应当一致，并作为规划管理的法定依据。

第三章　城市、镇控制性详细规划的审批

第十五条　城市的控制性详细规划经本级人民政府批准后，报本级人民代表大会常务委员会和上一级人民政府备案。

县人民政府所在地镇的控制性详细规划，经县人民政府批准后，报本级人民代表大会常务委员会和上一级人民政府备案。其他镇的控制性详细规划由镇人民政府报上一级人民政府审批。

城市的控制性详细规划成果应当采用纸质及电子文档形式备案。

第十六条　控制性详细规划组织编制机关应当组织召开由有关部门和专家参加的审查会。审查通过后，组织编制机关应当将控制性详细规划草案、审查意见、公众意见及处理结果报审批机关。

第十七条　控制性详细规划应当自批准之日起20个工作日内，通过政府信息网站以及当地主要新闻媒体等便于公众知晓的方式公布。

第十八条　控制性详细规划组织编制机关应当建立控制性详

细规划档案管理制度，逐步建立控制性详细规划数字化信息管理平台。

第十九条 控制性详细规划组织编制机关应当建立规划动态维护制度，有计划、有组织地对控制性详细规划进行评估和维护。

第二十条 经批准后的控制性详细规划具有法定效力，任何单位和个人不得随意修改；确需修改的，应当按照下列程序进行：

（一）控制性详细规划组织编制机关应当组织对控制性详细规划修改的必要性进行专题论证；

（二）控制性详细规划组织编制机关应当采用多种方式征求规划地段内利害关系人的意见，必要时应当组织听证；

（三）控制性详细规划组织编制机关提出修改控制性详细规划的建议，并向原审批机关提出专题报告，经原审批机关同意后，方可组织编制修改方案；

（四）修改后应当按法定程序审查报批。报批材料中应当附具规划地段内利害关系人意见及处理结果。

控制性详细规划修改涉及城市总体规划、镇总体规划强制性内容的，应当先修改总体规划。

第四章 附　　则

第二十一条 各地可以根据本办法制定实施细则和编制技术规定。

第二十二条 本办法自2011年1月1日起施行。

城乡规划编制单位资质管理规定

(住房和城乡建设部令第 12 号)

第一章 总　则

第一条 为了加强对城乡规划编制单位的管理,规范城乡规划编制工作,保证城乡规划编制质量,根据《中华人民共和国城乡规划法》、《中华人民共和国行政许可法》等法律,制定本规定。

第二条 在中华人民共和国境内申请城乡规划编制单位资质,实施对城乡规划编制单位资质监督管理,适用本规定。

第三条 城乡规划组织编制机关应当委托具有相应资质等级的单位承担城乡规划的具体编制工作。

第四条 从事城乡规划编制的单位,应当取得相应等级的资质证书,并在资质等级许可的范围内从事城乡规划编制工作。

第五条 国务院城乡规划主管部门负责全国城乡规划编制单位的资质管理工作。

县级以上地方人民政府城乡规划主管部门负责本行政区域内城乡规划编制单位的资质管理工作。

第二章 资质等级与标准

第六条 城乡规划编制单位资质分为甲级、乙级、丙级。

第七条 甲级城乡规划编制单位资质标准:

(一)有法人资格;

（二）注册资本金不少于100万元人民币；

（三）专业技术人员不少于40人，其中具有城乡规划专业高级技术职称的不少于4人，具有其他专业高级技术职称的不少于4人（建筑、道路交通、给排水专业各不少于1人）；具有城乡规划专业中级技术职称的不少于8人，具有其他专业中级技术职称的不少于15人；

（四）注册规划师不少于10人；

（五）具备符合业务要求的计算机图形输入输出设备及软件；

（六）有400平方米以上的固定工作场所，以及完善的技术、质量、财务管理制度。

第八条 乙级城乡规划编制单位资质标准：

（一）有法人资格；

（二）注册资本金不少于50万元人民币；

（三）专业技术人员不少于25人，其中具有城乡规划专业高级技术职称的不少于2人，具有高级建筑师不少于1人、具有高级工程师不少于1人；具有城乡规划专业中级技术职称的不少于5人，具有其他专业中级技术职称的不少于10人；

（四）注册规划师不少于4人；

（五）具备符合业务要求的计算机图形输入输出设备；

（六）有200平方米以上的固定工作场所，以及完善的技术、质量、财务管理制度。

第九条 丙级城乡规划编制单位资质标准：

（一）有法人资格；

（二）注册资本金不少于20万元人民币；

（三）专业技术人员不少于15人，其中具有城乡规划专业中级技术职称的不少于2人，具有其他专业中级技术职称的不少于4人；

（四）注册规划师不少于1人；

（五）专业技术人员配备计算机达80%；

（六）有100平方米以上的固定工作场所，以及完善的技术、质量、财务管理制度。

第十条 城乡规划编制单位的高级职称技术人员或注册规划师年龄应当在70岁以下，其中，甲级城乡规划编制单位60岁以上高级职称技术人员或注册规划师不应超过4人，乙级城乡规划编制单位60岁以上高级职称技术人员或注册规划师不应超过2人。

城乡规划编制单位的其他专业技术人员年龄应当在60岁以下。

高等院校的城乡规划编制单位中专职从事城乡规划编制的人员不得低于技术人员总数的70%。

第十一条 甲级城乡规划编制单位承担城乡规划编制业务的范围不受限制。

第十二条 乙级城乡规划编制单位可以在全国承担下列业务：

（一）镇、20万现状人口以下城市总体规划的编制；

（二）镇、登记注册所在地城市和100万现状人口以下城市相关专项规划的编制；

（三）详细规划的编制；

（四）乡、村庄规划的编制；

（五）建设工程项目规划选址的可行性研究。

第十三条 丙级城乡规划编制单位可以在全国承担下列业务：

（一）镇总体规划（县人民政府所在地镇除外）的编制；

（二）镇、登记注册所在地城市和20万现状人口以下城市的相关专项规划及控制性详细规划的编制；

（三）修建性详细规划的编制；
（四）乡、村庄规划的编制；
（五）中、小型建设工程项目规划选址的可行性研究。

第十四条 省、自治区、直辖市人民政府城乡规划主管部门可以根据实际情况，设立专门从事乡和村庄规划编制单位的资质，并将资质标准报国务院城乡规划主管部门备案。

第三章 资质申请与审批

第十五条 申请资质证书应当提供以下材料：
（一）城乡规划编制单位资质申请表；
（二）法人资格证明材料；
（三）法定代表人和主要技术负责人的身份证明、任职文件、学历证书、职称证书等；
（四）专业技术人员的身份证明、执业资格证明、职称证书、劳动合同、社会保险缴纳证明等；
（五）完成城乡规划编制项目情况；
（六）技术装备和工作场所等证明材料；
（七）其他需要出具的证明或者资料。

第十六条 城乡规划编制单位甲级资质许可，由国务院城乡规划主管部门实施。

城乡规划编制单位申请甲级资质的，应当向登记注册所在地省、自治区、直辖市人民政府城乡规划主管部门提出申请。省、自治区、直辖市人民政府城乡规划主管部门应当自受理申请之日起20日内初审完毕并将初审意见和申请材料报国务院城乡规划主管部门。

国务院城乡规划主管部门应当自受理申请材料之日起20日内完成审查，公示审查意见，公示时间为10日。城乡规划编制单位对审查结果有异议的，可以进行陈述申辩。

第十七条 城乡规划编制单位乙级、丙级资质许可，由登记注册所在地省、自治区、直辖市人民政府城乡规划主管部门实施。资质许可的实施办法由省、自治区、直辖市人民政府城乡规划主管部门依法确定。

省、自治区、直辖市人民政府城乡规划主管部门应当自作出决定之日起 30 日内，将准予资质许可的决定报国务院城乡规划主管部门备案。

第十八条 资质许可机关作出准予资质许可的决定，应当予以公告，公众有权查阅。

第十九条 城乡规划编制单位初次申请，其申请资质等级最高不超过乙级。

第二十条 乙级、丙级城乡规划编制单位取得资质证书满 2 年后，可以申请高一级别的城乡规划编制单位资质。

第二十一条 在资质证书有效期内，单位名称、地址、注册资本、法定代表人等发生变更的，应当在登记注册部门办理变更手续后 30 日内到原资质许可机关办理资质证书变更手续。

第二十二条 申请资质证书变更，应当提交以下材料：

（一）资质证书变更申请；

（二）法人资格证明材料；

（三）资质证书正、副本原件；

（四）与资质变更事项有关的证明材料。

第二十三条 城乡规划编制单位合并的，合并后存续或者新设立的编制单位可以承继合并前各方中较高的资质等级，但应当符合相应的资质等级条件。

城乡规划编制单位分立的，分立后资质等级，根据实际达到的资质条件，按照本规定的审批程序核定。

城乡规划编制单位改制的，改制后不再符合资质标准的，应按其实际达到的资质标准及本规定申请重新核定；资质条件不发生变化的，按本规定第二十二条办理。

第二十四条 城乡规划编制单位资质证书分为正本和副本，正本一份，副本若干份，由国务院城乡规划主管部门统一印制，正本和副本具有同等法律效力。资质证书有效期为5年。

第二十五条 资质证书有效期届满，城乡规划编制单位需要延续资质证书有效期的，应当在资质证书有效期届满前3个月，申请办理资质延续手续。

对在资质证书有效期内遵守有关法律、法规、规章、技术标准，信用档案中无不良行为记录，满足资质标准要求的城乡规划编制单位，经资质许可机关同意，有效期延续5年。

第二十六条 城乡规划编制单位领取新的资质证书，应当将原资质证书交回资质许可机关予以注销。城乡规划编制单位遗失资质证书的，应当在公众媒体上发布遗失声明后，向资质许可机关申请补发。

第四章 监督管理

第二十七条 城乡规划编制单位设立的分支机构中，具有独立法人资格的，应当按照本规定申请资质证书。非独立法人的机构，不得以分支机构名义承揽业务。

第二十八条 两个以上城乡规划编制单位合作编制城乡规划，资质等级较高的一方应对编制成果质量负责。

第二十九条 编制城乡规划以及所提交的规划编制成果，应当符合国家有关城乡规划的法律、法规和规章，符合与城乡规划编制有关的标准、规范。

城乡规划编制单位提交的城乡规划编制成果，应当在文件扉页注明单位资质等级和证书编号。

第三十条 资质许可机关可以依法对城乡规划编制单位进行必要的检查,并有权采取下列措施:

(一)要求被检查单位提供资质证书,有关人员的职称证书、注册证书、学历证书、社会保险证明等,有关城乡规划编制成果及有关质量管理、档案管理、财务管理等企业内部管理制度的文件;

(二)进入被检查单位进行检查,查阅相关资料;

(三)纠正违反有关法律、法规和本规定及有关规范和标准的行为。

资质许可机关依法进行监督检查时,应当将监督检查情况和处理结果予以记录,由监督检查人员签字后归档。

第三十一条 资质许可机关在实施监督检查时,应当有两名以上监督检查人员参加,不得妨碍单位正常的生产经营活动,不得索取或者收受单位的财物,不得谋取其他利益。

有关单位和个人对依法进行的监督检查应当协助与配合,不得拒绝或者阻挠。

监督检查机关应当将监督检查的处理结果向社会公布。

第三十二条 城乡规划编制单位违法从事城乡规划编制活动的,违法行为发生地的县级以上地方人民政府城乡规划主管部门应当依法查处,并将违法事实、处理结果或者处理建议及时告知该城乡规划编制单位的资质许可机关。

第三十三条 城乡规划编制单位取得资质后,不再符合相应资质条件的,由原资质许可机关责令限期改正;逾期不改的,降低资质等级或者吊销资质证书。

第三十四条 有下列情形之一的,资质许可机关或者其上级机关,根据利害关系人的请求或者依据职权,可以撤销城乡规划编制单位资质:

(一)资质许可机关工作人员滥用职权、玩忽职守作出准予城乡规划编制单位资质许可的；

（二）超越法定职权作出准予城乡规划编制单位资质许可的；

（三）违反法定程序作出准予城乡规划编制单位资质许可的；

（四）对不符合许可条件的申请人作出准予城乡规划编制单位资质许可的；

（五）依法可以撤销资质证书的其他情形。

第三十五条 有下列情形之一的，资质许可机关应当依法注销城乡规划编制单位资质，并公告其资质证书作废，城乡规划编制单位应当及时将资质证书交回资质许可机关：

（一）资质证书有效期届满未延续的；

（二）城乡规划编制单位依法终止的；

（三）资质依法被撤销、吊销的；

（四）法律、法规规定的应当注销资质的其他情形。

第三十六条 城乡规划编制单位应当按照有关规定，向资质许可机关提供真实、准确、完整的信用档案信息。

城乡规划编制单位的信用档案应当包括单位基本情况、业绩、合同履约等情况。被投诉举报和处理、行政处罚等情况应当作为不良行为记入其信用档案。

城乡规划编制单位的信用档案信息按照有关规定向社会公示。

第五章 法律责任

第三十七条 申请人隐瞒有关情况或者提供虚假材料申请城乡规划编制单位资质的，不予受理或者不予行政许可，并给予警告，申请人在1年内不得再次申请城乡规划编制单位资质。

以欺骗、贿赂等不正当手段取得城乡规划编制单位资质证书的，由县级以上地方人民政府城乡规划主管部门处 3 万元罚款，申请人在 3 年内不得再次申请城乡规划编制单位资质。

第三十八条 涂改、倒卖、出租、出借或者以其他形式非法转让资质证书的，由县级以上地方人民政府城乡规划主管部门给予警告，责令限期改正，并处 3 万元罚款；造成损失的，依法承担赔偿责任；构成犯罪的，依法追究刑事责任。

第三十九条 城乡规划编制单位有下列行为之一的，由所在地城市、县人民政府城乡规划主管部门责令限期改正，处以合同约定的规划编制费 1 倍以上 2 倍以下的罚款；情节严重的，责令停业整顿，由原资质许可机关降低资质等级或者吊销资质证书；造成损失的，依法承担赔偿责任：

（一）超越资质等级许可的范围承揽城乡规划编制工作的；

（二）违反国家有关标准编制城乡规划的。

未依法取得资质证书承揽城乡规划编制工作的，由县级以上地方人民政府城乡规划主管部门责令停止违法行为，依照前款规定处以罚款；造成损失的，依法承担赔偿责任。

以欺骗手段取得资质证书承揽城乡规划编制工作的，由原资质许可机关吊销资质证书，依照本条第一款规定处以罚款；造成损失的，依法承担赔偿责任。

第四十条 城乡规划编制单位未按照本规定要求提供信用档案信息的，由县级以上地方人民政府城乡规划主管部门给予警告，责令限期改正；逾期未改正的，可处 1000 元以上 1 万元以下的罚款。

第四十一条 城乡规划主管部门及其工作人员，违反本规定，有下列情形之一的，由其上级行政机关或者监察机关责令改正；情节严重的，对直接负责的主管人员和其他直接责任人员，依法给予行政处分：

（一）对不符合条件的申请人准予城乡规划编制单位资质许可的；

（二）对符合条件的申请人不予城乡规划编制单位资质许可或者未在法定期限内作出准予许可决定的；

（三）对符合条件的申请不予受理或者未在法定期限内初审完毕的；

（四）利用职务上的便利，收受他人财物或者其他好处的；

（五）不依法履行监督职责或者监督不力，造成严重后果的。

第六章 附 则

第四十二条 外商投资企业申请城乡规划编制单位资质证书，适用《外商投资城市规划服务企业管理规定》（建设部、对外贸易经济合作部令第 116 号）。

第四十三条 本规定自 2012 年 9 月 1 日起施行，原建设部 2001 年 1 月 23 日发布的《城市规划编制单位资质管理规定》（建设部令第 84 号）同时废止。

事业单位工作人员处分暂行规定

（人力资源和社会保障部、监察部令第 18 号）

第一章 总 则

第一条 为严肃事业单位纪律，规范事业单位工作人员行为，保证事业单位及其工作人员依法履行职责，制定本规定。

第二条 事业单位工作人员违法违纪，应当承担纪律责任的，依照本规定给予处分。

对法律、法规授权的具有公共事务管理职能的事业单位中经批准参照《中华人民共和国公务员法》管理的工作人员给予处分，参照《行政机关公务员处分条例》的有关规定办理。

对行政机关任命的事业单位工作人员，法律、法规授权的具有公共事务管理职能的事业单位中不参照《中华人民共和国公务员法》管理的工作人员，国家行政机关依法委托从事公共事务管理活动的事业单位工作人员给予处分，适用本规定；但监察机关对上述人员违法违纪行为进行调查处理的程序和作出处分决定的权限，以及作为监察对象的事业单位工作人员对处分决定不服向监察机关提出申诉的，依照《中华人民共和国行政监察法》及其实施条例办理。

第三条 给予事业单位工作人员处分，应当坚持公正、公平和教育与惩处相结合的原则。

给予事业单位工作人员处分，应当与其违法违纪行为的性质、情节、危害程度相适应。

给予事业单位工作人员处分，应当事实清楚、证据确凿、定性准确、处理恰当、程序合法、手续完备。

第四条 事业单位工作人员涉嫌犯罪的，应当移送司法机关依法追究刑事责任。

第二章 处分的种类和适用

第五条 处分的种类为：

（一）警告；

（二）记过；

（三）降低岗位等级或者撤职；

（四）开除。

其中，撤职处分适用于行政机关任命的事业单位工作人员。

第六条 受处分的期间为：

（一）警告，6个月；

（二）记过，12个月；

（三）降低岗位等级或者撤职，24个月。

第七条 事业单位工作人员受到警告处分的，在受处分期间，不得聘用到高于现聘岗位等级的岗位；在作出处分决定的当年，年度考核不能确定为优秀等次。

事业单位工作人员受到记过处分的，在受处分期间，不得聘用到高于现聘岗位等级的岗位，年度考核不得确定为合格及以上等次。

事业单位工作人员受到降低岗位等级处分的，自处分决定生效之日起降低一个以上岗位等级聘用，按照事业单位收入分配有关规定确定其工资待遇；在受处分期间，不得聘用到高于受处分后所聘岗位等级的岗位，年度考核不得确定为基本合格及以上等次。

行政机关任命的事业单位工作人员在受处分期间的任命、考核、工资待遇按照干部人事管理权限，参照本条第一款、第二款、第三款规定执行。

事业单位工作人员受到开除处分的，自处分决定生效之日起，终止其与事业单位的人事关系。

第八条 事业单位工作人员受到记过以上处分的，在受处分期间不得参加本专业（技术、技能）领域专业技术职务任职资格或者工勤技能人员技术等级考试（评审）。应当取消专业技术职务任职资格或者职业资格的，按照有关规定办理。

第九条 事业单位工作人员同时有两种以上需要给予处分的行为的，应当分别确定其处分。应当给予的处分种类不同的，执行其中最重的处分；应当给予开除以外多个相同种类处分的，执行该处分，但处分期应当按照一个处分期以上、两个处分期之和以下确定。

事业单位工作人员在受处分期间受到新的处分的，其处分期为原处分期尚未执行的期限与新处分期限之和，但是最长不得超过48个月。

第十条 事业单位工作人员两人以上共同违法违纪，需要给予处分的，按照各自应当承担的责任，分别给予相应的处分。

第十一条 有下列情形之一的，应当从重处分：

（一）在两人以上的共同违法违纪行为中起主要作用的；

（二）隐匿、伪造、销毁证据的；

（三）串供或者阻止他人揭发检举、提供证据材料的；

（四）包庇同案人员的；

（五）法律、法规、规章规定的其他从重情节。

第十二条 有下列情形之一的，应当从轻处分：

（一）主动交代违法违纪行为的；

（二）主动采取措施，有效避免或者挽回损失的；

（三）检举他人重大违法违纪行为，情况属实的。

第十三条 事业单位工作人员主动交代违法违纪行为，并主动采取措施有效避免或者挽回损失的，应当减轻处分或者免予处分。

事业单位工作人员违法违纪行为情节轻微，经过批评教育后改正的，可以免予处分。

第十四条 事业单位工作人员有本规定第十一条、第十二条规定情形之一的，应当在本规定第三章规定的处分幅度以内从重或者从轻给予处分。

事业单位工作人员有本规定第十三条第一款规定情形的，应当在本规定第三章规定的处分幅度以外，减轻一个处分的档次给予处分。应当给予警告处分，又有减轻处分的情形的，免予处分。

第十五条 事业单位有违法违纪行为,应当追究纪律责任的,依法对负有责任的领导人员和直接责任人员给予处分。

第三章 违法违纪行为及其适用的处分

第十六条 有下列行为之一的,给予记过处分;情节较重的,给予降低岗位等级或者撤职处分;情节严重的,给予开除处分:

(一)散布损害国家声誉的言论,组织或者参加旨在损害国家利益的集会、游行、示威等活动的;

(二)组织或者参加非法组织的;

(三)接受境外资助从事损害国家利益或者危害国家安全活动的;

(四)接受损害国家荣誉和利益的境外邀请、奖励,经批评教育拒不改正的;

(五)违反国家民族宗教法规和政策,造成不良后果的;

(六)非法出境、未经批准获取境外永久居留资格或者取得外国国籍的;

(七)携带含有依法禁止内容的书刊、音像制品、电子读物进入国(境)内的;

(八)其他违反政治纪律的行为。

有前款第(一)项至第(三)项规定的行为,但属于不明真相被裹挟参加、经批评教育后确有悔改表现的,可以减轻或者免予处分。

第十七条 有下列行为之一的,给予警告或者记过处分;情节较重的,给予降低岗位等级或者撤职处分;情节严重的,给予开除处分:

（一）在执行国家重要任务、应对公共突发事件中，不服从指挥、调遣或者消极对抗的；

（二）破坏正常工作秩序，给国家或者公共利益造成损失的；

（三）违章指挥、违规操作，致使人民生命财产遭受损失的；

（四）发生重大事故、灾害、事件，擅离职守或者不按规定报告、不采取措施处置或者处置不力的；

（五）在项目评估评审、产品认证、设备检测检验等工作中徇私舞弊，或者违反规定造成不良影响的；

（六）泄露国家秘密的；

（七）泄露因工作掌握的内幕信息，造成不良后果的；

（八）采取不正当手段为本人或者他人谋取岗位，或者在事业单位公开招聘等人事管理工作中有其他违反组织人事纪律行为的；

（九）其他违反工作纪律失职渎职的行为。

有前款第（六）项规定行为的，给予记过以上处分。

第十八条 有下列行为之一的，给予警告或者记过处分；情节较重的，给予降低岗位等级或者撤职处分；情节严重的，给予开除处分：

（一）贪污、索贿、受贿、行贿、介绍贿赂、挪用公款的；

（二）利用工作之便为本人或者他人谋取不正当利益的；

（三）在公务活动或者工作中接受礼金、各种有价证券、支付凭证的；

（四）利用知悉或者掌握的内幕信息谋取利益的；

（五）用公款旅游或者变相用公款旅游的；

（六）违反国家规定，从事、参与营利性活动或者兼任职务领取报酬的；

（七）其他违反廉洁从业纪律的行为。

有前款第（一）项规定行为的，给予记过以上处分。

第十九条 有下列行为之一的，给予警告或者记过处分；情节较重的，给予降低岗位等级或者撤职处分；情节严重的，给予开除处分：

（一）违反国家财政收入上缴有关规定的；

（二）违反规定使用、骗取财政资金或者社会保险基金的；

（三）擅自设定收费项目或者擅自改变收费项目的范围、标准和对象的；

（四）挥霍、浪费国家资财或者造成国有资产流失的；

（五）违反国有资产管理规定，擅自占有、使用、处置国有资产的；

（六）在招标投标和物资采购工作中违反有关规定，造成不良影响或者损失的；

（七）其他违反财经纪律的行为。

第二十条 有下列行为之一的，给予警告或者记过处分；情节较重的，给予降低岗位等级或者撤职处分；情节严重的，给予开除处分：

（一）利用专业技术或者技能实施违法违纪行为的；

（二）有抄袭、剽窃、侵吞他人学术成果，伪造、篡改数据文献，或者捏造事实等学术不端行为的；

（三）利用职业身份进行利诱、威胁或者误导，损害他人合法权益的；

（四）利用权威、地位或者掌控的资源，压制不同观点，限制学术自由，造成重大损失或者不良影响的；

（五）在申报岗位、项目、荣誉等过程中弄虚作假的；

（六）工作态度恶劣，造成不良社会影响的；

（七）其他严重违反职业道德的行为。

有前款第（一）项规定行为的，给予记过以上处分。

第二十一条 有下列行为之一的，给予警告或者记过处分；情节较重的，给予降低岗位等级或者撤职处分；情节严重的，给予开除处分：

（一）制造、传播违法违禁物品及信息的；

（二）组织、参与卖淫、嫖娼等色情活动的；

（三）吸食毒品或者组织、参与赌博活动的；

（四）违反规定超计划生育的；

（五）包养情人的；

（六）有虐待、遗弃家庭成员，或者拒不承担赡养、抚养、扶养义务等的；

（七）其他严重违反公共秩序、社会公德的行为。

有前款第（二）项、第（三）项、第（四）项、第（五）项规定行为的，给予降低岗位等级或者撤职以上处分。

第二十二条 事业单位工作人员被依法判处刑罚的，给予降低岗位等级或者撤职以上处分。其中，被依法判处有期徒刑以上刑罚的，给予开除处分。

行政机关任命的事业单位工作人员，被依法判处刑罚的，给予开除处分。

第四章 处分的权限和程序

第二十三条 对事业单位工作人员的处分，按照以下权限决定：

（一）警告、记过、降低岗位等级或者撤职处分，按照干部人事管理权限，由事业单位或者事业单位主管部门决定。其中，由事业单位决定的，应当报事业单位主管部门备案。

（二）开除处分由事业单位主管部门决定，并报同级事业单位人事综合管理部门备案。

对中央和地方直属事业单位工作人员的处分,按照干部人事管理权限,由本单位或者有关部门决定;其中,由本单位作出开除处分决定的,报同级事业单位人事综合管理部门备案。

第二十四条 对事业单位工作人员的处分,按照以下程序办理:

(一)对事业单位工作人员违法违纪行为初步调查后,需要进一步查证的,应当按照干部人事管理权限,经事业单位负责人批准或者有关部门同意后立案;

(二)对被调查的事业单位工作人员的违法违纪行为作进一步调查,收集、查证有关证据材料,并形成书面调查报告;

(三)将调查认定的事实及拟给予处分的依据告知被调查的事业单位工作人员,听取其陈述和申辩,并对其所提出的事实、理由和证据进行复核,记录在案。被调查的事业单位工作人员提出的事实、理由和证据成立的,应予采信;

(四)按照处分决定权限,作出对该事业单位工作人员给予处分、免予处分或者撤销案件的决定;

(五)处分决定单位印发处分决定;

(六)将处分决定以书面形式通知受处分事业单位工作人员本人和有关单位,并在一定范围内宣布;

(七)将处分决定存入受处分事业单位工作人员的档案。

处分决定自作出之日起生效。

第二十五条 事业单位工作人员涉嫌违法违纪,已经被立案调查,不宜继续履行职责的,可以按照干部人事管理权限,由事业单位或者有关部门暂停其职责。

被调查的事业单位工作人员在违法违纪案件立案调查期间,不得解除聘用合同、出国(境)或者办理退休手续。

第二十六条 对事业单位工作人员违法违纪案件进行调查,

应当由两名以上办案人员进行；接受调查的单位和个人应当如实提供情况。

以暴力、威胁、引诱、欺骗等非法方式收集的证据不得作为定案的根据。

第二十七条 参与事业单位工作人员违法违纪案件调查、处理的人员有下列情形之一的，应当提出回避申请；被调查的事业单位工作人员以及与案件有利害关系的公民、法人或者其他组织有权要求其回避：

（一）与被调查的事业单位工作人员有夫妻关系、直系血亲、三代以内旁系血亲关系或者近姻亲关系的；

（二）与被调查的案件有利害关系的；

（三）与被调查的事业单位工作人员有其他关系，可能影响案件公正处理的。

第二十八条 处分决定单位负责人的回避，按照干部人事管理权限决定；其他参与违法违纪案件调查、处理的人员的回避，由处分决定单位负责人决定。

处分决定单位发现参与违法违纪案件调查、处理的人员有应当回避情形的，可以直接决定该人员回避。

第二十九条 给予事业单位工作人员处分，应当自批准立案之日起6个月内作出决定；案情复杂或者遇有其他特殊情形的可以延长，但是办案期限最长不得超过12个月。

第三十条 处分决定应当包括下列内容：

（一）受处分事业单位工作人员的姓名、工作单位、原所聘岗位（所任职务）名称及等级等基本情况；

（二）经查证的违法违纪事实；

（三）处分的种类、受处分的期间和依据；

（四）不服处分决定的申诉途径和期限；

（五）处分决定单位的名称、印章和作出决定的日期。

第三十一条 事业单位工作人员受到开除处分后,事业单位应当及时办理档案和社会保险关系转移手续,具体办法按照有关规定执行。

第五章 处分的解除

第三十二条 事业单位工作人员受开除以外的处分,在受处分期间有悔改表现,并且没有再出现违法违纪情形的,处分期满,经原处分决定单位批准后解除处分。

事业单位工作人员在受处分期间终止或解除聘用合同的,处分期满后,自然解除处分。受处分事业单位工作人员要求原处分决定单位提供解除处分相关证明的,原处分决定单位应当予以提供。

第三十三条 事业单位工作人员在受处分期间有重大立功表现,按照有关规定给予个人记功以上奖励的,经批准后可以提前解除处分。

第三十四条 事业单位工作人员处分的解除或者提前解除,按照以下程序办理:

(一)按照干部人事管理权限,事业单位或者有关部门对受处分事业单位工作人员在受处分期间的表现情况,进行全面了解,并形成书面报告;

(二)按照处分决定权限,作出解除或者提前解除处分的决定;

(三)印发解除或者提前解除处分的决定;

(四)将解除或者提前解除处分的决定以书面形式通知本人,并在原宣布处分的范围内宣布;

(五)将解除或者提前解除处分的决定存入该工作人员的档案。

解除处分决定自作出之日起生效。

第三十五条 事业单位工作人员处分的解除或者提前解除按照本规定第二十七条、第二十八条的规定执行回避。

第三十六条 解除或者提前解除处分的决定应当包括原处分的种类和解除或者提前解除处分的依据，以及该工作人员在受处分期间的表现情况等内容。

第三十七条 处分解除后，考核、竞聘上岗和晋升工资按照国家有关规定执行，不再受原处分的影响。但是，受到降低岗位等级或者撤职处分的，不视为恢复受处分前的岗位等级和工资待遇。

第三十八条 解除处分的决定应当在处分期满后一个月内作出。

第六章 复核和申诉

第三十九条 受到处分的事业单位工作人员对处分决定不服的，可以自知道或者应当知道该处分决定之日起三十日内向原处分决定单位申请复核。对复核结果不服的，可以自接到复核决定之日起三十日内，按照规定向原处分决定单位的主管部门或者同级事业单位人事综合管理部门提出申诉。

受到处分的中央和地方直属事业单位工作人员的申诉，按照干部人事管理权限，由同级事业单位人事综合管理部门受理。

第四十条 原处分决定单位应当自接到复核申请后的三十日内作出复核决定。受理申诉的单位应当自受理之日起六十日内作出处理决定；案情复杂的，可以适当延长，但是延长期限最多不超过三十日。

复核、申诉期间不停止处分的执行。

事业单位工作人员不因提出复核、申诉而被加重处分。

第四十一条　有下列情形之一的，受理处分复核、申诉的单位应当撤销处分决定，重新作出决定或者责令原处分决定单位重新作出决定：
（一）处分所依据的事实不清、证据不足的；
（二）违反规定程序，影响案件公正处理的；
（三）超越职权或者滥用职权作出处分决定的。

第四十二条　有下列情形之一的，受理复核、申诉的单位应当变更处分决定或者责令原处分决定单位变更处分决定：
（一）适用法律、法规、规章错误的；
（二）对违法违纪行为的情节认定有误的；
（三）处分不当的。

第四十三条　事业单位工作人员的处分决定被变更，需要调整该工作人员的岗位等级或者工资待遇的，应当按照规定予以调整；事业单位工作人员的处分决定被撤销的，应当恢复该工作人员的岗位等级、工资待遇，按照原岗位等级安排相应的岗位，并在适当范围内为其恢复名誉。

被撤销处分或者被减轻处分的事业单位工作人员工资待遇受到损失的，应当予以补偿。

第七章　附　　则

第四十四条　已经退休的事业单位工作人员有违法违纪行为应当受到处分的，不再作出处分决定。但是，应当给予降低岗位等级或者撤职以上处分的，相应降低或者取消其享受的待遇。

第四十五条　对事业单位工作人员处分工作中有滥用职权、玩忽职守、徇私舞弊、收受贿赂等违法违纪行为的工作人员，按照有关规定给予处分；涉嫌犯罪的，移送司法机关依法追究刑事责任。

第四十六条 对机关工勤人员给予处分,参照本规定执行。

第四十七条 教育、医疗卫生、科技、体育等部门,可以依据本规定,结合自身工作的实际情况,与国务院人力资源社会保障部门和国务院监察机关联合制定具体办法。

第四十八条 本规定自 2012 年 9 月 1 日起施行。

国务院关于加强城乡规划监督管理的通知

(国发〔2002〕13号)

各省、自治区、直辖市人民政府,国务院各部委、各直属机构:

改革开放以来,我国城乡建设发展很快,城乡面貌发生显著变化。但近年来,在城市规划和建设中出现了一些不容忽视的问题,一些地方不顾当地经济发展水平和实际需要,盲目扩大城市建设规模;在城市建设中互相攀比,急功近利,贪大求洋,搞脱离实际、劳民伤财的所谓"形象工程"、"政绩工程";对历史文化名城和风景名胜区重开发、轻保护;在建设管理方面违反城乡规划管理有关规定,擅自批准开发建设等。这些问题严重影响了城乡建设的健康发展。城乡规划和建设是社会主义现代化建设的重要组成部分,关系到国民经济持续快速健康发展的全局。为进一步强化城乡规划对城乡建设的引导和调控作用,健全城乡规划建设的监督管理制度,促进城乡建设健康有序发展,现就有关问题通知如下:

一、端正城乡建设指导思想,明确城乡建设和发展重点

城乡规划建设是一项长期而艰巨的任务,各地一定要认真贯彻江泽民同志"三个代表"重要思想,坚持以经济建设为中心,坚持为最广大人民群众服务,实施可持续发展战略;要实事求是,讲求实效,量力而行,逐步推进。

当前城市建设的重点,是面向中低收入家庭的住房建设、危旧房改造和城市生活污水、垃圾处理等必要的市政基础设施建设以及文化设施建设,改善人居环境,完善城市综合服务功能。要充分考虑财力、物力的可能,从不同地区的经济、社会发展水平和资源、环境、文化条件出发,确定合理的建设规模和发展速度,提高城乡建设投资的社会效益。要坚持走内涵与外延相结合、以内涵为主的发展道路,严格控制土地供应总量,优化用地结构和城市布局,促进经济结构的合理调整,注重保护并改善生态环境和人文环境。

发展小城镇,首先要做好规划,要以现有布局为基础,重点发展县城和规模较大的建制镇,防止遍地开花。地方各级人民政府要积极支持与小城镇发展密切相关的区域基础设施建设,为小城镇发展创造良好的区域条件和投资环境。

二、大力加强对城乡规划的综合调控

城乡规划是政府指导、调控城乡建设和发展的基本手段。各类专门性规划必须服从城乡规划的统一要求,体现城乡规划的基本原则。区域重大基础设施建设,必须符合省域城镇体系规划确定的布局和原则。市一级规划的行政管理权不得下放,擅自下放的要立即纠正。行政区划调整的城市,应当及时修编城市总体规划和近期建设规划。

城市规划由城市人民政府统一组织实施。在城市规划和建设中,要坚持建设项目选址意见审查制度。各类重大项目的选址,都必须依据经批准的省域城镇体系规划和城市总体规划。因特殊情况,选址与省域城镇体系规划和城市总体规划不一致的,必须经专门论证;如论证后认为确需按所选地址建设的,必须先按法定程序调整规划,并将建设项目纳入规划中,一并报规划原批准机关审定。要严格控制设立各类开发区以及大学城、科技园、度假区等,城市规划区及其边缘地带的各类开发区以及大学城、科技园、度假区等的规划建设,必须纳入城市的统一规划和管理。要发挥规划对资源,特别是对水资源、土地资源的配置作用,注意对环境和生态的保护。建设部、国土资源部等有关部门,要按照《中共中央关于做好农户承包地使用权流转工作的通知》(中发〔2001〕18号)精神,研究制定加强城乡结合部规划建设和土地管理的具体政策措施。

三、严格控制建设项目的建设规模和占地规模

各地区在当前城市规划和建设中,要严格依照城市总体规划,确定具体的建设项目。要严格控制建设项目规模,坚决纠正贪大浮夸、盲目扩大城市占地规模和建设规模,特别是占用基本农田的不良倾向。特别要严格控制超高层建筑、超大广场和别墅等建设项目,不得超过规定标准建设办公楼。各级政府在审批城乡规划时,以及各级计划部门在审批建设项目时,要严格掌握尺度。凡拖欠公务员、教师、离退休人员工资,不能及时发放最低生活保障金的城市,不得用财政资金新上脱离实际的各类楼堂馆所和不求效益的基础设施项目。

城市规划区内的建设项目,都必须严格执行《中华人民共和国城市规划法》。各项建设的用地必须控制在国家批准的用地标准和年度土地利用计划的范围内。凡不符合上述要求的近期建设规划,必须重新修订。城市建设项目报计划部门审批前,必须首先由规划部门就项目选址提出审查意见;没有规划部门的"建设用地规划许可证",土地部门不得提供土地;没有规划部门的"建设工程规划许可证",有关商业银行不得提供建设资金贷款。

四、严格执行城乡规划和风景名胜区规划编制和调整程序

地方各级人民政府必须加强对各类规划制定的组织和领导,按照政务公开、民主决策的原则,履行组织编制城乡规划和风景名胜区规划的职能。规划方案应通过媒体广泛征求专家和群众意

见。规划审批前,必须组织论证。审批城乡规划,必须严格执行有关法律、法规规定的程序。

总体规划和详细规划,必须明确规定强制性内容。任何单位和个人都不得擅自调整已经批准的城市总体规划和详细规划的强制性内容。确需调整的,必须先对原规划的实施情况进行总结,就调整的必要性进行论证,并提出专题报告,经上级政府认定后方可编制调整方案;调整后的总体规划和详细规划,必须按照规定的程序重新审批。调整规划的非强制性内容,应当由规划编制单位对规划的实施情况进行总结,提出调整的技术依据,并报规划原审批机关备案。

各地要高度重视历史文化名城保护工作,抓紧编制保护规划,划定历史文化保护区界线,明确保护规则,并纳入城市总体规划。历史文化保护区要依据总体规划确定的保护原则制定控制性详细规划。城市建设必须与历史文化名城的整体风貌相协调、在历史文化保护区范围内严禁随意拆建,不得破坏原有的风貌和环境,各项建设必须充分论证,并报历史文化名城审批机关备案。

风景名胜资源是不可再生的国家资源,严禁以任何名义和方式出让或变相出让风景名胜区资源及其景区土地,也不得在风景名胜区内设立各类开发区、度假区等。要按照"严格保护、统一管理、合理开发、永续利用"的原则,认真组织编制风景名胜区规划,并严格按规划实施。规划未经批准的,一律不得进行各类项目建设。在各级风景名胜区内应严格限制建设各类建筑物、构筑物。确需建设保护性基础设施的,必须依据风景名胜区规划编制专门的建设方案,组织论证,进行环境影响评价,并严格依据法定程序审批。要正确处理风景名胜资源保护与开发利用的关系,切实解决当前存在的破坏性开发建设等问题。

五、健全机构，加强培训，明确责任

各级人民政府要健全城乡规划管理机构，把城乡规划编制和管理经费纳入公共财政预算，切实予以保证。设区城市的市辖区原则上不设区级规划管理机构，如确有必要，可由市级规划部门在市辖区设置派出机构。

要加强城乡规划知识培训工作，重点是教育广大干部特别是领导干部要增强城市规划意识，依法行政。全国设市城市市长和分管城市建设工作的副市长，都应当分期、分批参加中组部、建设部和中国科协举办的市长研究班、专题班。未参加过培训的市长要优先安排。各省（区、市）也应当建立相应的培训制度，各级城乡规划行政主管部门的领导更要加强学习，不断更新城乡规划业务知识，提高管理水平。

城乡规划工作是各级人民政府的重要职责。市长、县长要对城乡规划的实施负行政领导责任。各地区、各部门都要维护城乡规划的严肃性，严格执行已经批准的城乡规划和风景名胜区规划。对于地方人民政府及有关行政主管部门违反规定调整规划、违反规划批准使用土地和项目建设的行政行为，除应予以纠正外，还应按照干部管理权限和有关规定对直接责任人给予行政处分。对于造成严重损失和不良影响的，除追究直接责任人责任外，还应追究有关领导的责任，必要时可给予负有责任的主管领导撤职以下行政处分；触犯刑律的，依法移交司法机关查处。城乡规划行政主管部门工作人员受到降级以上处分者和触犯刑律者，不得再从事城乡规划行政管理工作，其中已取得城市规划师执业资格者，取消其注册城市规划师执业资格。对因地方人民政府有关部门违法行政行为而给建设单位（业主）和个人造成损失的，地方人民政府要依法承担赔偿责任。

对建设单位、个人未取得建设用地规划许可证、建设工程规划许可证进行用地和项目建设，以及擅自改变规划用地性质、建

设项目或扩大建设规模的，城市规划行政主管部门要采取措施坚决制止，并依法给予处罚；触犯刑律的，依法移交司法机关查处。

六、加强城乡规划管理监督检查

要加强和完善城乡规划的法制建设，建立和完善城乡规划管理监督制度，形成完善的行政检查、行政纠正和行政责任追究机制，强化对城乡规划实施情况的督查工作。

建设部要对国务院审批的城市总体规划、国家重点风景名胜区总体规划的实施情况进行经常性的监督检查，要会同国家文物局对国家历史文化名城保护规划实施情况进行监督检查；对检查中发现的问题要及时纠正，对有关责任人要追究行政责任，并向国务院报告。要抓紧建立全国城乡规划和风景名胜区规划管理动态信息系统，采用现代技术手段，加强对全国城乡规划建设情况的动态监测。

各省（区、市）人民政府也要采取相应措施，对本行政区域内的城乡规划实施情况进行严格监督。地方各级人民政府都要采取切实有效的措施，充实监督检查力量，强化城乡规划行政主管部门的监督检查职能，支持规划管理部门依法行政。要建立规划公示制度，经法定程序批准的总体规划和详细规划要依法向社会公布。城市人民政府应当每年向同级人民代表大会或其常务委员会报告城乡规划实施情况。要加强社会监督和舆论监督，建立违法案件举报制度，充分发挥宣传舆论工具的作用，增强全民的参与意识和监督意识。

近期，建设部要会同监察部、国土资源部等有关部门，组织联合检查组，对地方的城乡规划和风景名胜区规划检查工作情况进行监督。对严重违反城乡规划、破坏环境、铺张浪费和弄虚作假的，要公开曝光。对规划管理混乱、自然和历史文化遗产破坏严重的历史文化名城和风景名胜区，要给予公开警告直至取消相应名称。各省（区、市）人民政府要按照本通知要求，对本行政区域内城乡规划和风景名胜区规划执行情况进行一次全面检查。对发现的问题，要依法处理。检查工作要在2002年10月底之前完成，并将检查结果及查处情况向国务院报告。

关于贯彻落实《国务院关于加强城乡规划监督管理的通知》的通知
（建规〔2002〕204号）

各省、自治区、直辖市建设厅、规划委（局）、园林局、编委办公室、计委、财政厅（局）、监察厅（局）、国土资源厅（局）、文化厅（局）、旅游局、文物局：

《国务院关于加强城乡规划监督管理的通知》（国发〔2002〕13号，以下简称《通知》），对城乡规划建设工作提出了明确要求，各地区、各有关部门必须从实践"三个代表"重要思想的高度，认真贯彻落实《通知》精神，切实端正城乡规划建设指导思想，充分发挥城乡规划的综合调控作用，促进城乡经济社会的健康发展。各省（区）建设行政主管部门、城市规划行政主管部门（以下统称城乡规划部门）和城市园林行政主管部门要会同有关部门，把贯彻落实《通知》和《国务院办公厅关于加强和改进城乡规划工作的通知》（国办发〔2000〕25号）（以下简称国办发〔2000〕25号文件）精神作为当前和今后一段时期的重要工作抓紧抓好。现就有关问题通知如下：

一、抓紧编制和调整近期建设规划

近期建设规划是实施城市总体规划的近期安排，是近期建设项目安排的依据。各地要对照《通知》要求，依据批准的城市总体规划、国民经济和社会发展五年计划纲要，考虑本地区资源、环境和财力条件，对总体规划实施情况进行检查，调整或编制到 2005 年的近期建设规划，要与五年计划纲要起止年限相适应。合理确定近期城市重点发展区域和用地布局，重点加强生态环境建设，安排城市基础设施、公共服务设施、经济适用房、危旧房改造的用地，制定保障实施的相关措施。近期建设规划应注意与土地利用总体规划相衔接，严格控制占地规模，不得占用基本农田。各项建设用地必须控制在国家批准的用地标准和年度土地利用计划的范围内，严禁安排国家明令禁止项目的用地。自 2003 年 7 月 1 日起，凡未按要求编制和调整近期建设规划的，停止新申请建设项目的选址，项目不符合近期建设规划要求的，城乡规划部门不得核发选址意见书，计划部门不得批准建设项目建议书，国土资源行政主管部门不得受理建设用地申请。

近期建设规划应当先组织专家进行充分论证，征求同级人民代表大会常务委员会意见，由地方人民政府批准，报上级政府的城乡规划部门备案，国务院审批总体规制的城市，报建设部备案。

二、明确城乡规划强制性内容

强制性内容涉及区域协调发展、资源利用、环境保护、风景名胜资源保护、自然与文化遗产保护、公众利益和公共安全等方面，是正确处理好城市可持续发展的重要保证。城镇体系规划、城市总体规划已经批准的，要补充完善强制性内容。新编制的规划，特别是详细规划和近期建设规划，必须明确强制性内容。规划确定的强制性内容要向社会公布。

省域城镇体系规划中的强制性内容包括：城市发展用地规模与布局；区域重大基础设施布局；需要严格保护的区域和控制开发的区域及控制指标；毗邻城市的城市取水口、污水排放口的位置和控制范围；区域性公共设施的布局。

城市总体规划中的强制性内容包括：铁路、港口、机场等基础设施的位置；城市建设用地范围和用地布局；城市绿地系统、河湖水系，城市水厂规模和布局及水源保护区范围，城市污水处理厂规模和布局，城市的高压线走廊、微波通道和收发信区保护范围，城市主、次干道的道路走向和宽度，公共交通枢纽和大型社会停车场用地布局，科技、文化、教育、卫生等公共服务设施的布局，历史文化名城格局与风貌保护、建筑高度等控制指标，历史文化保护区和文物保护单位以及重要的地下文物埋藏区的具体位置、界线和保护准则，城市防洪标准、防洪堤走向，防震疏散、救援通道和场地，消防站布局，重要人防设施布局，地质灾害防护等。

详细规划中的强制性内容包括：规划地段各个地块的土地使用性质、建设量控制指标、允许建设高度、绿地范围，停车设施、公共服务设施和基础设施的具体位置，历史文化保护区内及涉及文物保护单位附近建、构筑物控制指标，基础设施和公共服务设施建设的具体要求。

规划的强制性内容不得随意调整，变更规划的强制性内容，组织论证，必须就调整的必要性提出专题报告，进行公示，经上级政府认定后方可组织和调整方案，重新按规定程序审批。调整方案批准后应报上级城乡规划部门备案。

三、严格建设项目选址与用地的审批程序

各类重大建设项目，必须符合土地利用总体规划、省域城镇体系规划和城市总体规划。尚未完成省域城镇体系规划编制的各省、自治区，要按照国办发〔2000〕25号文件要求，在今年年底前完成编制省域城镇体系规划。因特殊情况，选址与省域城镇体系规划和城市总体规划不一致的，必须经专门论证；如论证后认为确需按所选地址建设的，必须先按法定程序调整规划，并将建设项目纳入规划中，一并报规划原批准机关审定。

依据省域城镇体系规划对区域重大基础设施和区域性重大项目选址,由项目所在地的市、县人民政府城乡规划部门提出审查意见,报省、自治区、直辖市及计划单列市人民政府城乡规划部门核发建设项目选址意见书,其中国家批准的项目应报建设部备案。涉及世界文化遗产、文物保护单位和地下文物埋藏区的项目,经相应的文物行政主管部门会审同意。对于不符合规划要求的,建设部要予以纠正。在项目可行性报告中,必须附有城乡规划部门核发的选址意见书。计划部门批准建设项目,建设地址必须符合选址意见书。不得以政府文件、会议纪要等形式取代选址程序。各省、自治区、直辖市城乡规划部门会同计划等部门要依照国办发〔2000〕25号文件和建设部、国家计委《建设项目选址规划管理办法》(建规〔1991〕583号),制定各类重大项目选址审查管理规定。

各地区、各部门要严格执行《土地管理法》规定的建设项目用地预审制度。建设项目可行性研究阶段,建设单位应当依法向有关政府国土资源行政主管部门提出建设项目用地预审申请。凡未依法进行建设项目用地预审或未通过预审的,有关部门不得批准建设项目可行性研究报告,国土资源行政主管部门不得受理用地申请。

四、认真做好历史文化名城保护工作

历史文化名城保护规划是城市总体规划的重要组成部分。各地城乡规划部门要会同文物行政主管部门制定历史文化名城保护规划和历史文化保护区规划。历史文化名城保护规划要确定名城保护的总体目标和名城保护重点,划定历史文化保护区、文物保护单位和重要的地下文物埋藏区的范围、建设控制地区,提出规划分期实施和管理的措施。历史文化保护区保护规划应当明确保护原则,规定保护区内建、构筑物的高度、地下深度、体量、外观形象等控制指标,制定保护和整治措施。尚未完成历史文化名城和历史文化保护区保护规划编制的，必须在今年年底前完成。

各地要按照文化遗产保护优先的原则，切实做好城市文化遗产的保护工作。历史文化保护区保护规划一经批准，应当报同级人民代表大会常务委员会备案。在历史文化保护区内建设活动，必须就其必要性进行论证；其中拆除旧建筑和建设新建筑的，应当进行公示，听取公众意见，按程序审批，批准后报历史文化名城批准机关备案。

五、加强风景名胜区的规划监督管理

风景名胜资源归国家所有，各级政府及其管理机构要严格履行管理职责。建设部和省级城乡规划部门、直辖市园林部门应当加强对风景名胜资源保护管理的监督。风景名胜区应当设立管理机构，在所属人民政府的领导下主持风景名胜区的管理工作。设在风景名胜区内的所有单位，除各自业务受上级主管部门领导外，都必须服从管理机构对风景名胜区的统一规划和管理。不得将景区规划管理和监督的职责交由企业承担。

要加快风景名胜区规划的编制工作。国家重点风景名胜区尚未完成规划编制的，要按国办〔2000〕25号文件的规定在今年底前完成编制；1990年底以前编制的，要组织重新修编；今年国务院公布的第四批国家重点风景名胜区，要在2003年6月底前编制完成总体规划。省市级风景名胜区的规划编制工作也要抓紧进行。风景名胜区规划中要划定核心保护区（包括生态保护区、自然景观保护区和史迹保护区）保护范围，制定专项保护规划，确定保护重点和保护措施。核心保护区内严格禁止与资源保护无关的各种工程建设。风景名胜区规划与当地土地利用总体规划应协调一致。风景名胜区规划未经批准的，一律不得进行工程建设。

严格控制风景名胜区建设项目。要按照经批准的风景名胜区总体规划、建设项目规划和近期建设详细规划要求确定各类设施的选址和规模。符合规划要求的建设项目，要按照规定的批准权限审批。国家重点风景名胜区内的重大建设项目规划由省级城乡规划部门审查，报建设部审批，凡涉及文物保护单位的，应按《文物保护法》规定的程序报批。总体规划中未明确的重大建设项目，确需建设的，必须调整规划，按规定程序报批。对未经批准擅自新开工建设的项目要责令停工并依法拆除。

各地要对风景名胜区内的设施进行全面检查，对不符合总体规划、未按规定程序报批的项目，要登记造册，做出计划，限期拆除。省级城乡规划部门要于年底前将清理检查结果报建设部。

六、提高镇规划建设管理水平

做好规划是镇发展的基本条件。镇的规划要符合城镇体系布局，规划建设指标必须符合国家规定，防止套用大城市的规划方法和标准。严禁高能耗、高污染企业向镇转移，各镇不得为国家明确强制退出和限制建设的各类企业安排用地。严格规划审批管理制度，重点镇的规划要逐步实行省级备案核准制度。重点镇要着重建设好基础设施，特别是供水、排水和道路，营造好的人居环境。要高度重视移民建镇的建设。对受资源环境限制和确定退耕还林、退耕还湖需要搬迁的村镇，要认真选择安置地点，不断完善功能，切实改善移民的生活条件，确保农民的利益。要建立和完善规划实施的监督机制。较大公共设施项目必须符合规划，严格建设项目审批程序。乡镇政府投资建设项目应当公示资金来源，严肃查处不切实际的"形象工程"。要严格按规划管理公路两侧的房屋建设，特别是商业服务用房建设。要分类指导不同地区、不同类型镇的建设，抓好试点及示范。要建立健全规划管理机制，配备合格人员。规划编制和管理所需经费按照现行财政体制划分，由地方财政统筹安排。

七、切实加强城乡结合部规划管理

城乡结合部是指规划确定为建设用地，国有土地和集体所有用地混杂地区；以及规划确定为农业用地，在国有建设用地包含之中的地区。要依据土地利用总体规划和城市总体规划编制城乡结合部详细规划和近期建设规划，复核审定各地块的性质和使用条件。着重解决好集体土地使用权随意流转、使用性质任意变更以及管理权限不清、建设混乱等突出问题，尽快改变城乡结合部建设布局混乱，土地利用效率低，基础设施严重短缺，环境恶化的状况。城乡规划部门和国土资源行政主管部门要对城乡结合部规划建设和土地利用实施有效的监督管理，重点查处未经规划许可或违反规划许可条件进行建设的行为。防止以土地流转为名擅自改变用途。各地要对本地区城乡结合部土地使用权流转和规划建设情况进行全面清查，总结经验，研究制定对策和措施。建设部和国土资源部要依照国务院《通知》的要求，研究加强城乡结合部规划建设和土地管理的政策措施，切实做好城乡结合部管理工作。

八、加强规划集中统一管理

各地要根据《通知》规定，健全、规范城乡规划管理机构。设区城市的市辖区原则上不设区级规划管理机构，如确有必要，可由设区的市规划部门在市辖区设置派出机构。城市各类开发区以及大学城、科技园、度假区的规划等必须符合城镇体系规划和城市总体规划，由市城乡规划部门统一管理。市一级规划的行政管理权擅自下放的要立即纠正。省级城乡规划部门要会同有关部门对市、县行使规划管理权限的情况进行检查，对未按要求纠正的要进行督办，并向省级人民政府、建设部和中央有关部门报告。

城市规划区与风景名胜区重叠地区，风景名胜区规划与城市总体规划必须相一致。各项建设项目的审批，必须符合风景名胜区和城市总体规划管理的有关规定，征求城市园林部门意见，由城乡规划部门会同有关部门统一管理。其它风景名胜区，由省

（区）城乡规划部门、直辖市园林行政主管部门与所在市人民政府确定的派出机构，并会同相关业务部门，统一规划管理。

九、建立健全规划实施的监督机制

城乡规划管理应当受同级人大、上级城乡规划部门的监督，以及公众和新闻舆论的监督。城乡规划实施情况每年应当向同级人民代表大会常务委员会报告。下级城乡规划部门应当就城乡规划的实施情况和管理工作，向上级城乡规划部门提出报告。城乡规划部门要将批准的城乡规划、各类建设项目以及重大案件的处理结果及时向社会公布，应当逐步将旧城改造等建设项目规划审批结果向社会公布，批准开发企业建设住宅项目规划必须向社会公布。国家级和省级风景名胜区规划实施情况，依据管理权限，应当每年向建设部和省（区）城乡规划部门提出报告。城乡规划部门、城市园林部门可以聘请监督人员，及时发现违反城乡规划和风景名胜区规划的情况，并设立举报电话和电子信箱等，受理社会公众对违法建设案件的举报。

对城乡规划监督的重点是：规划强制性内容的执行，调整规划的程序，重大建设项目选址，近期建设规划的制定和实施，历史文化名城保护规划和风景名胜区规划的执行，历史文化保护区和风景名胜区范围内的建设，各类违法建设行为的查处情况。

加快建立全国城乡规划和风景名胜区规划管理动态信息系统。建设部应在2003年年底前实现对直辖市、省会城市等大城市、国家重点风景名胜区特别是其核心景区的各类开发活动和规划实施情况的动态监测。省（区）城乡规划部门、直辖市园林部门也要建立相应的动态管理信息系统。

十、规范城乡规划管理的行政行为

各级城乡规划部门、城市园林部门的机构设置要适应依法行政、统一管理和强化监督的需要。领导干部应当有相应管理经历，工作人员要具备专业职称、职业条件。要健全各项规章制度，建立严格的岗位责任制，强化对行政行为的监督。规划管理机构不健全、不能有效履行管理和监督职能的，应当尽快整改。要切实保障城乡规划和风景名胜区规划编制和管理的资金，城乡规划部门、城市园林部门要将组织编制和管理的经费，纳入年度财政预算。财政部门应加强对经费使用的监督管理。

各级地方人民政府及其城乡规划部门、城市园林部门要严格执行《城市规划法》、《文物保护法》、《环境保护法》、《土地管理法》及《风景名胜区管理暂行条例》等法律法规，认真遵守经过审批具有法律效力的各项规划，确保规划依法实施。各级城乡规划部门要提高工作效率，明确建设项目规划审批规则和审批时限，加强建设项目规划审批后的监督管理，及时查处违法建设的行为。要进一步严格规章制度，城乡规划和风景名胜区规划编制、调整、审批的程序、权限、责任和时限，对涉及规划强制性内容执行、建设项目"一书两证"核发、违法建设查处等关键环节，要做出明确具体的规定。要建章立制，强化对行政行为的监督，切实规范和约束城乡规划部门和工作人员的行政行为。

要建立有效的监督制约工作机制，规划的编制与实施管理应当分开。规划的编制和调整，应由具有国家规定的规划设计资质的单位承担，管理部门不再直接编制和调整规划。规划设计单位要严格执行国家规定的标准规范，不得迎合业主不符合标准规范的要求。改变规划管理部门既编制、调整又组织实施规划，纠正规划管理权缺乏监督制约，自由裁量权过大的状况。

十一、建立行政纠正和行政责任追究制度

对城乡规划管理中违反法定程序和技术规范审批规划、违反规划批准建设，违反近期建设规划批准建设，违反省域城镇体系规划和城市总体规划批准重大项目选址、违反法定程序调整规划强制性内容批准建设、违反历史文化名城保护规划、违反风景名胜区规划和违反文物保护规划批准建设等行为，上级城乡规划部门和城市园林部门要及时责成责任部门纠正；对于造成后果的，应当依法追究直接责任人和主管领导的责任；对于造成严重影响和重大损失的，还要追究主要领导的责任。触犯刑律的，要移交司法机关依法查处。

城乡规划部门、城市园林部门对违反城乡规划和风景名胜区规划案件要及时查处，对违法建设不依法查处的，要追究责任。上级部门要对下级部门违法案件的查处情况进行监督，督促其限期处理，并报告结果。对不履行规定审批程序的，默许违法建设行为的，以及对下级部门监管不力的，也要追究相应的责任。

十二、提高人员素质和规划管理水平

各级城乡规划部门、城市园林部门要加强队伍建设，提高队伍素质。要建立健全培训制度，加强职位教育和岗位培训，要不断更新业务知识，切实提高管理水平。建设部将按照国务院的要求，组织编写城乡规划、历史文化名城保护、风景名胜区保护等教材，提供市长、城乡规划和风景名胜区管理机构等领导干部培训使用，以及安排好课程教育。国家重点风景名胜区的主要管理人员，都应当参加建设部与有关部门组织的培训班，掌握必要的专业知识。各省、自治区、直辖市也要建立相应的培训制度，城乡规划部门、城市园林部门应当会同有关部门组织好对所辖县级市的市长，以及县长、乡镇长的培训。要大力做好宣传工作，充分发挥电视、广播、报刊等新闻媒体的作用，向社会各界普及规划建设知识，增强全民的参与意识和监督意识。

各地要尽快结合本地的实际情况，研究制定贯彻落实《通知》的意见和具体措施，针对存在问题，组织检查和整改。要将贯彻落实的工作分解到各职能部门，提出具体要求，规定时间进度，明确检查计划，要精心组织，保证检查和整改的落实。建设部会同国家计委、监察部、国土资源部、国家文物局等部门对各地贯彻落实情况进行监督和指导，并将于今年三季度末进行重点检查，向国务院做出专题报告。

中华人民共和国建设部
中央机构编制委员会办公室
中华人民共和国国家发展计划委员会
中华人民共和国财政部
中华人民共和国监察部
中华人民共和国国土资源部
中华人民共和国文化部
中华人民共和国国家旅游局
国家文物局
二〇〇二年八月二日

国务院办公厅转发建设部关于加强城市总体规划工作意见的通知

（国办发〔2006〕12号）

各省、自治区、直辖市人民政府，国务院各部委、各直属机构：

建设部《关于加强城市总体规划工作的意见》已经国务院同意，现转发给你们，请认真贯彻执行。

国务院办公厅
二〇〇六年二月二十三日

建设部关于加强城市总体规划工作的意见

（建设部）

城市总体规划是引导和调控城市建设，保护和管理城市空间资源的重要依据和手段，在指导城市有序发展、提高建设和管理水平等方面发挥着重要作用。目前，部分城市总体规划已经到期，各地正陆续进行城市总体规划修编工作。为适应经济社会发展的新形势，进一步明确城市总体规划工作的指导思想，规范规划编制、审查和监督管理，增强城市总体规划的科学性、严肃性和权威性，促进城市健康发展，现提出以下意见：

一、进一步明确指导思想

以"三个代表"重要思想和科学发展观统领城市总体规划工作，按照构建社会主义和谐社会的要求，正确处理好局部与整体、近期与长远、经济建设与社会发展、城市建设与环境保护之间的关系，推动城市发展模式从粗放型向集约型转变，切实防止利用规划修编盲目扩大城市规模、圈占土地，搞不切实际的"形象工程"和"政绩工程"。要充分考虑国民经济和社会发展规划的要求，根据人口、资源情况和环境承载能力，合理确定城市规模和性质。要坚持统筹城乡发展，增强城市辐射功能，提高服务农村的水平。要统筹城乡环境保护工作，进一步改善城市大气和水资源环境，加强对城乡结合部及城市周边地区的污染控制，严防污染由城市向农村转移。要坚持以人为本，高度重视人居环境规划设计，体现城市特色，改善人民群众居住和生活条件。要把节地、节水、节能、节材和资源综合利用的要求落实到城市总体规划工作的各个环节，把防范和抵御各种灾害的措施落到实处，促进经济、社会与环境全面协调可持续发展。

二、科学有序地开展规划修编前期工作

（一）发挥城镇体系规划的指导作用。要抓紧做好省域城镇体系规划的编制、报批工作。省域城镇体系规划已经审批的地区，城市总体规划修编要按照城镇体系规划确定的原则，结合人口、资源情况和环境承载能力，对城市的性质、功能和规模作出准确定位，统筹安排对城市发展有重大影响的基础设施和重大建设项目，促进城市产业结构和布局的合理调整。

（二）总结现行规划实施情况。要总结现行城市总体规划各项调控内容，包括城市发展方向和空间布局、人口与建设用地规模、生态环境保护目标等的落实情况。通过认真分析评价现行规划实施情况，总结成功经验，查找主要问题，提出解决方案，改进下一期规划的编制和实施工作，提高城市总体规划工作水平。

（三）深入开展专项政策研究。要积极开展对人口、土地、水资源、能源和环境等城市发展基本要素的专项政策研究工作。通过研究论证城市人口、资源和环境承载能力，为规划修编提供科学依据。要按照有关规定，在开展土地利用总体规划修编前期工作的同时，同步开展城市总体规划修编前期研究工作。要按照有关法律法规和标准规范的要求，综合考虑城市发展现状、趋势，科学确定城市建设用地规模、能源消耗与各项环境指标。要认真研究城镇人口集聚机制、市域城乡人口分布和结构变化，以及流动人口的特点和发展趋势，结合资源和环境等制约条件，科学预测城市人口发展规模。

三、进一步改进规划修编和审查工作

（一）严格执行规划修编和调整程序。组织修编城市总体规划，必须严格按照规定的条件和程序，经规划审查机关认定后方可开展；未经认定，擅自组织修编城市总体规划的，要追究组织单位和编制单位的责任。城市总体规划的调整必须依法进行。其中涉及调整规划强制性内容的，必须就调整的必要性组织专家论证，将论证结果进行公示，提出专题报告，经上级城市规划行政主管部门认定后方可开展；调整后的城市总体规划要按规定程序报批或备案。

（二）切实转变规划修编方式。要按照"政府组织、专家领衔、部门合作、公众参与、科学决策"的要求，进一步转变城市总体规划修编方式，推进科学民主决策。要重视发挥专家作用，加强对规划论证、评审等环节的技术把关。对涉及城市发展目标与空间布局、资源与环境保护、区域与城乡统筹等重大专题的咨询和论证，应当聘请相关领域的资深专家领衔担任专题负责人。在规划修编工作的各个阶段，都要充分征求有关部门和单位的意见。要采取多种方式，广泛听取社会各界意见，扩大公众参与程度，增强规划修编工作的公开性和透明度。要提高规划修编水平，鼓励规划编制单位参与市场竞争，择优选择修编单位。

（三）加强对规划纲要的审查。编制城市总体规划必须首先制订规划纲要，要通过对城市总体规划纲要的严格审查，保证规划修编的科学性与规范性。纲要审查的重点是规划前期研究工作、编制思路和方法，以及规划提出的重大项目方案等。规划纲要通过审查后，方能开始规划成果的编制报批工作。城市总体规划要以规划纲要为基础，严格按照纲要审查意见进行编制。

（四）完善规划的主要内容。要认真做好城市总体规划与相关规划的协调衔接，科学确定生态环境、土地、水资源、能源、自然和历史文化遗产保护等方面的综合目标，划定禁止建设区、限制建设区范围。要根据保护城市资源与环境、保障公共安全与基础设施有效运行的要求，分别划定"蓝线"（城市水系保护范围）、"绿线"（绿地保护范围）、"紫线"（历史文化街区保护范围）、"黄线"（市政基础设施用地保护范围），并制订严格的空间管制措施。要将城市环境保护规划纳入城市总体规划，编制环境保护专门篇章。资源环境保护、区域协调发展、风景名胜管理、自然文化遗产保护、公共安全等涉及城市发展长期保障的内容，应当确定为城市总体规划的强制性内容。

（五）健全规划审查协调机制。要进一步完善城市总体规划部际联席会议制度，重点审查报送国务院审批的规划是否符合有关法律法规，是否符合规划编制、审批相关规定，是否符合国家宏观调控政策与重大战略部署；规划内容是否与国民经济和社会发展规划、土地利用总体规划等衔接一致；未经部际联席会议审查同意的，不得提请国务院审批。各地区也要根据实际需要，建立健全相应的规划审查协调机制，严把规划审查关。

四、强化对规划实施工作的监督管理

（一）完善监督检查机制。要在总结试点经验的基础上，全面推广城市规划督察员制度，由省级人民政府向所辖城市派出城市规划督察员，依据国家有关法律法规和政策，以及经批准的城市总体规划，对规划实施工作进行监督，及时发现、制止和查处违法违规行为。各地要结合城市规划管理信息化建设，尽快建立和完善城市规划动态信息监测系统，对城市总体规划实施情况进行实时监督。建设部要会同有关部门对国务院审批的城市总体规划实施情况实行统一的动态监测。

（二）开展效能监察工作。建设部要会同监察部对城市总体规划实施情况开展效能监察，严肃查处违反规定程序擅自调整和修编规划以及违反规划擅自开发建设的行为，依法依纪追究有关单位及人员的责任。省级城市规划行政主管部门和监察机关也要对本地区城市总体规划实施情况开展效能监察。

五、进一步加强组织领导

各地区、各有关部门要按照本意见的要求，进一步统一思想，提高认识，加强组织领导，改进和规范城市总体规划工作。要进一步完善规划审查制度，按照突出重点、分类指导的原则，明确要求，严格把关，合理安排新一轮规划审查工作。有关部门要强化监督检查管理，加强协调配合，认真研究城市总体规划中的重大问题。省级城市规划行政主管部门要做好对辖区内城市总体规划修编和实施的指导工作。城市人民政府负责统一组织规划修编和实施有关工作，不得下放规划管理权。

关于印发《建设用地容积率管理办法》的通知

各省、自治区住房和城乡建设厅，直辖市规划局（委）：

为规范建设用地容积率管理，提高城乡规划依法行政水平，促进反腐倡廉工作，根据《城乡规划法》、《城市、镇控制性详细规划编制审批办法》，我部制定了《建设用地容积率管理办法》，现印发你们，请认真贯彻落实。

附件：建设用地容积率管理办法

中华人民共和国住房和城乡建设部
二〇一二年二月十七日

建设用地容积率管理办法

（住房和城乡建设部）

第一条 为进一步规范建设用地容积率的管理，根据《中华人民共和国城乡规划法》、《城市、镇控制性详细规划编制审批办法》等法律法规，制定本办法。

第二条 在城市、镇规划区内以划拨或出让方式提供国有土地使用权的建设用地的容积率管理，适用本办法。

第三条 容积率是指一定地块内，总建筑面积与建筑用地面积的比值。

容积率计算规则由省（自治区）、市、县人民政府城乡规划主管部门依据国家有关标准规范确定。

第四条 以出让方式提供国有土地使用权的，在国有土地使用权出让前，城市、县人民政府城乡规划主管部门应当依据控制性详细规划，提出容积率等规划条件，作为国有土地使用权出让合同的组成部分。未确定容积率等规划条件的地块，不得出让国有土地使用权。容积率等规划条件未纳入土地使用权出让合同的，土地使用权出让合同无效。

以划拨方式提供国有土地使用权的建设项目，建设单位应当向城市、县人民政府城乡规划主管部门提出建设用地规划许可申请，由城市、县人民政府城乡规划主管部门依据控制性详细规划核定建设用地容积率等控制性指标，核发建设用地规划许可证。建设单位在取得建设用地规划许可证后，方可向县级以上地方人民政府土地主管部门申请用地。

第五条 任何单位和个人都应当遵守经依法批准的控制性详细规划确定的容积率指标，不得随意调整。确需调整的，应当按本办法的规定进行，不得以政府会议纪要等形式代替规定程序调整容积率。

第六条 在国有土地使用权划拨或出让前需调整控制性详细规划确定的容积率的，应当遵照《城市、镇控制性详细规划编制审批办法》第二十条的规定执行。

第七条 国有土地使用权一经出让或划拨，任何建设单位或个人都不得擅自更改确定的容积率。符合下列情形之一的，方可进行调整：

（一）因城乡规划修改造成地块开发条件变化的；

（二）因城乡基础设施、公共服务设施和公共安全设施建设需要导致已出让或划拨地块的大小及相关建设条件发生变化的；

（三）国家和省、自治区、直辖市的有关政策发生变化的；

（四）法律、法规规定的其他条件。

第八条 国有土地使用权划拨或出让后，拟调整的容积率不符合划拨或出让地块控制性详细规划要求的，应当符合以下程序要求：

（一）建设单位或个人向控制性详细规划组织编制机关提出书面申请并说明变更理由；

（二）控制性详细规划组织编制机关应就是否需要收回国有土地使用权征求有关部门意见，并组织技术人员、相关部门、专家等对容积率修改的必要性进行专题论证；

（三）控制性详细规划组织编制机关应当通过本地主要媒体和现场进行公示等方式征求规划地段内利害关系人的意见，必要时应进行走访、座谈或组织听证；

（四）控制性详细规划组织编制机关提出修改或不修改控制性详细规划的建议，向原审批机关专题报告，并附有关部门意见及论证、公示等情况。经原审批机关同意修改的，方可组织编制修改方案；

（五）修改后的控制性详细规划应当按法定程序报城市、县人民政府批准。报批材料中应当附具规划地段内利害关系人意见及处理结果；

（六）经城市、县人民政府批准后，城乡规划主管部门方可办理后续的规划审批，并及时将变更后的容积率抄告土地主管部门。

第九条 国有土地使用权划拨或出让后，拟调整的容积率符合划拨或出让地块控制性详细规划要求的，应当符合以下程序要求：

（一）建设单位或个人向城市、县城乡规划主管部门提出书面申请报告，说明调整的理由并附拟调整方案，调整方案应表明调整前后的用地总平面布局方案、主要经济技术指标、建筑空间环境、与周围用地和建筑的关系、交通影响评价等内容；

（二）城乡规划主管部门应就是否需要收回国有土地使用权征求有关部门意见，并组织技术人员、相关部门、专家对容积率修改的必要性进行专题论证；

专家论证应根据项目情况确定专家的专业构成和数量，从建立的专家库中随机抽取有关专家，论证意见应当附专家名单和本人签名，保证专家论证的公正性、科学性。专家与申请调整容积率的单位或个人有利害关系的，应当回避；

（三）城乡规划主管部门应当通过本地主要媒体和现场进行公示等方式征求规划地段内利害关系人的意见，必要时应进行走访、座谈或组织听证；

（四）城乡规划主管部门依法提出修改或不修改建议并附有关部门意见、论证、公示等情况报城市、县人民政府批准；

（五）经城市、县人民政府批准后，城乡规划主管部门方可办理后续的规划审批，并及时将变更后的容积率抄告土地主管部门。

第十条 城市、县城乡规划主管部门应当将容积率调整程序、各环节责任部门等内容在办公地点和政府网站上公开。在论证后，应将参与论证的专家名单公开。

第十一条 城乡规划主管部门在对建设项目实施规划管理，必须严格遵守经批准的控制性详细规划确定的容积率。

对同一建设项目，在给出规划条件、建设用地规划许可、建设工程规划许可、建设项目竣工规划核实过程中，城乡规划主管部门给定的容积率均应符合控制性详细规划确定的容积率，且前后一致，并将各环节的审批结果公开，直至该项目竣工验收完成。

对于分期开发的建设项目，各期建设工程规划许可确定的建筑面积的总和，应该符合规划条件、建设用地规划许可证确定的容积率要求。

第十二条 县级以上地方人民政府城乡规划主管部门对建设工程进行核实时，要严格审查建设工程是否符合容积率要求。未经核实或经核实不符合容积率要求的，建设单位不得组织竣工验收。

第十三条 因建设单位或个人原因提出申请容积率调整而不能按期开工的项目，依据土地闲置处置有关规定执行。

第十四条 建设单位或个人违反本办法规定，擅自调整容积率进行建设的，县级以上地方人民政府城乡规划主管部门应按照《城乡规划法》第六十四条规定查处。

第十五条 违反本办法规定进行容积率调整或违反公开公示规定的，对相关责任人员依法给予处分。

第十六条 本办法自2012年3月1日起施行。